中国社会科学院创新工程学术出版资助项目

民族地区社会保障反贫困研究

The Development and Anti-powerty Effects of Social Security System in Minority Areas of China

王延中 龙玉其 等/著

经济管理出版社
ECONOMY & MANAGEMENT PUBLISHING HOUSE

图书在版编目（CIP）数据

民族地区社会保障反贫困研究/王延中，龙玉其等著. —北京：经济管理出版社，2016.12
ISBN 978-7-5096-4768-4

Ⅰ. ①民… Ⅱ. ①王… ②龙… Ⅲ. ①民族地区—扶贫—社会保障—研究—中国 Ⅳ. ①D632.1
②F126

中国版本图书馆 CIP 数据核字（2016）第 297028 号

组稿编辑：张永美
责任编辑：胡　茜
责任印制：黄章平
责任校对：超　凡

出版发行：经济管理出版社
（北京市海淀区北蜂窝 8 号中雅大厦 A 座 11 层　100038）
网　　址：www. E-mp. com. cn
电　　话：（010）51915602
印　　刷：三河市延风印装有限公司
经　　销：新华书店
开　　本：720mm×1000mm/16
印　　张：15.75
字　　数：250 千字
版　　次：2017 年 1 月第 1 版　2017 年 1 月第 1 次印刷
书　　号：ISBN 978-7-5096-4768-4
定　　价：55.00 元

目　录

第一章　中国民族地区的贫困问题与反贫困战略

贫困是举世普遍存在的社会历史现象，也是人类必须面对并且需要想方设法加以解决的政治、经济、社会与文化问题。从一定意义上讲，贫困问题与反贫困是一项重大的实践课题，也是理论界与学术界普遍关注的一个热点和难点问题。

一、民族地区贫困与反贫困的文献回顾

民族地区[①] 的贫困问题是学界研究的重点。首先，民族地区贫困问题具有自身的特殊性，具体可用多维贫困、空间贫困理论来描述。唐剑、李晓青（2006）认为西部少数民族地区的贫困存在多维贫困问题，不仅体现为收入贫困和消费贫困，还体现在知识技能匮乏、社会保障制度供给不足、市场经济意识不足等方面[②]。庄天慧、张海霞和杨锦秀（2010）通过调研数据证明，自然灾害导致直接的经济损失和人员伤亡是民族地区贫困的重要原因[③]。陈全功和程蹊（2011）认为少数民族的贫困与他们所居住的自然地理条件紧密相连，

① 这里的民族地区主要是指“八省区”，即五个民族自治省区和云南、贵州、青海三个少数民族人口较多的省份。

② 唐剑，李晓青. 关于西部少数民族地区农村反贫困的战略性思考［J］. 甘肃农业，2006（12）.

③ 庄天慧，张海霞和杨锦秀. 自然灾害对西南少数民族地区农村贫困的影响研究——基于 21 个国家级民族贫困县 67 个村的分析［J］. 农村经济，2010（7）.

民族地区反贫困研究应重视空间贫困理论[①]。其次，围绕民族地区农村贫困的致贫原因来看，主要有自然环境决定论、制度供给不足论、人力资本决定论。针对自然环境致贫论，李茂林（2010）等提出民族地区贫困在很大程度上与自然资源禀赋相对较弱有关[②]。曲玮和涂勤等（2012）从发展经济学和经济地理学的双重视角讨论自然地理环境对贫困的影响，认为经济社会发展可以缓解不利的自然地理环境对反贫困的负面影响，但自然地理环境仍旧是导致贫困的主要因素[③]。针对制度供给不足论，刘明宇（2004）提出打破城乡二元结构、消除户籍制度及涉农的政策性垄断，可以有效破除"制度性贫困陷阱"[④]。杨颖（2012）认为农村贫困的根源是"制度不利"造成农民普遍发展机会和权利不均等，农民能力匮乏是导致贫困的主要原因之一[⑤]。针对人力资本致贫论，张利洁（2006）认为劳动力市场失灵、个体投资效益的预期风险、教育的低水平循环、封闭的自然环境是导致西部民族地区人力资本贫困的重要原因，而人力资本贫困是西部民族地区贫困的重要原因[⑥]。邵志忠（2011）从人力资源因素出发，认为人力资源数量不足、人力资源质量低、常住人口结构不合理并呈现女性化趋势、人力资源的"群体无意识"是导致红水河流域少数民族地区贫困的主要原因[⑦]，最后，围绕扶贫开发模式开展研究，并提出未来的扶贫战略走向。都阳、蔡昉（2005）认为中国农村贫困的性质已经发生转变，新时期扶贫政策转变的重要方向是建立和完善农村社会保障政策，并逐步过渡到城乡一体化的社会保障政策体系[⑧]。林卡和范晓光（2006）研究了中国贫困类型变迁和反贫困政策，指出中国反贫困政策经过了三个转变，从新中国成立以后的集体主义和平均主义反贫困策略到区域发展反贫困，再到以

---

① 陈全功，程蹊. 空间贫困理论视野下的民族地区扶贫问题［J］. 中南民族大学学报（人文社会科学版），2011（1）.

② 李茂林. 民族地区贫困农村的反贫困策略［J］. 经济导刊，2010（2）.

③ 曲玮和涂勤等. 自然地理环境的贫困效应检验——自然地理条件对农村贫困影响的实证分析［J］. 中国农村经济，2012（2）.

④ 刘明宇. 分工抑制与农民的制度性贫困［J］. 农业经济问题，2004（2）.

⑤ 杨颖. 从中国农村贫困的特征分析看反贫困战略的调整［J］. 社会科学家，2012（2）.

⑥ 张利洁. 试论西部民族地区的反贫困与人力资本积累［J］. 宁夏大学学报（人文社会科学版），2006（2）.

⑦ 邵志忠. 从人力资源因素看红水河流域少数民族地区的贫困——红水河流域少数民族地区贫困原因研究之三［J］. 广西民族研究，2011（2）.

⑧ 都阳，蔡昉. 中国农村贫困性质的变化与扶贫战略调整［J］. 中国农村观察，2005（5）.

社会保障制度发展为主的反贫困策略，三次转变与国家的社会经济结构变革关系密切[①]。赵曦（2006）认为西部农村反贫困的重点是满足基本生存能力、培育基本生产能力和提升基本发展能力[②]。张亮晶等（2011）提出在新的形势下应从生态的角度选择生态型反贫困战略[③]。李晓辉等（2015）提出经济新常态下的社会扶贫机制创新思路与方法，即要特别注重社会扶贫、扶贫措施精准化和提升贫困人口能力，通过建立社会扶贫动员机制、社会扶贫调查系统，对企业参与扶贫提供税收优惠推动社会扶贫机制创新[④]。北京师范大学中国扶贫研究中心课题组（2015）从推进国家治理体系和治理能力现代化的角度探讨扶贫开发治理体系和治理能力现代化建设问题[⑤]。韩小兵和喜饶尼玛（2015）认为边疆地区反贫困应建立和完善以培育和发展内生性减贫能力为主的贫困治理机制[⑥]。

在中国经济进入新常态、社会处于转型期、人口处于大规模流动的背景下，民族地区的反贫困战略需要注重发挥社会保障的反贫困作用。姜锡明和王海芳（2007）认为要通过社会救助制度、农村最低生活保障制度、农村社会互助制度、农村养老保险制度、农村医疗保险制度的构建和完善，发挥社会保障在反贫困战略中的支撑作用[⑦]。张浩淼（2007）对贫困问题进行了社会保障学分析，社会保障可以预防和缓解贫困，但若运用不慎将导致依赖性贫困和“贫困陷阱”[⑧]。韦璞（2015）从贫困、贫困风险与社会保障的关联性出发，认为工业社会贫困风险的社会化催生了现代社会保障制度，现代社会保障制度对风险社会的贫困风险具有一定的补救功能[⑨]。龙玉其（2015）认为要通过

---

① 林卡和范晓光. 贫困和反贫困——对中国贫困类型变迁及反贫困政策的研究［J］. 社会科学战线，2006（1）.

② 赵曦. 中国西部农村的反贫困治理研究［J］. 四川大学学报（哲学社会科学版），2006（6）.

③ 张亮晶，杨瑚，尚明瑞. 西部少数民族地区生态环境与反贫困战略研究——以肃南裕固族自治县为例［J］. 干旱区资源与环境，2011（3）.

④ 李晓辉，徐晓新，张秀兰和孟宪范. 应对经济新常态与发展型社会政策 2.0 版——以社会扶贫机制创新为例［J］. 江苏社会科学，2015（2）.

⑤ 北京师范大学中国扶贫研究中心课题组. 论中国扶贫开发治理体系和治理能力建设［J］. 中国延安干部学院学报，2015（1）.

⑥ 韩小兵和喜饶尼玛. 边疆地区治理创新与少数民族人权保障若干问题的思考［J］. 中央民族大学学报（哲学社会科学版），2015（1）.

⑦ 姜锡明和王海芳. 农村反贫困战略中的社会保障制度安排［J］. 农村经济，2007（6）.

⑧ 张浩淼. 关于贫困问题的社会保障学分析［J］. 兰州学刊，2007（5）.

⑨ 韦璞. 贫困、贫困风险与社会保障的关联性［J］. 广西社会科学，2015（2）.

加快实现民族地区农村社会养老保险的人群全覆盖目标、建立基于家计调查的非缴费型养老金制度、加大中央财政对民族地区农村养老保险的转移支付等方面完善民族地区农村养老保险反贫困的作用[①]。

总之，民族地区自然条件恶劣、生态环境脆弱、基础设施薄弱、经济发展水平落后、人力资本素质不高、社会保障制度供给不足，这些都导致民族地区反贫困的艰难性。民族地区贫困问题因为其边境性、民族性、资源富集性、生态脆弱性等特征，在国家总体格局中占据重要的战略地位，缓解和消除贫困应充分兼顾国家整体发展战略的布局，综合考虑民族地区的自然环境、经济发展、历史文化、民族特征、生态环境等因素，认真归纳总结中国反贫困战略的经验和不足，推进反贫困战略从单一的扶贫开发走向综合的反贫困制度设计，构建“预防性、开发性、发展性”三位一体的反贫困战略，更加注重参与式贫困治理，更加注重生态环境保护，更加注重人力资本投入，更加注重精准扶贫到户，更加注重社会保障的反贫困作用，多管齐下地解决民族地区的反贫困问题。

二、民族地区的发展与贫困问题

（一）民族地区经济社会发展的现状

1. 经济发展总体落后，经济总量偏小

民族地区经济总量较小，但呈较快增长趋势。经济总量从 1998 年的 7512.98 亿元上升为 2012 年的 58518.52 亿元，15 年间增长了 6.79 倍，其占全国 GDP 的比重从 1998 年的 8.9%上升到 2012 年的 11.8%[②]。但相对于民族地区所占有的国土面积，民族地区 GDP 总量占全国 GDP 总量的比重偏小；人均 GDP 水平远远落后于全国平均水平；和东部地区相比，民族地区 GDP 的增长

① 龙玉其. 养老保险制度与民族地区农村反贫困［J］. 广西社会科学，2015（2）.
② 根据《中国统计年鉴》（1999、2013）计算得出。

速度明显慢于东部地区。同时，民族地区主要依靠投资来拉动，经济增长受外生因素影响较大。民族地区尚未形成稳健合理、可持续的经济增长方式。

2. 产业结构不合理，吸纳就业人员有限

2012 年，全国三大产业从业人员的构成为：第一产业 33.6%，第二产业 30.3%，第三产业 36.1%。民族地区三大产业的分布为：第一产业 50.1%，第二产业 16.6%，第三产业 33.3%。相比之下，民族地区第一产业从业人员占比偏高，第二产业从业人员占比远低于全国平均水平，第三产业从业人员占比和全国差距不大。第二产业吸纳劳动力最低，原因在于第二产业以采掘、能源、原材料工业为主，这就导致以能源开发利用为主的第二产业无法吸纳从第一产业转移出来的剩余劳动力。民族地区第三产业从业人员与全国差异不大，但其特殊性在于第三产业从业人员都集中在党政机关、事业单位等传统服务业，金融、物流等生产性服务业发展不足，难以吸纳从农村转移的剩余劳动力。

3. 教育发展落后，人力资本素质低

教育发展水平决定了民族地区的人力资本积累水平。民族地区人均教育经费支出持续快速增长，从 2000 年的 223.9 元上升到 2010 年的 966.4 元，年均增长率为 15.75%，但民族地区人均教育经费支出长期低于全国平均水平；民族地区平均受教育年限显著增加，从 2000 年的 5.9 年上升到 2010 年的 8.0 年，年均增长率为 3.13%，增长速度高于全国同期水平，但教育质量并没有同步改善。民族地区教育经费投入不足、优秀教师流失严重、高校专业设置与经济结构不匹配、重本科教育轻职业教育、农牧区双语教育实施效果不佳等诸多问题的存在，直接导致民族地区教育质量不高，难以为地区反贫困和经济发展积累高素质的劳动者，减缓了民族地区的扶贫内在动力。

4. 自然条件恶劣，环境保护形势严峻

恶劣的自然环境是民族地区经济社会发展面临的最基本的长期制约因素。从地理空间上来判断，西部少数民族地区大多分布在我国的高原山区、沙漠荒漠地区、喀斯特地貌区，生存环境恶劣。以西藏、云南和广西为例，西藏是世界上海拔最高的高原——青藏高原的主体部分，平均海拔在 4000 米以上。西藏的自然条件呈现高寒、少雨、缺氧等特征，120 多万平方公里的土地面积基本不适合人类居住，条件比较好的河谷地带平原宽不过两三公里，仅占全区土地总面积的1.2%。云南平均海拔2000米，地形地貌错综复杂，山间盆地零星散布，全省面积39.4万多平方公里，山地丘陵就占到94%。广西山区县28个，丘陵县49个，岩溶山地山高坡陡，九分石头一分土，地表水缺乏，生态脆弱，开发利用困难；平原面积小而少，只有4个平原县，占全省土地面积的23.4%。总体来看，民族地区多处于边疆偏远地区，山地多田地少，自然灾害频发，生态环境脆弱，农业综合生产能力弱，贫困人口脱贫难度大。

（二）民族地区的贫困状况

民族地区贫困问题一直是困扰我国经济发展、社会稳定的主要问题。中共中央、国务院始终把少数民族地区作为扶贫工作的重点，给予高度重视和特殊政策支持，民族地区反贫困取得重大成就，突出表现在贫困人口的大规模减少和贫困发生率的大幅度下降上。根据《2011年我国农村贫困监测报告》的数据显示，西藏自治区、广西壮族自治区、新疆维吾尔自治区、内蒙古自治区、宁夏回族自治区、贵州省、云南省、青海省这八个省区（以下简称民族八省区）的贫困人口从2000年的3144万人下降到2010年的1034万人，十年间脱贫人口为2110万人；民族八省区的贫困发生率从2000年的23.0%下降到2010年的7.0%。但是，2011年国家扶贫标准上调为2300元，全国贫困人口数量从2010年的2688万人扩大到了12238万人，民族八省区贫困人口数量从2010年的1034万人上升为2011年的3917万人①，民族地区反贫困面临更为严峻的任务和形势，生态贫困、能力贫困、因病返贫等现象日益凸显，成为今后反贫困的重点和难点。民族地区贫困问题的现状主要体现在以下几个方面：

1. 贫困面广，贫困发生率高

虽然从全国贫困形势来看，贫困人群更为分散，扶贫瞄准更难，但西部民族地区依旧是贫困人口的主要集中分布地区。根据国家统计局调查显示，2011~2014年，民族八省区农村贫困人口分别为3917万人、3121万人、2562万人、2205万人，占全国人口的比重分别为32.00%、31.50%、31.10%、31.40%。根据2012年3月发布的《国家扶贫开发工作重点县》，民族八省区（西藏73个县）的扶贫开发重点县的总数为305个，占全国（包括西藏）的比

① 国家民委经济发展司. 2013年民族八省区农村贫困人口比上年减少559万人［EB/OL］. 民委网站.

例为 45.86%，占西部地区的比例为 68.08%。民族地区的贫困发生率远远高于同期全国平均水平。根据国家统计局调查显示，2011~2014 年，民族八省区贫困发生率分别为 26.50%、21.1%、17.1%、14.7%，比同期全国平均水平分别高 13.8 个、10.9 个、8.6 个、7.5 个百分点。

2. 贫困程度深，脱贫难度大

根据《2011 年我国农村贫困监测报告》的数据显示，民族八省区贫困人口占全国贫困人口的比例从 2000 年的 33.37%增加到 2010 年的 38.47%，民族自治地方贫困人口占全国贫困人口的比例从 2006 年的 44.48%增加到 2010 年的 55.09%，凸显了民族地区贫困程度深。民族八省区减贫速度呈加速放缓趋势。据国家统计局数据显示，2012~2014 年，民族八省区减贫率分别为 20.3%、17.9%、13.9%，全国同期为 19.1%、16.7%、14.9%，八省区减贫速度前两年快于全国，到 2014 年低于全国 1.0 个百分点。民族八省区 2014 年减贫速度比 2012 年下降 6.4 个百分点[①]。民族地区的扶贫攻坚任务越来越重。

3. 返贫率高，解决贫困的难度大

民族地区由于自然灾害、贫困人口自身健康状况、市场经济波动等原因，返贫率一直较高。因病返贫、因灾返贫、失业返贫成为返贫率高的主要原因。据不完全统计，2010 年末，民族自治地方因灾因病返贫人口为 226.4 万人，返贫率为 15.3%，比 2009 年（14.1%）上升 1.2 个百分点。2008 年受汶川大地震的影响，四川省各个贫困村因灾返贫人口大量增加，贫困发生率由灾前的 30.0%上升到 60.0%以上[②]。据统计，贵州正常年景返贫率在 15.0%左右，遇到较大的自然灾害，返贫率在 20.0%以上[③]。2010 年，青海因灾返贫人口为 10.32 万人。特别是玉树地震灾害，使 6.88 万人返贫，返贫率高达 71.0%[④]。2013 年西部地区贫困人口占全国贫困人口的比重为 76.0%，比 2012 年上升了 6.0 个百分点，贵州、云南、甘肃三个省贫困人口的比例达到了 42.0%，比 2001 年增加了 13 个百分点[⑤]。如果扣除国家贫困线标准提高的因素，这间接

---

① 国家民委. 国家民委发布 2014 年少数民族地区农村贫困监测结果［EB/OL］. 民委网站.
② 黄毅. 汶川地震贫困村灾后恢复重建工作将加快推进速度［Z］. 新华社电，2009-5-21.
③ 刘文涛. 贵州贫困山区农业综合开发模式思考［N］. 集团经济研究，2007-8-13.
④ 声富品. 青海省“十一五”扶贫开发成就综述［N］. 西海农民报，2010-11-2.
⑤ 贵州省统计局. 2014 年领导干部手册［M］. 贵阳：贵州人民出版社，2014.

反映出西部地区返贫率高的现实。此外，民族自治地方有 1870.8 万人未解决饮水安全问题（含饮水困难人口），缺乏基本生存条件需异地搬迁的对象有 71.4 万户、266.8 万人（除广西、贵州），解决贫困的难度加大。

4. 多维度贫困[①] 状态极为普遍

民族地区处于生态性贫困、经济性贫困、知识性贫困、制度性贫困共存的状态。民族地区不合理的资源开发利用、不适宜的生产经营活动导致生态环境持续恶化、生产力水平低下，最终使农牧民生产与生活日益困难而形成生态性贫困；民族地区单一的农牧业生产结构、广种薄收式的粗放型经营模式、大量使用化肥和农药的经营方式导致水土流失、土地退化、农牧业产量低且不稳定，使得农牧民处于经济性贫困的状态；民族地区农牧民的文化水平低、思想观念落后、劳动力技能缺乏、市场意识淡薄导致知识性贫困，知识性贫困加剧了农牧民生活的贫困；城乡二元制度并存、社会保障制度供给不足、农村土地制度不完善等制度缺陷与不合理导致了民族地区的贫困。多种贫困状态并存，加大了民族地区反贫困的难度。

（三）民族地区反贫困的几大问题

1. 空间贫困是民族地区反贫困的基础性问题

自然地理环境恶劣是导致民族地区贫困的重要决定因素。自然地理环境导致贫困的经典理论是空间贫困理论，世界银行的雅兰和瑞福林提出地理资本（geographic capital）的概念，将教育、卫生、社会保障等在城乡之间、贫富人口之间的各种差异集合在空间地理位置这一要素中，地理位置偏远且包含多种差异的地理资本就低[②]，从而降低了自身发展能力，在先天上就面临贫困的风险。我国民族地区大多位于高山、高原、沙漠等地区，其自然地理环境的恶劣突出表现在三个方面：一是土地资源匮乏。土地资源总量偏少，且零星分布、土壤贫瘠，土地产出量不高。二是自然灾害频发。民族地区自然灾害

① 参见阿马蒂亚·森的多维度贫困理论。他认为贫困是对基本可行能力的剥夺，而不仅是收入低下，并采用能力方法定义了贫困的多维度理论，其核心观点是贫困不仅包括收入贫困或消费贫困，也包括接受基本的教育、道路、卫生设施等多个方面。

② 陈全功和程蹊. 空间贫困理论视野下的民族地区扶贫问题［J］. 中南民族大学学报（人文社会科学版），2011（1）.

发生频率高，影响范围大，灾害的并发性、诱发性很明显，直接导致大量脱贫人口返贫。水土流失、旱涝灾害并存、雨雪冰冻等直接影响农业生产条件，降低农业产量。三是生态环境脆弱。粗放型的经济增长方式、不合理的资源开发利用方式导致民族地区脆弱的生态环境在遭到破坏后难以恢复，直接导致生态型贫困。自然地理环境的禀赋直接决定民族地区人口拥有的地理资本情况，处于偏远地区的贫困人口拥有的地理资本低劣，发展要素极为紧张，交通道路等基础设施和公共服务供给严重不足，贫困人口无法获得市场信息并参与到市场经济体系中，从而持续性地处于贫困状态。

2. 制度贫困是民族地区反贫困的系统性问题

制度贫困或者说制度供给不足是民族地区反贫困面临的系统性问题。城乡分隔的户籍制度、排斥农民的就业制度、不完善的农村土地制度、偏向城市的社会保障制度、残缺的公共产品供给制度是导致农村贫困的制度障碍。城乡分割的户籍制度使得农民工在工资待遇、子女上学、社会保障、住房购买等方面不能享受平等的发展机会与权利；农村劳动力就业和再就业培训的缺失、劳动就业管理体系重城镇劳动力而轻农村劳动力等排斥农民的劳动就业制度限制了农村劳动力的顺利转移和自由流动；集体所有权制度导致农村土地产权不清晰、土地不能自由转让和抵押等不完善的土地制度给依靠土地增值收益脱贫带来了困境；偏向城市的社会保障制度设计导致农村地区的社会保障制度长期处于缺位状态，伴随农村最低生活保障制度、新型农村合作医疗制度、新型农村养老保险制度的实施，社会保障制度在农村反贫困中扮演着越来越重要的角色，但农村社会保障制度的统筹层次低、保障水平低等问题直接制约着社会保障制度反贫困的作用；地方政府过度重视有利于经济增长的产业发展，忽视农村公共产品的供给，导致教育、医疗卫生等公共产品的供给不足或质量低下，直接制约着贫困人口自身发展能力的提高。

3. 能力贫困是民族地区反贫困的关键性问题

人力资本水平与社会资本存量是衡量能力贫困的主要指标。我国民族地区的贫困问题日益表现为能力贫困，具体表现为人力资本水平低下、健康生存能力较弱、社会资本存量少。一是人力资本水平低下。每十万人口各级学校平均在校生人数是衡量地区人力资源水平的重要指标。2013 年，每十万人口各级学校平均在校生人数为 2418 人，新疆、西藏、宁夏、广西、内蒙古、青海、贵州、云南分别为 1681 人、1528 人、2195 人、1939 人、2137 人、1162 人、1535 人、1662 人，明显低于全国平均水平。从劳动人口来看，2010 年全国贫困地区农村劳动力中，高中以上文化程度的男性劳动力占 24.7%，女性劳动力占 23.6%。在民族扶贫县农村劳动力中，文盲和半文盲占 13.6%，具有小学文化程度的占 35.3%，具有初中文化程度的占 41.1%，具有高中及以上文化程度的占 10.0%。由此可见，民族地区农村劳动力以小学和初中文化为主，还存在一定数量的文盲与半文盲劳动力。民族地区农村劳动力知识存量低，不利于地区经济发展，直接导致“贫困—经济落后—受教育少—科技文化素质低—经济落后—贫困”的恶性循环。二是健康生存能力弱。民族地区饮用水不足或缺乏安全饮用水，传染病和地方疾病控制能力薄弱，基本医疗卫生资源在城乡、地区之间的配置不合理，医疗费用的大幅度上涨、医疗保障制度实际报销比率偏低使得贫困人口不得不采取“小病拖、大病扛”的办法，严重影响贫困人口的健康生存能力，进而影响地区及家庭的脱贫进程。三是社会资本存量低。社会资本[①] 的多寡直接决定了发展机会的多少和自身发展是否能实现。由于其所处的社会地位和控制资源能力的低下，民族地区贫困人口社会资本存量低，突出表现在社会关系网络的简单化和贫困人口社会组织体系的低水平。农业生产合作社或经济合作社等自治性的农村社会组织少，以血缘、亲缘为纽带组建的人际关系网络活动半径小，决定了贫困人口获取发展机会、取得经济收入的能力低下。

4. 贫困文化是民族地区反贫困的价值性问题

贫困文化（culture of poverty）的概念最早由美国人类学家奥斯卡·刘易斯提出。贫困文化理论认为，穷人在适应被剥夺状态时形成了使他们陷于困境和贫困的价值观、生活方式和信仰，处于贫困文化中的个体存在一种边缘化、无助、依附和自卑的感受，强烈认同即时享乐的生活态度，寻求更好的生活并规划未来的愿望不强烈。我国民族地区贫困人口日益处于贫困的亚文化状态中，自主脱贫的主观能动性不够。民族地区的贫困人口长期生活在恶劣的环境中，落后单一的农业生产方式和极端贫困的生活使得他们养成了浓厚的

① 社会资本是行动主体与社会的联系以及通过这种联系摄取资源的能力。参见：段世江和石春玲. “能力贫困”与农村反贫困视角选择［J］. 中国人口科学，2005（S1）.

自然经济的小生产意识，以农为本、重农轻商的观念根深蒂固，同时也使人们形成了安于现状、因循守旧、思想保守、不思进取、听天由命、惧怕变迁、无所作为的宿命观，不能认识到贫困通过人的能力是可以改变的。贫困人口形成一种“等、靠、要”的依赖和惰性心理，导致主体性的缺失和创造性的匮乏。此外，我国信仰宗教的人口主要集中在西部的少数民族聚集区域，宗教文化自我形成的循环封闭的文化系统深刻影响着人们的日常生活，浓厚的宗教文化氛围导致人们思想上的保守、僵化，反贫困的参与性不强。

三、中国特色反贫困战略及其转型

（一）中国反贫困战略的演变历程[①]

中国的反贫困战略是一个与制度变迁相适应的演变过程。我国农村反贫困战略从救济式扶贫走向开发式扶贫，从单纯的实物救济走向地区经济综合开发，从“输血式”扶贫走向“造血式”扶贫，从单纯的政府主导型扶贫走向动员社会力量参与、注重国际合作的全方位扶贫模式，扶贫模式更加多样化、扶贫主体更加多元化、瞄准机制更加精准化。我国反贫困战略的演变历程如下：

1. 单一分散性的救济式扶贫阶段（1949~1977 年）

这一时期，我国没有专门的扶贫政策，采用的是以平均分配为主、具有社会救济特征的计划经济发展策略，在农村建立起以队为基础的社会救助、社会福利和优抚安置为内容的集体保障体系，实行了五保供养制度、救灾救济制度和农村合作医疗制度，为农村人口中没有劳动能力和无法解决最低生存需要的赤贫人口提供了最低水平的生活保障和最基本的医疗保障。救济特点

① 参见：张磊. 中国扶贫开发政策演变［M］. 北京：中国财政经济出版社，2007. 杨颖. 中国农村反贫困研究——基于非均衡发展条件下的能力贫困［M］. 北京：光明日报出版社，2011. 赵曦. 中国西部农村反贫困模式研究［M］. 北京：商务印书馆，2009. 董晓波. 农村反贫困战略转向研究——从单一开发式扶贫向综合反贫困转变［J］. 社会保障研究，2010（1）.

具有明显的单一性和分散性，属于一种道义、慈善的“输血式”救济行为①。单一分散性的救济式扶贫虽然保障了贫困人口的基本生存权，但不能从根本上提高贫困人口的发展能力。截至 1978 年，农民年人均收入只有 134 元，若以农民人均纯收入 100 元为贫困线，农村贫困人口规模高达 2.5 亿人，占全国人口总数的 25.97%，农村贫困发生率达到 30.7%②。

2. 体制改革推动型扶贫阶段（1978~1985 年）

改革开放以来，我国实行家庭联产承包责任制和统分结合的双层经营体制，农村经济体制改革调动了农村生产的积极性，推动农村经济快速增长并产生大规模减贫效应。1982 年，中央政府将反贫困工作列入政府工作议程，有计划地对“三西”地区（甘肃省定西地区、河西地区和宁夏回族自治区西海固地区）进行扶贫开发建设，每年投入资金 2 亿元。1984 年，我国开始实行实物形式的“以工代赈”计划，对贫困地区进行基础设施建设。1984 年 9 月 29 日，国务院发布《关于帮助贫困地区尽快改变落后面貌的通知》，划定 18 个集中连片贫困地区进行重点扶持，标志着中国政府第一次真正意义上把反贫困纳入国家重要任务，这成为中国反贫困历程中里程碑式的文件。这一阶段的扶贫主要属于经济体制改革推动型，政府责任和政府计划开始凸显，带有明显的区域性和政治性色彩，但反贫困成效显著。农民年人均收入从 1978 年的 134 元增长到 1985 年的 397 元，年人均收入增长率高达 16.5%；农村绝对贫困人口从 1978 年的 2.5 亿人下降到 1985 年的 1.25 亿人，绝对贫困人口年均减少 1786 万人；贫困发生率从 1978 年的 30.7%减少到 14.8%，年均递减速度为 9.4%。

3. 政府主导的区域性扶贫开发阶段（1986~1993 年）

这一阶段，我国主要采用政府主导的区域性扶贫开发模式。1986 年 5 月 16 日，我国成立国务院贫困地区经济开发领导小组，标志着中国政府开始启动有计划、有组织的大规模农村开放式扶贫，扶贫工作走向机构化、规范化、专业化的新阶段。国务院扶贫办的成立，标志着中国扶贫开发开始从道义扶

---

① 林卡和范晓光. 贫困和反贫困——对中国贫困类型变迁及反贫困政策的研究［J］. 社会科学战线，2006（1）.

② 赵曦和熊理然. 中国农村扶贫开发的历史成就及历史经验［J］. 中国农业经济学会纪念农村改革 30 周年学术论文集.

贫向制度扶贫转变，由救济式扶贫向开放式扶贫转变。1986 年，《国民经济和社会发展第七个五年计划》首次明确提出扶贫战略，中国政府消除贫困的行动进入实质性阶段。1986 年，中央政府第一次确定了国家贫困县的标准，并认定了 258 个国家贫困县。1987 年，国务院发布《关于加强贫困地区经济开发工作的通知》，认为扶贫工作已经初步完成从单纯救济走向经济开发的根本转变。这一阶段的反贫困正式进入政府主导的以县为瞄准对象、促进区域经济发展的扶贫开发阶段，农村反贫困战略开始由分散扶贫、零星开发转向集中扶贫、区域开发，并取得显著成就。1986~1993 年，592 个国家重点贫困县农民的人均纯收入从 206 元提高到 483.7 元，绝对贫困人口由 1.25 亿元下降到 8000 万元，贫困发生率从 14.8%下降到 8.7%[①]。但是，这一阶段的扶贫资金主要投向县级企业和乡镇企业，"促进区域经济增长"的反贫困政策实质演变成为"促进贫困地区工业化"的反贫困政策。

4. 全面扶贫攻坚阶段（1994~2000 年）

全面扶贫攻坚阶段重点解决 8000 万贫困人口的温饱问题。1994 年 4 月 15 日，国务院发布《关于印发国家八七扶贫攻坚的通知》，提出扶贫进入攻坚阶段，1994~2000 年要集中人力、物力、财力，力争用七年时间解决农村 8000 万贫困人口的温饱问题。八七扶贫攻坚计划在贫困地区广泛实施了"温饱工程"[②]，扶贫资金大幅度投入，明确资金、任务、权利、责任"四个到省"的扶贫工作机制，普及初等义务教育和初级预防与医疗保健服务。1996 年 10 月 23 日，国务院发布《关于尽快解决农村贫困人口温饱问题的决定》，坚持开发式扶贫，把种植业、养殖业、农副产品加工业作为扶贫开发的重点，坚持扶贫到户。这一阶段强调开发式扶贫原则，实行以贫困村为重点、以贫困户为对象的扶贫举措，标志着我国扶贫的方针从区域经济发展带动扶贫工作调整为直接面向最贫困人口。同时，国家开始专门对残疾人、妇女等特殊困难群体进行扶持，制定了《残疾人扶贫攻坚计划（1998~2000 年）》，实施了救助贫困

---

① 王朝明. 中国农村 30 年开放式扶贫：政策实践与理论反思［J］. 贵州财经学院学报，2008（6）.

② "温饱工程"是中国从 20 世纪 80 年代起在农村贫困地区实施的一系列扶贫工作的总称。温饱工程包含两类密切相关的举措：一是贫困地区实施以县、乡道路，人畜饮水，基本农田和农业水利为重点的以工代赈计划，并在农业科技专家的论证和指导下，综合性地投入技术和资金，如广泛采用地膜、化肥、农药等，以提高粮食单产，做到口粮自给；二是加强民政部门和科协组织的配合，普及科技知识，切实提高贫困地区人民的素质水平。后者正是使贫困地区人民最终能从温饱迈向小康的根本保证。

母亲的“幸福工程”和“母亲水窖工程”。经过七年努力，中国农村绝对贫困人口从 1993 年的 8000 万人下降到 2000 年的 3209 万人，贫困发生率下降到 3.4%。2000 年底，贫困残疾人口降到 979 万人。农村贫困问题得到极大缓解，基本实现了八七扶贫攻坚目标，中国农村贫困开始从普遍性、区域性、绝对性贫困向相对贫困演变。

5. 全方位综合反贫困阶段（2001 年至今）

21 世纪以来，我国还有 3000 万贫困人口，但贫困人口多集中于自然条件恶劣、经济发展水平和社会发展程度低的偏远地区和少数民族地区，贫困程度深，返贫率高。为适应扶贫工作新形势，2001 年我国政府制定了《中国农村扶贫开发纲要（2001~2010 年）》，将扶贫工作的重点从县级瞄准转向村级瞄准，整村开发推进工作开始实施，加强教育培训扶贫，强调参与式扶贫。2005 年，中央提出了“一体两翼”的扶贫开发战略思路，其中“一体”就是整村推进，两翼即产业化扶贫、贫困劳动力转移培训。2003 年，我国开始试点实施新型农村合作医疗制度；2007 年，农村最低生活保障制度建立；2009 年，新型农村社会养老保险制度开始试点建立。至此，我国基本形成涵盖开发式扶贫、救灾救济、“五保”制度、最低生活保障制度、新型农村合作医疗制度、新型农村社会养老保险制度在内的比较完备的反贫困政策体系。2011 年 11 月，我国发布了《中国农村扶贫开发纲要（2011~2020 年）》，把连片特困地区作为主战场，把稳定解决扶贫对象温饱、尽快实现脱贫致富作为首要任务，坚持政府主导，坚持开放式扶贫方针，把扶贫开发作为脱贫致富的主要途径，把社会保障作为解决温饱问题的基本手段，明确了未来十年扶贫攻坚的任务和目标。这一阶段，我国扶贫开发已经从以解决温饱为主要任务的阶段转入巩固温饱成果、加快脱贫致富、改善生态环境、提高发展能力、缩小发展差距的新阶段，更加强调村级瞄准机制，更加注重政府、社会和贫困人口的多方参与，更加强调提高自我积累和发展能力，扶贫主体、扶贫内容、扶贫方式多样化，逐步走向发展型扶贫阶段。

（二）中国反贫困战略的选择

1. 中国反贫困战略：经济政策还是社会政策

长期以来，我国农村绝对贫困人口数量庞大，区域性分布特征明显，这种

情况使得扶贫政策主要以解决温饱问题、满足物质生活需要为基本前提和出发点，因此长时间采用了“亲市场”的经济政策，采用大规模的区域经济开发反贫困战略，经济政策成为我国农村反贫困的重要制度，社会政策作为一种弥补性的政策而存在，社会政策对于农村贫困的缓解则具有一种“剩余”特征的模式[①]。例如,《农村扶贫开发纲要（2001~2010 年）》将整村推进、劳动力转移培训、产业化扶贫和自愿性移民作为主要的扶贫策略，这属于典型的经济政策扶贫。但是，经济的增长并不必然缓解穷人的贫困状况，“丰裕中的贫困”已经成为一种事实。偏向城市的社会保障制度和农村社会保障制度的低水平使得贫困人口在面临自然灾害和生计风险时更为脆弱，单纯的经济反贫困政策亦不能巩固温饱成果、加快脱贫致富、提高发展能力。因此，未来中国的反贫困战略要更加注重发挥社会政策的基础性保障作用，直面农村的能力贫困、制度贫困和贫困文化，通过构建反社会排斥的劳动就业政策、公平正义的社会保障政策、具有普惠型和可及性的医疗卫生政策、注重能力提高的教育培训政策等一系列发展型社会政策的设计和安排，推动农村贫困问题的解决。

2. 中国反贫困战略：政府主导还是多方参与

我国长期实行以政府为主导的区域性扶贫开发战略，反贫困政策过分强调政府的主导作用，贫困人口、社会组织的参与性不够。我国虽然引入了参与式扶贫机制，强调动员社会力量参与反贫困，但贫困人口被排除在反贫困政策议程之外，容易导致反贫困政策脱离贫困人口需求，直接影响反贫困的效果。成功的反贫困政策应该构建政府、企业、贫困个体、社会组织等在内的多元化反贫困主体，赋予穷人分享信息、参与决策的权利，从传统反贫困模式的被动接受者转变为具有主动权的反贫困参与者。“大众创业，万众创新”的提出和互联网经济的兴起更是给我国参与式的反贫困战略提供了良好的社会条件。未来我国反贫困战略应走向多方参与、政府引导的反贫困模式。

3. 中国反贫困战略：区域瞄准还是农户瞄准

不论是过去以贫困县为瞄准对象，还是现在以村庄为瞄准对象来整村推

---

① 张新文. 我国农村反贫困战略中的社会政策转型研究——发展型社会政策的视角［J］. 公共管理学报，2010（4）.

进，其本质都是以区域为瞄准对象，而不是以人、以农户为瞄准对象。以县或村为单位的瞄准机制容易出现瞄准偏差，即瞄准的是富裕人口而非贫困人口，这直接影响反贫困政策的实施效果。帕克等（2002）认为，如果按照官方贫困县计算，1986~1995 年贫困县瞄准错误率从 14.0%上升到 22.0%。帕克等（2006）、汪三贵和李文（2005）[①] 认为整村推进的真正受益者是贫困村中比较富裕的农户，对绝对贫困人口具有挤出效应。汪三贵、帕克等（2007）通过实证发现贫困村识别的错误率比较高，也出现过漏出等严重问题，并建议以家庭作为瞄准对象[②]。我国反贫困政策从 20 世纪 80 年代后期就一直强调扶贫到户，但一直没有真正落实。考虑到我国区域性贫困越来越小、致贫原因千差万别的现实，真正转变区域瞄准机制为真正的贫困户瞄准机制，实行精准扶贫，确保扶贫到户，才能保证扶贫的有效性。

4. 中国反贫困战略：开发式扶贫还是综合式扶贫

20 世纪 80 年代中期，我国确定了以经济发展带动脱贫的开发式扶贫战略，开发式扶贫成为我国反贫困的最大特色，也成为中国反贫困的特色经验和制胜法宝。开发性扶贫通过资本投入和生产性建设，增强贫困地区的自我发展能力，旨在通过经济发展的“涓滴效应”促进贫困人口脱贫致富。但是经济发展只是反贫困的必要而非充分条件。开发式扶贫只能解决蛋糕如何做大的问题，而无法处理好如何分蛋糕的问题。因此，我国的反贫困战略要从单纯的开发式扶贫转向综合式扶贫，对有劳动能力的贫困人口可以继续采用开发式扶贫模式，对缺乏劳动能力的贫困人口则实行救济式扶贫，通过完善农村社会保障体系、健全农村公共产品供给制度等综合全面地推进反贫困，提高贫困人口抵御风险的能力，避免其陷入持续性的贫困状态中。

（三）中国特色反贫困战略的展望

中国特色反贫困战略的构建，应充分考虑空间贫困、能力贫困、制度贫困、贫困文化四大障碍因素，实施“预防性、开发性、发展性”三位一体的反贫困战略，更加注重参与式贫困治理，更加注重生态环境保护，更加注重

① 汪三贵和李文. 扶持农村绝对贫困人口的对策［J］. 科学决策，2005（5）.
② 汪三贵等. 中国新时期农村扶贫与村级贫困瞄准［J］. 管理世界，2007（1）.

人力资本投入，更加注重精准扶贫到户，更加注重社会政策的使用，力争实现《中国农村扶贫开发纲要（2011~2020年）》的目标任务，使所有的贫困人口到2020年都不愁吃、不愁穿，并能享受义务教育、基本医疗和基本住房。

1. 构建预防性反贫困战略

预防性反贫困政策就是制定防治贫困发生的各种保障性政策，即通过建立包括社会救助、社会保险、社会福利在内的社会保障机制，提高贫困人口的社会保障能力。社会保障天然地追求公平正义，这就从内源上决定了社会保障对反贫困的重要作用。构建预防性的反贫困战略必须要做到：一是以救济式扶贫为辅健全农村社会救助制度。农村最低生活保障制度承担着农村反贫困的兜底责任，重点覆盖失去劳动能力的人口，为其提供最基本的生存保障。各级政府要加大对低保的投入，加强、做实、完善农村低保政策，提高低保标准和补助金，使贫困人口分享改革发展的成果。同时，要通过医疗救助、灾害救助、教育救助等解决贫困人口遇到的灾难性问题，避免其返贫并保障其发展的能力。二是推进农村社会保障制度建设。完善以新型农村合作医疗制度和新型农村社会养老保险制度为主的农村社会保障制度，加快实现贫困地区农村社会养老保险、医疗保险人群全覆盖的目标，加大中央财政对贫困地区社会保障的转移支付，明确规定贫困地区社会保障的集体补助责任，不断提高农村社会保障的待遇水平。三是构建适当水平的社会福利制度。针对贫困地区空巢留守的现状，要创新民族地区养老服务发展思路，加快农村养老机构和养老服务设施建设，开发公益性养老服务岗位，鼓励农村留守妇女开办老年食堂或小型居家养老场所，政府提供资金补贴和政策支持，以促进农村养老服务的发展；要建立面向老人、妇女、儿童、残疾人等弱势群体的家庭津贴制度，改善其营养结构，保障其发展权。

2. 优化开发性反贫困战略

开发性反贫困战略就是继续把扶贫开发作为反贫困的主要战略，但针对扶贫开发过程中出现的区域瞄准而非农户瞄准、政府主导而社会参与不够等问题，优化开发性反贫困战略是极为必要的。一是精准扶贫。要精准扶贫对象，做好贫困人口识别和建档立卡工作；要精准扶贫措施，根据不同贫困户的要求、类型选择合适的扶贫发展方式；要精准扶贫突破口，提高贫困人口自我发展能力；要精准扶贫手段，深入推进“双联”行动，探索精准帮扶制度；

要精准资源配置，积极探索用市场经济的办法融资扶贫。二是构建参与式贫困治理机制。要提高贫困人口主动参与扶贫开发的主动性，赋予贫困人口分享信息、参与决策的权利，引导探索内部造血式发展道路，变“要我扶贫”为“我要脱贫”。要建立由政府、企业、贫困者、社会组织、慈善团体等共同参与的反贫困制度，充分利用中国传统文化扶危济困、邻里互助的传统，采取结对帮扶、慈善救助、临时照顾的形式弥补反贫困中存在的不足。三是构建生态型反贫困政策。大多数贫困地区生态环境脆弱，一旦破坏后很难恢复，因此要充分认识扶贫开发中加强生态建设与环境保护的重要性。要增强农民的生态环保意识，将农民的生产活动探判在生态环境所能承受的范围之内；要调整产业结构，发展特色生态农业，整合优势资源，发展循环经济，通过绿色包容性发展实行反贫困与生态环境保护之间的良性发展。

3. 推进发展性反贫困战略

发展性反贫困战略就是通过推进公共服务均等化、人力资源开发来提高贫困地区的自我发展能力。一是重视人力资源的培育与开发。人力资本短缺是贫困地区内生动力不足的重要原因。要完善贫困地区教育投资机制，加大对农村义务教育的投资，发展职业教育和高等教育，充分发挥教育的反贫困功能；设立职业教育培训基金，构建多元化的职业培训投资体系、师资体系，提高贫困人口的就业技能；健全基本医疗卫生服务体系，提高贫困人口的健康生存能力。二是推进公共服务均等化。鉴于基本公共服务在缓解贫困中的作用，即公共服务可以提高贫困地区农业生产率和贫困人口生产力水平、增强贫困地区人口的发展能力、降低贫困地区的脆弱性、减少社会排斥来降低贫困发生率，因此将基本公共服务纳入反贫困的政策框架中是十分必要的。推进公共服务均等化，就要不断加大财政对基本公共服务领域的倾斜力度，重点投向地区教育、医疗、道路交通建设，提高贫困地区教育、医疗、道路交通的均等化程度。要将基本公共服务具体项目质量和水平引入政府绩效考核机制，并将基本公共服务模块纳入贫困监测，通过政府绩效考核、扶贫绩效考核两个指标约束，强化扶贫、基本公共服务和政府工作之间的关联性。

第二章 民族地区社会保障反贫困效应分析

伴随着我国市场经济步伐的推进和经济发展水平的不断提高，我国的社会保障制度不断健全和完善，社会保障待遇水平不断提高，民族地区人民群众的生活水平得到了较大改善，民族地区的扶贫工作取得了丰硕的成果，贫困人口持续减少，贫困强度大幅下降，贫困人口的基本生活得到了有力保障。为了实现到2020年全面建成小康社会，习近平在2013年11月考察湖南湘西时，针对我国扶贫工作的新情况，首次提出“精准扶贫”思想。2014年3月的“两会”期间，习近平强调要实施精准扶贫，瞄准扶贫对象，实现精准脱贫。2015年6月，习近平在贵州调研期间提出扶贫要做到“六个精准”。2015年10月16日，习近平在北京参加“2015减贫与发展高层论坛”上特别强调，“扶贫要坚持分类施策，因人因地施策，因贫困原因施策，因贫困类型施策，通过扶持生产和就业发展一批，通过易地搬迁安置一批，通过生态保护脱贫一批，通过教育扶贫脱贫一批，通过低保政策兜底一批，广泛动员全社会力量参与扶贫，到2020年实现7000多万贫困人口全部脱贫”①。

民族地区，尤其是西部民族地区农村是我国农村扶贫开发政策的最主要瞄准地区，我国农村贫困人口的大多数主要分布在西部民族地区的农村偏远山区和边疆地区。国家民委公布的数据显示，2014年民族八省区农村贫困人口为2205万人②，民族八省区农村贫困人口占全国农村贫困人口的31.4%；2011~2014年，该比重均在30%以上。近年来，民族八省区的减贫速度呈加速

① 习近平. 携手消除贫困，促进共同发展［Z］. 2015减贫与发展高层论坛（北京），2015-10-16.

② 据国家统计局对全国31个省（自治区、直辖市）7.4万户农村居民家庭的抽样调查，按年人均收入2300元（2010年不变价）的国家农村扶贫标准测算。

放缓趋势，民族地区是打好扶贫攻坚战的“硬骨头”[①]。当前，民族政策，人口较少民族发展扶持政策、兴边富民工程、社会保障制度、扶贫开发政策，以及其他的各类社会政策、经济和区域发展政策等构成了我国民族地区的反贫困政策体系，政府、市场、社会、个人等多方主体共同参与形成反贫困合力，构建了我国当前的“大扶贫格局”。在民族地区的反贫困政策体系中，社会保障制度作为一项由政府主要担责的反贫困制度安排，发挥着“托底”保障的基础性反贫困效果，尤其以城乡社会救助体系扮演了最主要的反贫困角色。在经济发展政策“涓滴效应”逐步减弱、农村扶贫开发政策减贫效应边际递减、社会力量扶贫规模效应不足的大背景下，政策待遇以个人（家庭）为瞄准对象的社会保障制度在民族地区的反贫困政策体系中的作用越来越受到重视。“十三五”规划在论述实施脱贫攻坚工程中要求对丧失劳动能力的实施兜底性保障政策，对因病致贫的提供医疗救助保障。实行低保政策和扶贫政策衔接，对贫困人口应保尽保[②]。社会保障制度将在与其他反贫困政策有序衔接的基础上发挥更大的反贫困作用。

一、社会保障的反贫困功能及作用机理

社会保障制度作为一项以个人或家庭为政策对象的收入再分配制度安排，在保障基本生存、缓解贫困、分散风险、提升福利水平等方面发挥着重要作用。社会保障政策的效果往往以实物、现金或提供服务等方式为政策对象提供支持。我们曾经对社会保障在调节收入分配、缩小收入差距方面的作用和贡献做过认真的理论与实证研究，相关研究成果分别刊发在有关专著及学术论文中[③]。

① 国家民委经济发展司. 2014 年少数民族地区农村贫困监测结果. 国家民委官网，http：//www.seac.gov.cn/art/2015/4/15/art_31_225897.html，2015-8-18.

② 中共中央关于制定国民经济和社会发展第十三个五年规划的建议。

③ 王延中. 中国社会保障发展报告（2012）：社会保障与收入分配［M］. 北京：社会科学文献出版社，2012. 王延中等. 中国社会保障再分配状况调查［M］. 北京：社会科学文献出版社，2013. 王延中等. 社会保障收入再分配效应研究［J］. 经济研究，2016（2）.

从国际社会保障事业的发展态势来看，社会保障制度主要以社会救助、社会保险、社会福利三大制度为贫困人员或家庭、低收入劳动者或家庭、全体社会成员提供上述各类保障。从我国社会保障事业的发展进程来看，在过去相当长的一段时期内经历了以社会救助和社会保险为主体的社会保障制度建设阶段，而随着经济社会发展水平的提高、社会保障制度逐步趋于完善，我国在“十三五”期间社会福利制度将进一步完善、社会福利制度在社会保障制度中的重要性和地位将得到进一步提升，针对全体社会成员的社会福利水平也将逐步提高。进入 21 世纪以来，社会救助制度作为保障基本生存和缓解贫困人员贫困程度的兜底性制度安排，在社会保障制度反贫困进程中扮演了最基础、最重要的角色。这一特征在民族地区尤为明显。综合而言，在民族地区的反贫困进程中，社会保障制度与农村扶贫开发政策、民族政策、人口政策等相互衔接并形成反贫困合力，从不同的角度提升了民族地区的社会成员、家庭和地区的发展能力，最终实现地区发展能力提升与个人发展能力提升的良性循环。

我国的社会保障体系包括社会救助、社会保险、社会福利三个组成部分。原则上看，三个部分都具有一定的收入调节作用，但具体作用机理仍有所不同。总体来看，社会保障反贫困的作用机理如图 2-1 所示。

具体而言，社会保障的三个政策类别从各自不同的路径产生了不同的反贫困效果。

（一）社会救助制度通过保障贫困人群的生存和发展产生最直接的反贫困效果

社会救助处于我国社会保障体系的最低层，主要依靠政府财政投入来保障低收入群体的最低生活所需，包括现金救助、实物救助、服务救助等手段。由于它直接针对社会弱势群体和贫困人口，救助对象不需要承担任何缴费义务，只要符合救助条件就可以获得救助，具有权利义务的单向性。因此，其反贫困作用也最直接、最明显，反贫困效果则直接表现为保障绝对贫困人口的基本生存，降低绝对贫困人口和低收入贫困人口的贫困程度。

我国的社会救助体系主要由最低生活保障制度和专项社会救助项目共同构成。最低生活保障制度对家庭人均收入低于贫困线或者低保线的对象进行差

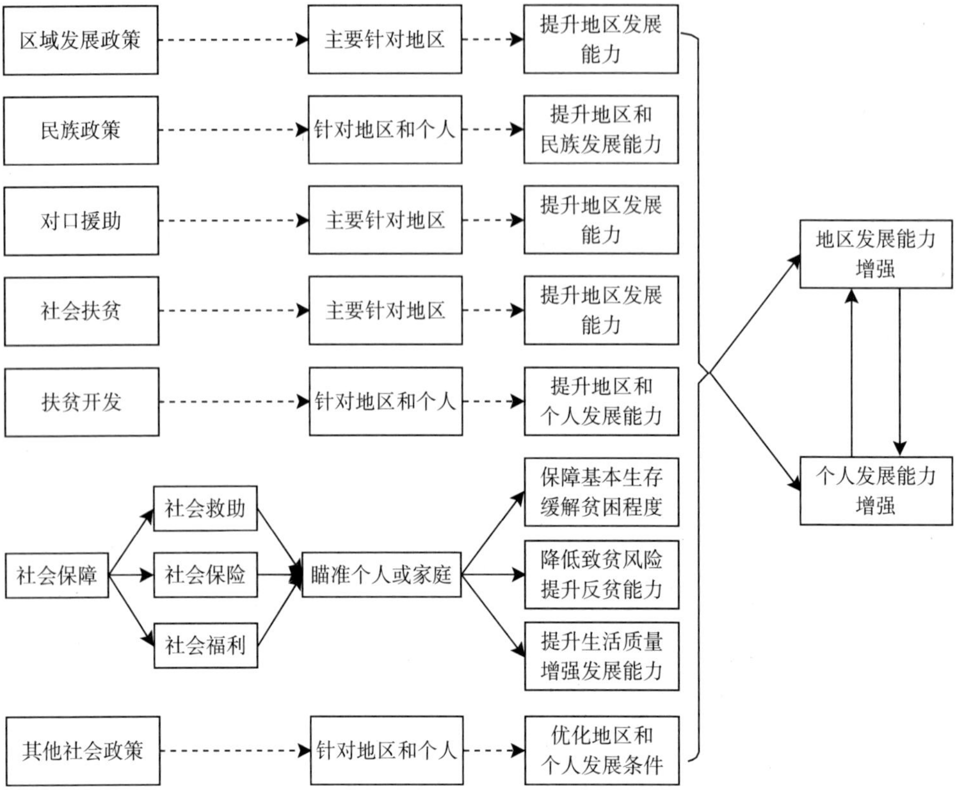

图 2–1　社会保障反贫困机理示意

额补助，保障受助对象的基本生活需要，对贫困者或家庭产生最直接的反贫困效果。最低生活保障制度是当前我国社会保障反贫困最为基础的制度安排。医疗救助、教育救助、住房救助等则对处于贫困线边缘的群体以及低收入群体面临的临时性贫困或“因病致贫”、“因教致贫”、“因住致贫”等的消费性贫困提供直接的现金援助，防止贫困线边缘的低收入群体陷入绝对贫困之中。从专项救助的具体目的来看，医疗救助是对贫困群体在疾病就医过程中的大量消费进行专项补助，目的是避免贫困群体因为疾病而导致生活陷入困境。教育救助为贫困家庭的子女在各类各级学习就学过程中提供学杂费减免、学费补助等，避免低收入家庭因子女教育费用支出而陷入绝对贫困，帮助这些家庭走出“因病致贫”和因家庭子女教育机会的缺乏而陷入贫困的恶性循环。住房救助的本质是解决低收入家庭因无法支付足够房租而居无定所的情况，由政府财政支付市场房租与居民支付能力之间的差额，保障贫困人员或家庭

住有所居。

（二）社会保险以参保成员的互助共济降低致贫风险，提升社会保障主体制度的反贫困效果

社会保险处于我国社会保障体系的中间层，通过责任分担、互助共济的方式保证社会成员的基本生活所需。它强调权利与义务相结合，只有承担相应的缴费义务才能享受一定的保险待遇。但该制度不是缴费与待遇的完全对等关系，高收入者通常履行较多的缴费义务，低收入者通常可以获得与其缴费水平相比较多的保险待遇，从而发挥该制度的互助共济特性，较好地调节收入差距，起到预防贫困的作用。它包括养老保险、医疗保险、失业保险、工伤保险等。

养老保险是社会保险制度的核心，它通过为退出劳动岗位的劳动者提供收入保障的方式增强其抵御老年风险的能力，达到预防贫困的目的。在我国"社会统筹+个人账户"的养老保险制度中，个人账户部分采取积累形式，不具有再分配性质，现收现付式的统筹基金部分具有再分配性质，其资金来源主要为企业缴费，而非国家财政，但具有互助共济性质的养老保险统筹基金，可以在参保人范围内进行再分配。随着我国养老保险制度城乡统筹、制度整合步伐的加快，覆盖范围不断增加，待遇水平稳步提高，可以较好地实现城乡之间、代际之间、不同收入群体之间的收入再分配，起到缩小城乡差距、地区差距、群体差距的效果。医疗保险作为疾病风险管理的重要手段，其收入再分配功能及互助共济特性主要源于疾病风险的不确定性及保险制度的设计原理。由于每个人的患病概率、患病时间、病种类型、治疗费用等是不确定的，一旦遭遇大病，极有可能出现因病致贫、因病返贫的情况。因此，每一个人缴纳医疗保险费，组成一个大的医疗保险基金池，使得风险在所有参保群体之间进行分散，医疗资源在患大病者、患小病者及不患病者之间进行再分配。失业保险的反贫困机制主要通过提供失业保险金、保障失业者基本生活需求、缩小收入差距、促进失业者再就业、使其重返劳动力市场参与初次分配等来有效减少低收入群体的数量。工伤保险是在劳动者遭受职业伤害或者职业病的情况下，从国家或社会获得物质帮助的保险制度，具有工伤补偿、工伤预防、工伤康复的作用，对于劳动者重返劳动力市场，避免因工伤引起收入中断或减少而陷入贫困具有重要作用。

(三) 社会福利以普遍公共服务及特殊福利提升全体居民的生活质量和发展能力而产生普遍性的反贫困效果

社会福利是指国家和社会通过社会化的福利津贴、实物供给和社会服务，满足社会成员的生活需要并促使其生活质量得到改善的一种社会政策。社会福利制度反贫困的机理和路径就在于通过福利津贴或服务等的供给，提高政策对象的生活质量和生活的安全预期，并在此过程中使政策对象拥有良好的发展环境，提升个人和家庭的发展能力。但是，由于其资金主要来源于国家财政和社会捐赠，通过转移支付的方式直接面向特定的受助对象，实现社会资源的再分配，提高社会弱势群体的收入水平，提高其生活质量和福利水平，因此其反贫困作用相对比较简单和有效。目前，我国社会福利制度主要由老年人福利、残疾人福利、妇女儿童福利制度构成。受制于社会保障制度整体发展阶段的影响，目前我国社会福利制度在反贫困方面的实际作用空间并不大，但是由于社会福利制度对老年人、残疾人、妇女儿童直接提供津贴或福利服务等，因此也对这些群体产生了直接的反贫困效果。随着我国社会保障制度深化改革进程中越发注重社会福利制度的建设，社会福利制度的反贫困空间必将进一步扩大。

对全体居民而言，社会福利还包括义务教育和政府扶持的教育体系、公共卫生及基本卫生服务制度以及一整套基本公共服务。这些服务是一个社会增进居民健康、提升劳动力素质和人力资本、促进社会发展的基本制度。这些公共产品或准公共产品不仅覆盖全体居民，而且尽量在一个国家的不同区域之间保持均衡发展，对于经济社会发展水平相对落后的地区还可以通过国家及不同级别、不同地区政府间的财政转移支付及相关举措得到帮助。

社会救助、社会保险和社会福利分别以不同的路径和不同的方式向政策对象（个人或家庭）提供现金、实物或服务等援助，帮助政策对象摆脱绝对贫困或相对贫困的困扰，提升个人和家庭的发展能力。并且，由于各个社会反贫困政策体系中各政策的对象瞄准机制和价值理念存在差异，加强社会保障制度与其他反贫困政策的衔接整合并形成反贫困合力是未来几年内提升民族地区反贫困效果的重要努力方向。就目前民族地区的经济社会发展状况而言，

社会保障制度仍将发挥最基础的兜底性反贫困作用，其中社会救助在援助农村贫困人口方面仍将扮演最重要的角色，而社会保险制度则将随着城乡就业结构的优化和制度优化扩大反贫困作用空间，社会福利制度在民族地区的反贫困空间将逐步扩大。

二、民族地区社会保障建设及其反贫困作用

民族地区自然条件恶劣、生态环境脆弱、基础设施薄弱、经济发展水平落后、人力资本质量不高等都导致民族地区反贫困的艰难性。民族地区经济社会发展具有经济发展总体落后、经济总量偏小，产业结构不合理、吸纳就业人员有限，教育发展落后、人力资本积累不足，自然条件恶劣、环境保护形势严峻等特点。民族地区贫困问题因为其边境性、民族性、资源富集性、生态脆弱性等特征，在国家总体格局中占据重要的战略地位。贫困面广、贫困发生率高，贫困程度深、脱贫难度大，返贫率高、解决贫困的难度大，多维度贫困状态极为普遍等特点使得民族地区的反贫困任务十分艰巨。我国在积极实施扶贫开发战略的同时，大力推进我国社会保障制度改革与建设，财政性社会保障投入快速增长，民族地区社会救助、社会保险、社会福利等民生保障体系不断完善，社会保障制度的反贫困功能日益凸显，为保障各族居民的基本生活水平，维护社会稳定和谐发挥了积极的作用。

（一）民族地区社会保障实现制度全覆盖，为消除贫困群体的生存之忧提供制度保障

近年来，我国社会保障制度建设步伐明显加快，随着社会保障制度逐步健全和完善，城乡居民在维持基本生活、养老、医疗等方面的需求得到了基本保障。就我国各省社会保障制度建设情况而言，中央和国务院都是采取统一推进、重点扶持的思路来推进全国各地社会保障制度。在此过程中，并没有根据经济发展水平而实行渐进式制度建设；相反，一些西部民族地区省份的县、市是一些社会保障具体项目的试点地区。到 2012 年，民族地区的社会保

障制度实现了全覆盖，这从根本上消除了贫困群体的生存之忧。民族地区具体通过农村最低生活保障制度和城镇居民最低生活保障制度来保障贫困群体最基本的生存权；通过新农合制度和城镇居民医疗保险制度来保障居民的健康权；通过农村社会养老保险制度和城镇居民社会养老保险制度来保障居民年老后的收入来源。由于最低生活保障制度的资金全部来源于政府的财政拨款，当居民处于最低生活保障线以下时，均可以申请最低生活保障，这保障了贫困群体不至于陷入生存险境。2015 年第三季度，民族八省区享受城市最低生活保障的人数达到 407.13 万人，享受农村最低生活保障的人数达到 1789.53 万人。在医疗保险方面，民族八省区主要通过资助参加医疗保险、资助参加合作医疗和直接进行医疗救助的方式来解决贫困群体的因病致贫风险。2015 年第三季度，民族八省区共资助 287.03 万人参加城镇居民医疗保险，资助 1315.91 万人参加合作医疗保险，并直接进行医疗救助 330.78 万人次。在养老保障方面，民族八省区对参加农村社会养老保险制度的居民都进行了补贴，但其补贴标准不尽相同。总的来看，我国民族地区的社会保障制度实现了全覆盖，各项保障制度基本实现了应保尽保，从根本上消除了贫困群体的生存之忧。

（二）民族地区社会保障支出持续增加，社会保障的反贫困力度加大，一定程度上降低了民族地区的贫困程度

21 世纪以来，随着民族地区社会保障制度建设的不断推进，社会保障总支出的绝对值得到了快速增长，占财政总支出的比重也明显提高。2003 年，民族八省区社会保障支出总额为 150.72 亿元，占民族八省区财政支出的 5.90%；到 2012 年，民族八省区社会保障与就业支出总额达到 1955.3 亿元，比 2003 年增加了 1804.58 亿元，占民族八省区财政支出的 10.63%，比 2003 年提高了 4.7 个百分点。其中民族地区的医疗卫生支出均呈现明显增长，对于完善民族地区的医疗保障制度和医疗服务体系，减轻民族地区城乡居民的医疗负担具有重要作用。2003 年，民族八省区医疗卫生支出 121.44 亿元，占民族八省区财政支出的 4.76%；到 2012 年，民族八省区医疗卫生支出达到 1187.27 亿元，比 2003 年增加了 1065.83 亿元，占民族八省区财经支出的 6.46%。无论是狭义的社会保障支出（仅指抚恤和社会福利救济支出、行政事业单位离退

体支出、社会保障补助支出或社会保障与就业支出等生存型社会保障内容），还是广义的社会保障支出（除去这些外，不包括教育支出、医疗卫生支出、住房保障支出等发展型社会保障项目），均得到了明显增长。从民族地区社会保障支出的具体项目构成来看，民族地区社会救助支出大于社会福利支出，符合社会救助主要针对贫困人口、社会保障促进反贫困的导向。在民族地区的社会救助支出中，主要是最低生活保障支出，占社会救助支出的80%左右。最低生活保障的发展有利于缓解民族地区城乡居民的贫困状况。

由于民族地区社会保障支出持续增加，民族地区的贫困问题得到一定的缓解。根据《2011年我国农村贫困监测报告》的数据显示，民族八省区的贫困人口从2000年的3144万人下降到2010年的1034万人，十年间脱贫人口为2110万人；民族八省区的贫困发生率从2000年的23.00%下降到2010年的7.00%。但是，随着在2011年国家扶贫标准上调为2300元，民族八省区贫困人口数量从2010年的1034万人上升为2011年的3917万人，随后逐年开始下降，到2014年，民族八省区贫困人口数量下降至2205万人，贫困发生率从2011年的26.5%下降至2014年的14.7%。

（三）民族地区社会保障水平不断提升，加快了贫困群体脱贫的步伐

随着民族地区社会保障水平的不断提升，城乡居民的收入水平也随之提高，对于缓解民族地区贫困起到了积极作用。社会保险、社会福利、社会救助在缓解民族地区贫困中均发挥着不同程度的作用。社会保险通过建立合理的投入机制、筹资机制和待遇补偿机制，发挥收入再分配和互助共济作用，将中低收入者和贫困人口纳入社会保险的范围，享受社会保险待遇，减轻遇到各种风险时的支出负担。社会福利与社会救助无须个人缴费，完全依赖于政府财政投入，更加有利于低收入者和贫困人口享受社会保障。2010年第四季度，民族八省区农村最低生活保障标准平均为每人每月85.27元，城市最低生活保障标准平均为每人每月220.99元；到2015年第三季度，民族八省区农村最低生活保障标准平均每人每月上涨到180.39元，比2010年第四季度增长了111.55%，城市最低生活保障标准平均每人每月上涨到367.73元，比2010年第四季度增长了66.40%。在新农合方面，2010年，我国政府对新农合和城

镇居民医保补助标准为每人每年 120 元，当居民生病住院时，可以报销住院费用的 70%；2014 年，我国政府对新农合和城镇居民医疗保险补助标准提高到了 320 元，住院报销比例也提高到 75%以上。在养老保险待遇方面，城镇居民养老保险待遇水平和农村养老保险待遇水平均呈增长趋势。从收入水平来看，2003~2013 年各民族地区的城镇居民人均收入和农村居民人均纯收入均有大幅提高，民族地区城镇居民人均可支配收入平均增长 14910.1 元；农村居民人均纯收入平均增长了 4997.7 元。随着民族地区社会保障水平的不断提高，民族地区贫困群众脱贫的步伐也在逐渐加快。

（四）民生建设力度不断增强，城乡居民得到的各类专项转移收入持续增加，为缓解民族地区贫困程度提供了有利条件

中央政府一直重视民族地区社会保障制度的健全和发展，近年来，中央财政加大了对民族八省区转移支付的力度，使得民族八省区贫困群体的转移性收入有所提高。从收入水平来看，2003~2013 年各民族地区的城镇居民人均收入和农村居民人均纯收入均有大幅提高，总体上翻了两番，农村居民收入上升速度更快。十年间，民族地区城镇居民人均可支配收入平均增长 14910.1 元，人均总收入平均增长 16349.51 元，人均转移性收入平均增长了 3453.8 元；农村居民人均纯收入平均增长了 4997.7 元，转移性收入平均增长了 738 元。相比而言，民族地区的收入增长更快，尤其是转移性收入的增长速度明显快于城镇居民。2003 年，民族地区的农村居民人均纯收入中，只有较小一部分来源于转移性收入，2013 年得到了大幅增长，民族地区八省区农村居民人均纯收入中转移性收入所占比重从 2003 年的 3.4%上升到 2013 年的 11.8%。转移性收入的增加，更加有利于民族地区农村居民脱贫，缓解了民族地区的贫困程度。

三、民族地区农村社会保障减贫效应的数据检验

本书利用西部民族地区 7 个省区的农村调查问卷数据①，对农村社会保障待遇的减贫效果进行实证检验。文中样本数据来自国家社科基金特别委托项目暨中国社会科学院创新工程重大专项“21 世纪初中国少数民族地区经济社会发展综合调查”分别于 2014 年和 2015 年进行的城乡问卷调查（以下简称“民族地区大调查”）。调查样本分布于内蒙古、广西、云南、西藏、青海、宁夏和新疆七个省和自治区②的 24 个县市。本报告根据需要抽取了 5006 份农村有效调查问卷数据，被访者来自 34 个民族。在收入结构中，农村家庭人均社会保障待遇③占家庭人均总货币收入的比重为 4.1%（见表 2-1）。社会保障待遇对少数民族农村家庭收入的贡献要比汉族更大，少数民族农村家庭人均社

表 2-1　被调查地区社会保障待遇构成情况

		家庭人均货币收入（元）	人均社会保障待遇占比（%）	人均农村低保待遇占比（%）	人均养老金待遇占比（%）	人均医疗报销额占比（%）
省区	内蒙古	14164	2.0	0.8	0.1	1.2
	广西	5805.7	5.8	1.6	0.5	3.7
	云南	5221.2	7.4	5.4	0.4	1.6
	西藏	6267.4	5.9	0.8	0.5	4.5
	青海	6181.7	4.5	1.0	0.8	2.7
	宁夏	6194.8	5.1	1.6	0.6	2.9
	新疆	9971.0	2.3	1.0	0.2	1.0
民族	汉族	12914.8	2.2	0.6	0.2	1.4
	少数民族	6412.7	5.0	1.8	0.4	2.8
合计		7638.4	4.1	1.4	0.4	2.4

① 2013 年开始，中国社会科学院民族学与人类学研究所对民族地区经济社会发展状况进行了较大规模的实地调查与问卷调查。由于民族地区城镇化水平较低，农村居民问卷数量相对集中，本部分选择农村社会保障待遇作为实证检验的主要数据。在这里，我们选择了 2014 年和 2015 年 5000 余份城乡居民入户调查数据，样本量来自西部民族七省区，大致可以反映我国西部民族地区的总体情况。

② 内蒙古、广西、云南、西藏、青海、宁夏、新疆的样本占比分别为 11.7%、13%、11.4%、23.8%、10.5%、12.2%、17.4%。

③ 本书中的社会保障待遇由农村低保收入、新农合医疗报销额、新农保或养老金收入三者构成。

会保障待遇占比为5%，大约是同地区汉族居民的2.27倍，明显高于被调查的汉族农村家庭。就地区差异而言，广西、云南、西藏、青海、宁夏的农村家庭收入中，社会保障待遇占比较高。从社会保障待遇的结构来看，新农合医疗报销金额占比普遍高于农村低保和新农保养老金，新农保养老金目前占农村家庭人均收入的比重最低。

基于FGT指数分解的实证检验表明，社会保障待遇对农村家庭被访者的贫困发生率会产生积极影响，总体上能使贫困发生率从36.1%降至33%，降幅为8.5%（见表2-2）；社会保障待遇在减轻贫困者的贫困程度方面的作用更为明显，总体上使贫困差距指数（贫困程度）降低27.5%。社会保障待遇降低汉族被访者贫困发生率的幅度要略高于其降低少数民族被访者贫困发生率的幅度，在减轻汉族和少数民族贫困者的贫困程度方面也存在相同的特点。从地区差异来看，社会保障待遇对七个被调查省区均在降低贫困发生率方面产生了积极效应。其中，社会保障待遇使内蒙古、云南的农村被调查者贫困发生率分别降低了18.2%和10.6%。在减轻贫困人员的贫困深度方面，社会保障待遇对内蒙古、云南、新疆的积极效应较大，分别使三省区的贫困差距指数降

表2-2 社会保障收入对贫困程度的影响

		贫困发生率［FGT（0）］			贫困差距指数FGT（1）			贫困差距平方指数FGT（2）		
		未加入社会保障待遇	加入社会保障待遇	变动程度（%）	未加入社会保障待遇	加入社会保障待遇	变动程度（%）	未加入社会保障待遇	加入社会保障待遇	变动程度（%）
地区	内蒙古	0.094	0.077	-18.2	0.059	0.033	-44.3	0.050	0.024	-51.6
	广西	0.426	0.389	-8.7	0.211	0.164	-22.0	0.143	0.110	-23.1
	云南	0.532	0.475	-10.6	0.346	0.239	-31.0	0.275	0.192	-30.2
	西藏	0.405	0.371	-8.5	0.227	0.160	-29.6	0.169	0.136	-19.5
	青海	0.480	0.452	-5.9	0.320	0.258	-19.5	0.261	0.213	-18.3
	宁夏	0.325	0.302	-7.1	0.161	0.124	-22.8	0.108	0.086	-20.4
	新疆	0.271	0.251	-7.6	0.147	0.099	-32.7	0.108	0.076	-29.6
民族	汉族	0.143	0.129	-9.8	0.089	0.071	-20.6	0.072	0.052	-27.9
	少数民族	0.411	0.377	-8.3	0.234	0.193	-17.4	0.175	0.133	-24.0
合计		0.361	0.330	-8.5	0.207	0.150	-27.5	0.155	0.118	-24.4

注：①变动程度=（加入社会保障待遇时的值-未加社会保障待遇时的值）/未加社会保障待遇时的值。②我国2011年实行的新的农村贫困线是农民人均纯收入2300元（2010年不变价），依据物价变动计算出的2013年和2014年的农村贫困线为2736元、2800元（详情参见国家民委网站，http：//www.seac.gov.cn/art/2014/4/21/art_3_203179.html），本书考虑到计算的方便性，将FGT指数计算公式中的贫困线标准设定为2800元。

低了 44.3%、31%和 32.7%。

利用上述数据，我们对社会保障待遇对被访者的收入差距影响效应进行了检验，结果表明，社会保障待遇总体上使所有农村被调查对象的基尼系数降低了 1.3%（见表 2-3）。从民族来看，社会保障待遇在缩小少数民族农村被访者收入差距方面的效果更强，能够使基尼系数下降 1.7%。社会保障待遇对汉族农村被访者的收入差距产生了略微的逆向调节，使汉族被访者的基尼系数提高了 0.2%。从地区差异来看，社会保障待遇在缩小云南、广西、西藏的农村被访者收入差距方面的效果更为明显，分别使基尼系数降低了 4.2%、2.8%和 2.6%。具体而言，社会保障待遇使云南少数民族农村被访者的基尼系数降

表 2-3 社会保障待遇对被调查者基尼系数的影响

		未加入社会保障待遇	加入社会保障待遇	变动程度（%）
总体		0.526	0.519	-1.3
内蒙古		0.428	0.429	0.2
广西		0.497	0.483	-2.8
云南		0.567	0.543	-4.2
西藏		0.495	0.482	-2.6
青海		0.583	0.586	0.5
宁夏		0.439	0.433	-1.4
新疆		0.504	0.510	1.2
少数民族		0.516	0.507	-1.7
汉族		0.463	0.464	0.2
内蒙古	少数民族	0.464	0.460	-0.9
	汉族	0.401	0.405	1.0
广西	少数民族	0.491	0.475	-3.3
	汉族	0.522	0.518	-0.8
云南	少数民族	0.563	0.536	-4.8
	汉族	0.537	0.537	0.0
西藏	少数民族	0.494	0.481	-2.6
	汉族	0.381	0.365	-4.2
青海	少数民族	0.586	0.589	0.5
	汉族	0.452	0.478	5.8
宁夏	少数民族	0.46	0.453	-1.5
	汉族	0.371	0.366	-1.3
新疆	少数民族	0.461	0.466	1.1
	汉族	0.469	0.475	1.3

注：变动程度 =（加入社会保障待遇时的值 - 未加社会保障待遇时的值）/ 未加社会保障待遇时的值。

低了 4.8%，而对汉族农村被访者的收入差距没有产生影响。社会保障待遇对缩小汉族和少数民族农村被访者收入差距均起到了积极作用，但对少数民族农村被访者的积极效应更大。社会保障待遇对西藏汉族和少数民族被访者收入差距的影响则有所不同，在缩小汉族农村被访者收入差距方面的积极效应更大；但同样也能使西藏少数民族农村被访者基尼系数降低 2.6%。

值得注意的是，内蒙古、青海和新疆的农村被访者的社会保障待遇并没有缩小其基尼系数，反而在一定程度上产生了逆向调节效应。具体而言，社会保障待遇使三省区的农村被访者基尼系数分别增加了 0.2%、0.5%和 1.2%。具体而言，内蒙古农村被访者的社会保障待遇对少数民族被访者产生了积极的效应，使少数民族被访者的基尼系数降低了 0.9%；但是却拉大了农村汉族的收入差距，使这一群体的基尼系数提高了 1%。青海和新疆的农村被访者社会保障待遇使汉族和少数民族被访者基尼系数均有所提升，但是相比而言，社会保障待遇拉大少数民族农村被访者收入差距的作用幅度要小于其对汉族农村被访者的影响幅度。因此，总体而言，社会保障待遇对西部民族地区农村被访者的收入差距产生了积极作用，但这种调节收入差距的作用幅度相对有限。具体而言，农村社会保障待遇调节少数民族收入差距的作用更大；社会保障待遇调节西南民族地区农村被访者收入差距的积极效果要好于西北民族地区。

此外，本报告还采用 Theil 系数分解的办法，检验了农村社会保障待遇调节收入分配的实际效果。研究表明，社会保障待遇使被调查的七个西部民族省区内部的收入差距缩小了 1.9%，使各省区间的收入差距缩小了 10.5%（见表 2-4）。这意味着社会保障待遇在缩小民族地区省份之间收入差距的作用要好于其缩小各个省份内部收入差距的作用。分民族来看，社会保障待遇使整个被调查地区的汉族和少数民族各自的收入差距分别缩小了 2.7%和 7%，进一步支撑了社会保障待遇在缩小少数民族收入差距方面作用更大的观点。

从具体各省区内的汉族和少数民族收入差距变动情况来看，社会保障待遇使广西、云南、西藏的汉族和少数民族之间，以及汉族和少数民族各自的农村被访者收入差距均得到了显著缩小。此外，社会保障待遇缩小了内蒙古、青海汉族和少数民族之间农村被访者的收入差距，但是却略微扩大了汉族和少数民族各自农村被访者的收入差距，Theil 系数变动幅度分别为 0.5%和 1%。

表 2–4　社会保障收入对地区间和民族间收入差距的影响（基于 Theil 系数）

			未加入社会保障待遇	加入社会保障待遇	变动程度（%）
总体分省区		组内	0.4316	0.4234	–1.9
		组间	0.0675	0.0604	–10.5
总体分汉族和少数民族		组内	0.4474	0.4355	–2.7
		组间	0.0517	0.0481	–7.0
地区分民族和少数民族	内蒙古	组内	0.3130	0.3145	0.5
		组间	0.0028	0.0026	–7.0
	广西	组内	0.4234	0.3980	–6.0
		组间	0.0044	0.0040	–7.6
	云南	组内	0.5946	0.5443	–8.5
		组间	0.0100	0.0077	–23.1
	西藏	组内	0.4183	0.3951	–5.6
		组间	0.0029	0.0026	–8.7
	青海	组内	0.6549	0.6615	1.0
		组间	0.0003	0.0002	–44.4
	宁夏	组内	0.3254	0.3142	–3.4
		组间	0.0065	0.0076	17.8
	新疆	组内	0.3741	0.3825	2.2
		组间	0.0789	0.0799	1.2

注：变动程度 =（加入社会保障待遇时的值 – 未加社会保障待遇时的值）/ 未加社会保障待遇时的值。

社会保障待遇扩大了汉族和少数民族间农村被访者的收入差距，但是缩小了汉族和少数民族各自的收入差距。与其他省份不同的是，社会保障待遇并没有缩小新疆汉族和少数民族间、各民族内农村被访者的收入差距，反而略微拉大了收入差距；但拉大汉族和少数民族间农村被访者收入差距的作用幅度更小。

总体而言，社会保障待遇占目前西部民族地区家庭人均收入的比重仍然不高，但在降低贫困发生率和贫困者的贫困深度方面发挥了积极作用。FGT 指数分解表明，社会保障待遇减贫效果更主要地表现为减轻贫困者的贫困深度。从社会保障待遇调节收入分配的作用来看，社会保障待遇在缩小少数民族农村被访者收入差距方面的效果更强，在缩小西南地区农村被访者收入差距方面的效果更为明显。基于 Theil 系数的研究表明，社会保障待遇在缩小民族地区省份之间收入差距的作用要好于其缩小各个省份内部收入差距的作用。

四、民族地区社会保障制度的反贫困效果满意度评价

根据对我国民族地区经济社会发展状况“综合调查”的家庭问卷调查数据[①]，我们设置了三个指标考察被访者对社会保障制度反贫困效果的主观评价，三个指标分别是制度的覆盖范围、保障水平以及管理水平。为了能够分析不同地区及城乡之间受访者在反贫困效果评价上的差异，我们采用赋分办法计算出满意度评价得分，进行评价的社会保障项目包括新型农村社会养老保险制度、新型农村合作医疗制度、农村最低生活保障制度、城镇居民社会养老保险制度、城镇居民基本医疗保险制度、城镇最低生活保障制度等。

（一）民族地区农村居民对农村社会保障反贫困效果的满意度评价

从表 2-5 可以看出，我国民族地区农村居民对农村社会养老保险、新型农村合作医疗保险和最低生活保障制度的满意度均达到了 91.90%以上，对三项制度的满意度评分也均在 3.32 分以上，这充分说明我国农村社会保障在反贫困中扮演着非常重要的角色。从农村社会养老保险来看，有 96.6%的农村被访者对新型农村社会养老保险制度的覆盖范围表示满意，其中表示“很满意”的被访者人数占比为 48.5%，表示“很不满意”的被访者占比仅为 0.6%。由此表明，新型农村社会养老保险制度在覆盖率的推进方面总体上得到了被调查民族地区农村居民的认可。从新型农村居民社会养老保险保障水平的评价方面来看，总体而言，有 95.5%的农村被访者表示“很满意”或“比较满意”。相比农村养老保险的覆盖范围评价而言，被访者对新型农村社会养老保险保障水平的评价相对较低。这一方面可能与我国社会保险制度在建制过程中“重覆盖、轻待遇”的思路有关；另一方面可能与西部民族地区省份在自身财

① 本部分的数据来源于 2013 年民族地区城乡居民入户调查问卷。覆盖地区为内蒙古、新疆、云南、贵州、甘肃、青海六省区的 16 个县市，共获取 6536 份城乡住户受访个人样本。

政能力不足的背景下，更加倾向于选择“优先实现制度覆盖，待遇低起步再逐步提高”的策略有关。但值得注意的是，在待遇水平偏低的情况下存在总体满意度评价得分高的现象，一个可以解释的原因在于，新型农村社会养老保险制度“从无到有”增强了农村老百姓对社会保障制度反贫困效果的满意度评价。从农村社会养老保险的管理水平来看，有94.4%的农村被访者表示“很满意”或“比较满意”，仅有0.9%的被访者表示很不满意，对农村养老保险管理水平的评分为3.3818分。总的来看，被访者对农村养老保险制度的评价较为满意，其中对农村养老保险制度覆盖范围的评价要好于保障水平，而对农村养老保险保障水平的评价要好于管理水平。

表2-5　民族地区农村居民对农村社会保障反贫困效果的满意度评价

项目	指标	很满意（%）	比较满意（%）	不太满意（%）	很不满意（%）	总计	满意度评价得分
养老保险	覆盖范围	48.5	48.1	2.8	0.6	2678	3.4462
	保障水平	44.6	50.9	3.8	0.7	2660	3.3944
	管理水平	44.8	49.6	4.8	0.9	2603	3.3818
新型农村合作	覆盖范围	50.3	47.1	2.0	0.5	3395	3.4725
	保障水平	46.7	49.5	3.0	0.9	3393	3.4203
	管理水平	46.4	49.2	3.4	1.0	3321	3.4092
最低生活保障	覆盖范围	45.7	49.1	3.4	1.7	989	3.3883
	保障水平	43.4	49.2	5.5	1.9	984	3.3404
	管理水平	43.3	48.6	5.8	2.4	966	3.3271

注：在计算满意度评价得分时，赋分办法为：“很满意”赋4分，“比较满意”赋3分，“不太满意”赋2分，“很不满意”赋1分。

新型农村合作医疗保险通过互助共济的形式分散参保家庭的疾病风险，以分担患病家庭在医疗费用方面的支出，以此来减轻农村家庭的医疗费用负担。农村被访者对新型农村合作医疗覆盖范围表示“很满意”或“比较满意”的比例高达97.4%，其中有超过一半的人对该制度的覆盖范围表示“很满意”。在新型农村合作医疗保障水平评价方面，96.2%的农村被访者对保障水平表示满意，其中认为“很满意”的人数占比为46.7%，认为“很不满意”的人数占比仅为0.9%；该制度保障水平的总体满意度评价得分为3.4203，低于被访者对新型农村合作医疗覆盖范围的评价。在新型农村合作医疗管理水平评价方面，95.6%的被访者对新型农村合作医疗管理水平表示“很满意”和“比较满意”。新型农村合作医疗保险的管理水平总体满意度评价得分为 3.4092，低于被访者对该制度覆盖范围和保障水平的评价。总的来看，被访者对新型农村合作医疗保险制度的满意程度较高。

农村最低生活保障制度是民族地区社会保障政策体系中旨在保障贫困人员基本生存的重要制度安排，在以农业为主的西部民族农村地区扮演了重要的基础性减贫角色，并发挥着不可代替的减贫作用，是当前我国农村贫困人员和家庭获得政府救助的最主要来源。在农村最低生活保障制度的覆盖范围方面，有 94.8%的人表示“很满意”和“比较满意”，其中认为“很满意”的人数占比达到 45.7%，被访者对农村最低生活保障制度覆盖范围的满意度评价得分为 3.3883。从农村最低生活保障制度的保障水平来看，有 92.6%的被访者对当前农村最低生活保障制度的保障水平表示“很满意”和“比较满意”，其中认为“很满意”的比例为 43.4%，对保障水平的总体满意度评价得分为 3.3404，略低于被访者对覆盖范围的评价得分。从农村最低生活保障制度管理水平来看，有 91.9%的被访者对农村最低生活保障制度的管理水平表示“很满意”和“比较满意”，管理水平满意度评价得分为 3.3271。相比而言，管理水平的满意度评价得分比该制度的覆盖范围和保障水平的满意度评价得分更低。在调研中发现，由于受交通不便、管理人员队伍薄弱等因素的影响，民族地区农村的最低生活保障制度的管理运行难度要明显大于其他地区。由于在对象确定、家计调查、低保对象动态管理、保障待遇监督、待遇社会化发放等方面的管理能力较弱，使得农村最低生活保障制度在管理中更容易出现瞄准偏差、保障待遇公平性弱、低保对象获取待遇的成本较高问题，间接地影响着农村最低生活保障待遇对低保对象和家庭所产生的反贫困效果。

（二）民族地区城镇居民对城镇社会保障反贫困效果的满意度评价

表 2-6 描述了民族地区城镇居民对城镇社会保障反贫困效果的满意度评价，我国民族地区城镇居民对城镇养老保险、医疗保险和最低生活保障制度的满意度均达到了 91%，对这三项制度评分均在 3.24 分以上，这说明我国城镇居民对城镇社会保障制度在反贫困中的效果是比较满意的。从城镇养老保险的覆盖范围来看，有 94.8%的城镇被访者对城镇居民社会养老保险制度的覆盖范围表示满意，其中表示“很满意”和“比较满意”的人数占比分别为

37.9%和56.9%，表示“很不满意”的比例仅为0.8%，对城镇养老保险制度覆盖范围总体满意度评价得分为3.3197。从城镇居民社会养老保险制度管理水平的评价方面来看，有92.5%的被访者对城镇居民社会养老保险制度的管理水平表示满意，其中认为“很满意”的人数比例为34.4%。从城镇居民社会养老保险制度保障水平的评价方面来看，有91.9%的城镇被访者对城镇居民社会养老保险制度的保障水平表示满意。但是，表示“很满意”的人数比例仅为35.3%，略超过1/3。这与该制度在建制初期采取“保基本”的模式有关，城镇居民社会养老保险待遇偏低是各个民族地区普遍面临的一个问题。

表2-6　民族地区城镇居民对城镇社会保障反贫困效果的满意度评价

项目	指标	很满意(%)	比较满意(%)	不太满意(%)	很不满意(%)	总计	满意度评价得分
养老保险	覆盖范围	37.9	56.9	4.3	0.8	1073	3.3197
	保障水平	35.3	56.6	6.6	1.4	1058	3.2590
	管理水平	34.4	58.1	5.8	1.6	1031	3.2532
医疗保险	覆盖范围	38.8	55.1	4.5	1.5	1195	3.3130
	保障水平	36.3	55.5	6.3	2.0	1183	3.2595
	管理水平	35.4	56.9	5.4	2.3	1158	3.2539
最低生活保障	覆盖范围	47.3	46.2	5.6	0.9	338	3.3994
	保障水平	39.3	50.2	6.9	3.6	331	3.2508
	管理水平	37.8	52.3	6.2	3.7	325	3.2431

在城镇居民基本医疗保险制度覆盖范围评价方面，有93.9%的城镇被访者对该制度的覆盖范围表示满意，其中对覆盖范围表示“很满意”的人数占比为38.8%，对覆盖范围总体满意度评价得分为3.3130分。在城镇居民基本医疗保险制度保障水平评价方面，有91.8%的城镇被访者对该制度的管理水平表示满意，仅有2.0%的受访者表示“很不满意”，保障水平总体满意度评价得分为3.2595。在城镇居民基本医疗保险制度管理水平评价方面，有92.3%的被访者对管理水平表示满意，其中有35.4%的被访者认为“很满意”，管理水平总体满意度评价得分为3.2539。总的来看，我国民族地区城镇居民医疗保险制度在分散居民患病风险、分担患病家庭在医疗费用方面的支出中起着较为重要的作用，大部分被访者对城镇医疗保险制度较为满意。

城镇最低生活保障制度作为城镇贫困家庭保障基本生存的重要社会保障项

目，在缓解城镇贫困人员和家庭的贫困程度方面发挥着基础性的作用。总体而言，城镇最低生活保障制度覆盖范围的满意度评价较高，有93.5%的被访者对该制度的覆盖范围表示满意，其中有近一半的被访者对该制度的覆盖范围表示“很满意”，比例为47.3%。在城镇最低生活保障制度保障水平的评价方面，总体而言，被访者中有89.5%的人对城镇最低生活保障制度的保障水平表示满意。保障水平的总体满意度评价得分为3.2508，也低于覆盖范围的3.3994。在城镇最低生活保障制度管理水平的评价方面，总体而言，有90.1%的被访者对该制度的管理水平表示满意，其中表示“很满意”的被访者比例为37.8%。

总体而言，社会保障制度的实施获得了民族地区省份城乡居民的认可，城乡被访居民均对社会保障具体项目给予了较高评价：

（1）城乡居民对于社会保障制度具体项目的反贫困效果评价中，普遍存在覆盖范围的评价要好于保障水平，保障水平的评价要好于管理水平的特点。这主要是因为国家在推行养老保险、医疗保险、社会救助等社会保障具体项目时给予了财政上的支持，使得西部民族地区的社会保障制度建设步伐基本实现了与其他地区同步；优先考虑实现制度全覆盖（如最低生活保障制度的“应保尽保”）的思路使得城乡居民基本被纳入相应的社会保障项目中。但是社会保障制度的运行往往需要中央和地方政府共同负担财政供给，民族地区受制于地方财政能力薄弱的影响，在各项社会保障项目的待遇水平方面往往采取“保基本”的思路，保障水平的确定和提升相对更为保守。此外，西部民族地区省份，尤其是西南民族地区省份，普遍面临交通不畅、专业管理人员少等难题，社会保障制度在这些地区的有效运行更为艰难。因此，从政策受众的主观评价结果能发现对覆盖范围的评价较高，而对保障水平和管理水平评价偏低的特点。

（2）西北民族省份对社会保障制度反贫困效果的评价总体上要好于西南民族地区省份。在上述分析中发现，内蒙古和新疆的城乡居民在评价社会保障具体项目时“很满意”的人数比例和满意度评价得分普遍要好于云南和贵州。这种现象的原因也许在于：一方面，以畜牧业为主的新疆和内蒙古城乡经济发展水平总体上要好于云南和贵州，当然也好于同样处于西北地区的青海和甘肃。这也使得这两个地区用于社会保障制度的财政投入力度相对更大，使得社会保障制度的反贫困作用力度和空间更大。另一方面，根据我国农村贫困监测报告的统计，当前我国农村贫困人口越来越集中于西南民族地区农村。相比于西北地区而言，西南民族地区省份的农村贫困问题更为严重，对社会保障制度发挥反贫困效果的需求更大，而这些省份的基层政府可以通过社会保障制度进行反贫困的能力却更弱。这种减贫需求和减贫能力之间的缺口使得西南民族地区省份的城乡居民对社会保障制度反贫困效果的评价要相对低于西北民族地区的省份。

（3）城乡居民对城乡最低生活保障制度的反贫困效果好评度较高，对医疗保险的评价要高于对养老保险的评价。具体而言，农村被访者的评价结果表明，农村居民对新型农村合作医疗的评价很高，要明显高于新型农村社会养老保险制度。这一方面与国家这几年大力优先推进新型农村合作医疗密切相关，无论是从各地的新型农村合作医疗参保积极性来看，还是从报销比例的逐步提升来看，都体现了农村居民对这项制度的高度认可和好评，另一方面则与两种不同制度的反贫困路径有关。新型农村合作医疗制度的反贫困路径是通过“当年缴费即期享受医疗费用报销”的方式为农村贫困家庭减轻医疗费用负担，体现了减贫效果的及时性。养老保险则是通过“累计缴费退休后领取退休金”的方式为农村居民未来的老年生活提供经济保障，这种反贫困路径对于保险意识不强的少数民族而言相对难以完全认可。加之当前新型农村社会养老保险基础养老金过低，使得农村居民对该制度的好评度并不像新型农村合作医疗那么高。农村最低生活保障制度的好评度同样较高。这一点则与民政部要求各地方推行最低生活保障制度“应保尽保”密切相关。

（4）民族地区城乡居民对社会保障制度反贫困效果的总体满意度较高，在一定程度上是与社会保障制度“从无到有”的纵向公平感，以及由此增强的国家认同感密切相关。社会保障制度是国家基于宪法对公民提供的生活保障，体现着国家对每个公民社会保障权利的尊重。西部民族地区以及少数民族在经济社会发展方面往往面临着事实上的不平等和发展差距，为了缩小这种事实上的不平等，维护和保障各民族的平等团结共同进步，国家通过一系列民族政策和扶贫开发政策等扶持民族地区和少数民族的经济社会发展。社会保障作为由国家依法推行的反贫困制度，以专项转移支付的方式直接为民族地区的贫困家庭提供援助和保障，这种方式要比经济发展所产生的“涓滴效应”

要更为直接和明显，已经成为民族地区反贫困政策体系中的重要组成部分。因此，对于民族地区城乡居民而言，一系列旨在保障当期基本生存和化解养老、医疗等风险的社会保障制度的建立，使得制度“从无到有”所带来的纵向公平感更加强烈，由此增强了各民族的国家认同和中华民族认同。这种心理上的强烈感知使得他们会放大对社会保障制度实际反贫困效果的评价。因此，对于民族地区社会保障制度反贫困效果的好评度较高，要正确认识这种普遍较高的评价，更加注重提升制度的保障水平和管理水平，以增强社会保障制度的实际反贫困效果。

五、民族地区社会保障反贫困存在的问题

在社会保障制度建设进程方面，民族地区省份并不落后于东部、中部地区，而且部分民族地区的县往往是国家推行具体社会保障项目的试点地区。尽管国家出台了一系列民族政策、扶贫开发政策等提升民族地区和该地区社会成员的自身发展能力，但是在社会保障制度建设方面，国家并没有建立单独的针对民族地区的制度。因此，民族地区省份的社会保障制度在发挥反贫困效果的过程中往往面临着与其他地区相同的问题。由于民族地区省份，尤其是这些省份的基层县级政府大多面临自身财政能力弱、地理区位偏远、劳动力技能不足等制约，民族地区社会保障制度反贫困效果的发挥也会面临着一些特殊问题。

（一）地方财政能力弱制约社会保障待遇水平

就社会保障制度建设本身而言，受制于地方财政能力严重不足的影响，我国大部分地区的社会保障项目的保障水平在相当长的一段时间内让位于制度覆盖面的推进。西部民族地区省份，尤其是基层地方政府自身财政能力不足的问题更为严重。西部民族地区很多县级政府的财政收入十分有限，财政收入来源渠道单一，自身创造财政收入的能力很低。许多贫困县往往需要依靠中央政府和省级政府的专项转移支付才能维持政府职能的正常运转，财政收

入结构失衡情况严重。大多属于“吃饭财政”和“财政只能保运转”的状态，能够用于配套实施社会保障项目的财政资金很少。再加上当前国家加大了地方政府债务清偿的力度，使得西部民族地区基层政府如果完全依靠本级财政来实施社会保障项目，地方政府的财政压力巨大。根据《中国统计年鉴 2014》的数据计算，西部民族八省区的地方公共财政收入占全国平均水平的比重普遍偏低，其中内蒙古最高，也仅为 77.3%；云南为 72.4%，广西为 59.2%，贵州和新疆分别为 54.2%和 50.7%，宁夏、青海和西藏则分别仅为 13.9%、10.1%和 4.3%。民族八省区中用于社会保障和就业的公共财政支出占当年地方公共财政收入的比重则远远高于全国其他地区。

由于地方财政自我创收能力有限，民族地区的地方政府在制定农村最低生活保障待遇标准、农村五保户供养标准、农民基础养老金标准、医疗救助封顶金额标准等待遇标准时的动力不足，这些待遇标准的动态调整也相对滞后。总体而言，民族地区政府的公共财政收入的不足，直接制约了其用于社会保障项目方面的财政资金数额。社会保障待遇在民族地区贫困家庭的收入中比例很小，难以发挥出调节收入分配的反贫困效果。

（二）农村社会保障项目经办管理能力薄弱制约反贫困能力

民族地区社会保障制度的经办管理能力薄弱主要出现在农村地区的社会救助制度运行过程中。民族地区省份的社会保障制度经办管理能力薄弱，最主要表现为管理人员数量不够，管理的专业水平较弱。社会保障项目经办管理人员数量不够，一方面是由于民族地区基层政府的工作人员编制不够，人口数量较大或者贫困程度较深的县这种矛盾更为明显；另一方面则是政府工作人员工资待遇太低，难以招聘和留住专业管理人才。再加上民族地区交通条件恶劣，使得城乡最低生活保障制度、农村新型社会养老保险制度等从事经办管理业务的工作人员的办公成本高，但是这些成本往往需要个人承担，因而导致民族地区基层政府的社会保障项目经办管理人员工作的积极性不足。为了应对社会保障项目经办管理能力不足的难题，目前民族地区县级政府主要还是通过依靠乡（镇）、村干部以兼职的方式来解决。实际上，民族地区农村最低生活保障制度的申请、家计调查、动态管理等工作主要由乡、镇一级的民政助理人员负责，再加上这些工作人员还需要对其他未通过审核的低保申请者进行家计调查等，因此，民族地区乡镇一级的工作人员工作量与实际工作能力存在显著差距。一些民族地区县级政府也在尝试通过政府购买服务的方式招聘政府聘用人员以解决社会保障项目经办管理人员不足的问题，但是受工作待遇过低的影响，这一尝试在民族地区难以起到缓解作用。

农村社会保障项目经办管理能力薄弱会造成以下几个方面的隐患和问题。一是由于经办管理工作大多由乡镇干部兼职承担，经办管理的专业性不足很容易导致社会救助工作在入户调查、审核、审批过程中存在诸多不规范的地方。二是农村社会救助制度的监督实施难度大，社会保障待遇的公平性受损。以社会救助制度为例，县级民政部门受制于人员不够，只能对全县各个乡镇的最低生活保障救助对象的实施情况进行极为有限的抽查监督，这就导致了最低生活保障制度救助对象的动态管理难以推行，制度的瞄准率存在偏差，保障待遇的公平性和反贫困效果面临挑战。在民族地区的农村，由于缺乏对农村最低生活保障运行的监督，“全村轮流吃低保”、“整村平分低保金”的现象依然存在。这些现象意味着农村最低生活保障制度的自身运行规律遭遇了扭曲，反贫困效果大打折扣。而且，在以少数民族居民为主的农村，由于语言、文化背景、传统习俗差异等原因，在政策解释、与群众沟通方面需要做更多细致的工作。工作人员不足的问题，直接影响了救助工作的有效开展。

（三）医疗资源不足制约新型农村合作医疗制度反贫困效果

随着国家逐年提升缴费补贴水平和提升各级医院的报销比例，民族地区农村居民不敢看病的问题基本得到了消除。不同于农村最低生活保障制度和新型农村社会养老保险，新型农村合作医疗的反贫困效果的实现需要依托医疗服务的提供数量和质量。农村地区医疗资源的不足则是制约该制度反贫困效果的一个重要因素。农村地区医疗资源的不足主要表现为高素质的基层卫生医疗技术人员不足。从农村每千人卫生技术人员数来看，西部民族八省区的卫生技术人员数、执业医师和注册护士三类人员的比值大多低于全国平均水平和东部地区的水平。其中西南地区的云南、贵州、广西三省和西藏的每千人口执业医师数量均低于1，而西北地区的青海、宁夏两省和西藏、贵州的每千人口注册护士的数量也均低于1，远低于全国平均水平和东部地区水平。

从目前新型农村合作医疗制度的运行状况来看，尽管该制度为农村居民在

村卫生室、乡镇卫生院看病给予了超过80%的报销比例，但是受制于基层医疗卫生服务资源不足，民族地区农村居民仍然难以接受高质量的医疗诊治和医疗服务。这会引发两种情况出现：一是民族地区农村居民在高报销比例之下仍然难以治好病，甚至需要进行多次治疗；二是农村居民更倾向于选择更高一级的医院（如县级医院、省级医院）就诊。这一情况会让民族地区的农村居民患者除了面临报销比例降低，还需要承担昂贵的就医成本。因此，应当加强基本公共卫生服务均等化建设，提高乡镇卫生机构的医疗卫生服务水平，切实提升民族地区偏远农村居民的就诊质量，使新型农村合作医疗制度在减轻患者家庭医药费用负担的效果方面得以有效发挥。

（四）劳动力流动对流出地区社会保险缴费造成冲击

劳动力流动对社会保险缴费造成冲击，换言之也就是目前我国社会保险项目的统筹层次有待提高，以适应城镇化进程中的劳动力流动。我国民族地区县市大多以农业或畜牧业为主，产业机构主要以第一产业为主。因此，农村有大量的剩余劳动力需要外出务工。由于我国的新型农村社会养老保险、城镇居民养老保险以县级统筹，资金暂由县级管理，因此外出务工的青壮年劳动力外出期间的养老保险缴纳很难进行跨行政区的转移接续，再加上长期不在流出地居住，因此民族地区城乡外出的劳动力缴纳养老保险的积极性很低。这就导致民族地区县、市养老保险的社会统筹资金水平很低，难以发挥分散风险的作用，养老保险的收入分配功能弱化。在医疗保险方面，劳动力流动对流出地的医疗保险缴费的冲击和影响则更大。医疗保险基金实行年度资金平衡，筹集的资金往往是在年轻人和老年人之间、健康者与非健康者之间进行再分配的功能。随着大量外出务工的青壮年劳动力停缴新型农村合作医疗的缴费，劳动力流出地的医疗保险缴费统筹基金则仅剩下了留守老年人、儿童的缴费，而这两个群体往往是疾病风险最高的人群。劳动力外出引发的医疗保险停缴的现象，使得流出地的医疗保险制度的互助共济功能大为削弱。

在现有的社会保险项目统筹层次较低的背景下，民族地区尤其是农村地区劳动力外出务工所引发的停止缴费等现象会直接影响医疗保险和养老保险资金的筹集，以及保险基金的可持续运行。社会保险项目互助共济和分散风险的功能逐步减弱，制约民族地区留守人员养老保障水平和医疗保障水平的提高。

（五）社会保障待遇水平地区与城乡差距大

社会保障待遇水平地区与城乡差距大的问题主要体现在社会救助制度之中。民族地区社会保障待遇水平的地区差距大不仅表现为不同省份之间某项社会救助项目的待遇存在很大差异，也表现为同一省份内不同县市间的社会保障待遇水平存在差异，此外还表现为同一类型地区内社会保障待遇水平的差距。社会保障待遇的地区间和城乡间差异大，导致社会保障待遇的公平性受损。民族地区少数民族成员对于社会保障制度的横向公平感的期待更加迫切。因此，在上述问卷调查反映出的对于社会保障制度总体满意度高的同时，如何进一步缩小城乡间的社会保障待遇水平的差异、提升制度的公平性，是当前逐步推进城镇化建设过程中必须着力解决的问题。

（六）民族地区反贫困参与主体单一，制度瞄准率有待进一步提高

民族地区的社会保障资金主要来源于政府的财政拨款，民族地区的扶贫资金也多来源于各级政府财政拨款。民族地区的社会保障和反贫困政策过分强调政府的主导作用，社会组织、企业、公民和贫困人口的参与性不够。如农村合作医疗保险本属于社会保险，理应坚持以保险精算为基础，强调参保人的权利和义务对等的原则。但由于民族八省区农村居民收入水平较低，政府给予了大量的补贴，2015 年，各级政府对民族八省区新农合补助标准提高到了 380 元，农村居民仅需缴纳 120 元，政府补贴占到了新型农村合作医疗保险缴费比例的 76%，因此，从新型农村合作医疗保险的资金来源看，新农合更像社会福利。民族八省区的最低生活保障资金全部来源于各级政府财政拨款，针对特殊人群的社会福利资金也大部分来源于各级财政，社会组织、企业和公民对民族八省区的社会保障参与较少。不论是过去以贫困县为瞄准对象，还是现在以村庄为瞄准对象整村推进，其本质都是以区域为瞄准对象，而不是以人和农户为瞄准对象。以县或村为单位的瞄准机制容易出现瞄准偏差，即瞄准的是富裕人口而非贫困人口，这直接影响反贫困政策的实施效果。由于某些社会组织、企业和公民在解决贫困问题方面更加专业和有效率，因此，政府可以把部分扶贫资金直接投给社会组织、企业或公民，以提高扶贫的效果。政府还可以通过减税等方式引导企业招聘和培训贫困群体，从而创造政

府、企业和贫困群体共赢的局面。此外，政府应鼓励和引导社会组织、企业和公民共同关注民族地区的反贫困进程，争取实现早日脱贫。

社会保障制度反贫困除了存在以上问题，还面临着其他方面的挑战。如社会保障制度管理的规范性不足，待遇的社会化发放难，保障对象领取社会保障待遇成本高，社会保障待遇缺乏科学动态调整机制，社会保障制度与扶贫开发政策的衔接问题，老年人、残疾人和妇女儿童获取社会福利服务难等。这些问题从制度内部和制度外部两个方面都给社会保障制度在整个反贫困政策体系中反贫困作用的发挥制造了诸多消极影响。

六、提升民族地区社会保障制度反贫困效果的思考与建议

我国民族地区社会保障制度不断完善，社会救助制度通过为极端贫困群体提供必要的救助以保障其生存权和健康权；社会保险通过互助共济的形式预防和降低致贫风险；社会福利以提升生活质量和增强发展能力产生反贫困效果。近年来，在习近平总书记“精准扶贫，精准脱贫”思想的正确指引下，我国民族地区贫困人口规模不断减少，贫困强度不断弱化，民族地区的精准扶贫、精准脱贫工作取得了显著成效，民族地区的城乡居民对于社会保障具体项目的总体评价较高，社会保障具体项目建立所带来的“从无到有”的纵向公平感很强。但同时我们也应该看到，我国民族地区的社会保障在反贫困中还存在待遇水平偏低、经费来源较为单一、制度瞄准率不精准、贫困人口自身发展能力不足、返贫率较高等问题。因此，在“十三五”期间，应从以下几个方面继续完善社会保障制度，加快实现精准扶贫和精准脱贫的步伐，争取到2020年实现全面建成小康社会的战略目标。

（一）厘清政府在反贫困中的职责，建立健全社会保障反贫困机制

各国政府在反贫困建设中无疑都起着非常重要的角色。但各国政府根据本国的政治体制、执政理念、经济发展水平、人口结构、传统文化等因素，确

定本国政府在反贫困中的具体职责。改革开放以来，我国经济社会取得了丰硕的成果，但由于我国仍处于社会主义初级阶段，贫困人口基数大、贫困程度深、贫困范围广等特点决定了我国反贫困的任务比较坚决，政府在反贫困中不能大包大揽，而应重点关注以下几个方面的反贫困工作：一是政府在反贫困中负有"兜底"的责任。无论居民因何种原因陷入极端贫困，政府都应及时通过最低生活保障和必要的社会救助来保障居民的生存权和健康权。最低生活保障和社会救助的资金应由财政"兜底"。二是政府作为公共服务提供的主体，应为贫困者和非贫困者提供均等化的公共服务，特别是均等化的教育服务。三是政府作为管理机构，负责社会保障、收入分配等相关政策的制定，政府在政策制定过程中应给予贫困者适当的政策倾斜，以加快贫困者尽快脱贫。社会保障制度的制定应由政府主导，但不同的社会保障类型对贫困的作用机理不尽相同。如最低生活保障通过直接为贫困者提供最低生活保障金，以达到直接缓解贫困的目的，政府在最低生活保障制度中承担全部责任；而养老保险、失业保险、生育保险等则是通过间接的方式分散劳动者的相应风险，政府在社会保险中仅应承担管理责任。

（二）加快贫困地区服务型政府建设，积极承接发达地区的产业转移

我国农业生产效率与工业生产效率存在较大的差距，加上我国产业布局极不均衡，导致了我国部分地区极其贫困。总的来看，我国产业布局在东、中、西部存在一定的梯度，东部地区以服务业和中高端制造业为主，中部地区以中低端制造业为主，而西部地区以零星的低端制造业和传统农业为主。随着经济的发展，东部地区劳动者的工资水平和居民消费水平也相应提高，导致东部地区的中端产业与当地的经济发展水平不再相适应，必须进行产业转移，贫困地区应发挥廉价劳动力的优势，抓住这一产业转移契机，加快服务型政府建设步伐，积极承接发达地区的产业转移，以实现当地经济社会的快速发展。贫困地区积极承接产业转移有利于政府增加财政收入，企业通过廉价劳动力实现了又一次发展，居民通过获得就业机会实现了脱贫致富，因此，贫困地区积极承接发达地区的产业转移创造了三方共赢的局面。

（三）提高贫困地区的教育质量，提升贫困者的自我发展能力

缪尔达尔指出：“社会和经济的不平等是一个国家贫困的一个主要原因。”[①] 经济和社会的不平等主要是由于教育不平等所造成的，所以教育是一个地区快速发展的基础，教育公平是社会公平的有力保证。过去，由于教育资源严重匮乏，有限的教育资源明显向大中城市倾斜，广大民族地区，特别是民族贫困地区受教育的机会相对较少。但随着经济的发展，我国在 2006 年实施了九年义务教育，大大提升了贫困地区少年儿童的受教育水平。近年来，我国加大了对教育的投资力度，贫困地区的教学设施得到了较大的改善，教师数量得到了有力的补充，但与发达地区相比，贫困地区的教育质量还存在较大的差距。教育作为政府提供的一种公共服务，应保证贫困者和非贫困者都能享受到同样优质的教育资源。良好的教育可以保障贫困者在未来的竞争中保持一定的竞争优势，从而达到从根本上消除贫困的目的。对于成年的贫困群体，应免费对其进行职业技能培训，实现贫困者劳动生产率的提高，最终使其能通过就业的方式摆脱贫困。总之，只有贫困者的教育水平提高了、文化素质提高了、自我发展能力提高了、生产效率提高了，贫困者才能真正脱离贫穷，走向共同富裕。

（四）提高扶贫的精准度，鼓励社会各方共同参与

不论是过去以贫困县为瞄准对象，还是以村庄为瞄准对象进行整村推进，其本质都是以区域为瞄准对象，而不是以人、以农户为瞄准对象。以县或村为单位的瞄准机制容易出现瞄准偏差，即瞄准的是富裕人口而非贫困人口，这直接影响反贫困政策的实施效果。针对贫困问题，习近平提出扶贫要做到“六个精准”，即“扶贫对象精准、项目安排精准、资金使用精准、措施到户精准、因村派人精准、脱贫成效精准”。针对不同的贫困群体，采取适宜的扶贫方式。对具有劳动力的贫困群体，可以通过为其提供免费的技能培训，提升贫困群体的劳动技能和创业技能，使其最终能通过就业或创业的方式摆脱贫困。对于没有劳动力的贫困群体，政府可以通过最低生活保障政策来“兜

---

① 冈纳·缪尔达尔. 世界贫困的挑战［M］. 北京：北京经济学院出版社，1991.

底”。由于某些社会组织、企业和公民在解决贫困问题方面更加专业和有效率，因此，政府可以把部分扶贫资金直接投给社会组织、企业或公民，以提高扶贫的效果。政府还可以通过减税等方式引导企业招聘和培训贫困群体，从而创造政府、企业和贫困群体共赢的局面。此外，政府应鼓励和引导社会组织、企业和公民共同关注和参与到民族地区的反贫困进程中来，争取帮助贫困地区早日脱贫。

（五）完善多级政府财政责任分担机制，增强社会保障制度的财政支持能力

民族地区社会保障反贫困能力不足的一个主要制约因素在于地方财政能力不足，从当前的实际情况出发，民族地区的社会保障制度运行仍然离不开中央财政的专项转移支付和财政补贴。尤其是社会救助制度，中央财政要适当提高财政责任的分担比例，以及优化财政补贴结构。农村最低生活保障制度和医疗救助制度对于民族地区贫困县和农村地区的反贫困往往扮演着基础性的兜底救助角色。在很多民族地区的边境县和贫困县，地方财政连维持自身运转都极为困难，那么旨在改善民生的社会救助和社会保险项目在这些地区的运行中应当由中央财政给予更高的财政责任分担比例。在社会保险制度方面，新型农村社会养老保险的基础养老金水平则有待进一步提升，而这也需要提高中央财政对西部民族地区的补贴标准和比例。此外，在中央财政给予的财政补贴结构中，应当考虑划拨一部分补贴用于推进基层民政和社会保障项目的经办管理人员的工资补贴，以此来调动偏远民族地区基层经办管理人员工作的积极性。此外，通过完善税制改革提升地方财政的自我创收能力则是增强社会保障制度财政支持能力的根本举措。完善社会保障项目资金，尤其是社会保险制度基金的保值增值能力也是增强社会保障制度内生财政支持能力的重要举措。按照“十三五”规划的建议，具体包括拓宽社会保险基金投资渠道，加强风险管理，提高投资回报率；逐步提高国有资本收益上缴公共财政比例，划转部分国有资本充实社保基金等。

（六）加强社会保障政策宣传力度，树立和增强少数民族的现代社会保险意识

社会保障制度及具体政策内容在当前民族地区的宣传与推广仍然不够，应当落实基层民政助理人员、乡镇干部、新农村建设指导员等工作人员在宣传和讲解社会保障具体政策内容的主体责任。在宣传工作的方式方面，需要将宣传内容编印成双语资料，并选派熟悉少数民族语言的各级政府工作人员进行宣传。同时可以充分利用“小喇叭”的传播途径，以及智能手机应用、电视等多种媒介平台进行社会保障政策宣传。在宣传内容方面，一是要以宣传养老保险的政策内容为主，使少数民族逐步认可和接受现代社会保险理念，了解新型农村社会养老保险的内容。帮助农村少数民族增强风险分散意识，最终能更好地适应市场经济和现代化进程。

（七）推进社会保障制度优化整合，构建多层次社会保障体系

21世纪以来，我国社会保障制度建制速度很快，已经步入了从建制走向制度定型的阶段。随着城镇化的推进和劳动力流动步伐的加快，以及城乡基本公共服务均等化的推进，我国农村居民、城镇居民和城镇职工分别参加不同养老保险、医疗保险制度的“碎片化”格局有待加速打破。通过具体制度的整合和优化，实现城乡居民参与更加公平和可持续的社会保障制度。加快推进社会保障制度优化整合对于民族地区尤其重要。一方面，民族地区劳动力的跨城乡和跨省际流动日益频繁，重复参保问题较为严重，同时城乡居民分别由不同制度覆盖，阻碍了城乡劳动力外出就业过程中享受公平的社会保障待遇。另一方面，民族地区能够参与并胜任社会保障项目的经办管理人员数量严重不足，经办能力和监督力量均较薄弱，推动城乡社会养老保险和社会医疗保险进行整合优化是应对经办能力不足的重要举措之一。具体而言，包括整合城乡居民基本社会养老保险制度及其经办办法和机构，整合城乡居民医保政策和经办管理，跨省异地安置退休人员住院医疗费用直接结算，以及统筹救助体系，强化政策衔接，推进制度整合，确保困难群众基本生活等[①]。

---

① 详见《中共中央关于制定国民经济和社会发展第十三个五年规划的建议》关于“建立更加公平更可持续的社会保障制度”的论述。

目前我国城乡居民基本均参加了由政府负责举办的社会养老、医疗保险制度，但是保障层次较为单一，仅依靠政府举办的基本社会养老保险和医疗保险仍然难以完全化解城乡居民在年老、患病等方面的风险。充分调动政府、市场、社会和个人等主体的积极性，构建多层次的社会保障体系是提升当前民族地区社会保障反贫困效果和城乡居民生活质量水平的重要努力方向。在构建多层次社会保障体系方面，具体而言，在养老保障方面要积极发展职业年金、企业年金、商业养老保险。在医疗保障方面要全面实施城乡居民大病保险制度，鼓励发展补充医疗保险和商业健康保险。

（八）增加专项技能培训，提升社会保障项目经办管理人员的业务能力

制约民族地区社会保障反贫困效果的另一个主要原因则是推动制度运行的经办管理人员业务能力较差，因此需要对基层的民政助理工作人员和社会保险经办管理人员提供定期的专项业务技能培训。例如，对民政工作人员就需要提供家计调查、低保人员动态管理、救助待遇和低保资金运行监督等方面的专业培训，以此来提升社会救助制度的瞄准率。同时，还需要对这些经办管理人员进行必要的双语培训，以更加熟练地掌握少数民族语言，以此来提升经办管理工作的实效性。对于经办管理人员不足的问题，一方面是建议政府增加民生事务领域政府工作人员的编制；另一方面则是建议政府能够提升民族地区基层政府工作人员的工资待遇水平，以确保社会保障项目的经办管理能够“留得住”和“引得进”专业管理人才。

（九）提高社会保险统筹层次，适应民族地区劳动力流动的需要

劳动力外出务工是民族地区城镇化建设和农村家庭增收的重要途径之一，社会保险项目应当积极适应民族地区劳动力自由流动的形势。提升养老保险和医疗保险的统筹层次，优化社会保险关系转移接续的实施办法。这既能增强外出务工劳动力缴纳社会保险的积极性，同时也能为跨区域流动的劳动力在养老和医疗等方面提供稳定的安全预期，还能增强社会保险基金的收入分配效应，更好地发挥社会保险的互助共济、风险分散的反贫困效果。此外，加快推进民族地区职工基础养老金全国统筹，建立基本养老金合理调整机制。

提高社会保险统筹层次，有利于缩小地区间和城乡间社会保险保障水平的差距，对缩小城乡家庭的收入差距产生积极影响。

（十）增强社会保障项目管理运行的规范性，提升社会保障反贫困效果的公平性

受制于基层经办管理队伍能力弱的影响，民族地区社会保障制度运行的规范性不足，这种规范性不足既表现为社会保障具体项目的执行存在一定程度的偏差，也表现为社会保障具体项目的监管工作不足。这些问题使得社会保障具体项目的公平性和可持续性在一定程度上受损。增强社会保障项目管理运行的规范性，重点需要从制度自身和制度外部两个方面采取措施，就制度自身而言，一方面应完善各项社会保障具体项目的经办管理办法和流程，增强管理运行的标准化，另一方面则需要增强制度管理运行的科学性，如制定科学合理的社会保障待遇调整机制，以适应各个民族地区经济社会发展水平的变动。就制度外部而言，重点需要增强社会保障主管部门的监管职责和监管能力，增加工作人员编制，提升社会保障项目监管的能力。

（十一）完善农村社会保障制度，增强社会保障转移性收入的整体性缓贫效应

农村地区大多以第一产业为主，社会救助制度是整个农村社会保障制度体系中最主要的反贫困政策安排，而农村最低生活保障制度是社会救助制度最主要的构成部分。但是农村最低生活保障待遇作为贫困家庭的社会保障转移性收入之一，其所占比重相对较低。在农村家庭收入初次分配就存在较大差距的前提下，占比较小的低保待遇在缩小贫困家庭与其他家庭之间收入差距方面的作用十分有限。而且，当前民族地区农村贫困家庭面临的支出性贫困的风险在加大且返贫率较高，因此更加需要通过完善诸如农村社会救助中的医疗救助、教育救助、住房救助等专项救助项目，化解贫困家庭陷入贫困的风险。

（十二）加快社会福利服务建设，提升老年人、残疾人和妇女儿童享受福利服务的可及性

尽管民族地区的很多少数民族家庭属于多子女家庭，家庭养老的观念较重，而且受民族文化和习俗的影响，子女在家赡养老人的社会风气浓厚。但是随着年轻劳动力外出务工后，在参与现代化和市场经济下的劳动就业方式和生活方式之后，年轻劳动力希望外出务工改善生活的愿望也越来越强烈。这也对民族地区传统的家庭养老方式造成了冲击，民族地区城乡老年人的养老服务供给不足的问题逐步显现并日益严重。而且受制于社会保障制度的整体发展阶段和思路的影响，社会福利事业的发展水平总体不高，尤其是社会福利服务能力较低，民族地区的老年人、残疾人、留守儿童和妇女基本很难获得社会福利服务，照护服务、残疾康复、儿童日常照料等服务一方面大多处于缺位状态，另一方面也缺乏专业的机构和人员提供服务。社会福利服务的缺位直接影响了上述人群生活质量的提升和贫困状况的改善。“十三五”规划提出，积极开展应对人口老龄化行动，建设以居家为基础、社区为依托、机构为补充的多层次养老服务体系，推动医疗卫生和养老服务相结合，探索建立长期护理保险制度。支持残疾人事业发展，健全扶残助残服务体系。因此，政府应当充分通过购买社会服务的方式和积极发展社会工作事业，为民族地区上述人群增加社会福利服务的供给。

（十三）完善社会保障项目运行的配套改革，优化社会保障发挥反贫困效果的外部制度环境

社会保障制度反贫困效果的发挥也需要其他经济社会政策的协同配合，形成反贫困政策体系的合力。具体而言，当前民族地区社会保障制度需要加强与农村扶贫开发政策的衔接整合，在精准扶贫的思路下，尤其需要加强社会救助制度与农村扶贫开发的衔接，以提升反贫困的效果。此外，需要加强人口政策的基础性反贫困作用的发挥，打破民族地区农村家庭的代际贫困传递的恶性循环，降低贫困家庭的贫困发生率，减轻社会保障制度反贫困效果的压力。此外，还需要从增强农村社会事业建设的角度入手，提升农民的自我发展能力。例如，在民族地区将社会事业发展纳入政府绩效考核指标，并占

有更重的权重；同时，各级政府实现行政理念向基于社会成员的真实需求为导向转变。创新经济社会发展资源的整合配置模式，加强边境民族地区、农村地区等欠发达地区的基本公共服务资源的配置，重点提升这些地区的医疗、教育、基础设施建设等方面的发展水平，充分注重缩小同一地区内各民族间社会事业的差距。加大培养和提升基层政府工作人员和教师、医生等公共服务提供者的素质与技能，畅通各项扶持政策和社会福利服务等的传递机制和路径，使国家和省级政府的扶持政策有畅通、明确、稳定的传输通道等。

第三章　西藏自治区社会保障反贫困研究

西藏作为我国重要的安全和生态屏障，在全国发展中占有特殊的重要位置。但是，由于历史、地理位置等原因，长期以来，西藏一直是一个贫困发生率高、贫困程度深的边疆民族地区，目前仍是全国唯一以全区整体划入集中连片贫困的省区。社会保障犹如一把大伞，为十几亿中国人遮风挡雨。在西藏，社会保障制度问题更是当前边疆民族地区研究中一个重要的主题。西藏和平解放 60 多年来，党中央、国务院及内地各兄弟省、市、区在财政政策等方面给予了西藏地区巨大的援助和倾斜，使西藏的社会、经济、文教卫生、人口素质以及人民生活等各项事业都取得了长足的发展。西藏社会保障制度同样经过 60 多年的建设与发展，对促进西藏经济发展、边疆社会稳定和反贫困等方面发挥了重要的作用，确保了全区经济社会又好又快发展，提高了贫困人口的生活质量，实现了全体人民共享改革发展成果。由于西藏农牧民占全区总人口的 80%以上，所以本章主要论述西藏农牧区的反贫困历程、贫困的原因与影响因素，农牧区社会保障发展的历史变迁与现状分析，社会保障在反贫困中的作用，以及社会保障的未来发展思路及政策建议。

一、西藏自治区基本情况及贫困状况

（一）西藏自治区概况

西藏自治区地处中国西南边陲，全区面积为 120 多万平方公里，居全国各省区第二位。其地理坐标为东经 78°15′至东经 99°07′，北纬 26°50′至北纬 36°29′。北界昆仑山、唐古拉山与新疆维吾尔自治区及青海省毗邻，东隔金沙江和四川省相望，东南与云南省山水相连，南面和西面与印度、尼泊尔、不丹、缅甸和克什米尔地区接壤。国境线长约 4000 公里，占全国陆地边境线 1/6 以上，是中国西南边疆的重要门户和屏障，战略位置十分重要。

西藏平均海拔 4000 米以上，是世界上海拔最高、最年轻的高原，有“世界屋脊”和“地球第三极”之称。

西藏气候的主要特点是日照时间长，太阳辐射强；气温偏低，年较差小，日较差大；水、热同期利用率高，降水的时空分布很不均匀；自然灾害频繁。

西藏是以藏族为主体的少数民族自治区，根据 2010 年全国第六次人口普查统计，全区总人口为 300.2 万人。其中藏族 271.6 万多人，占全区总人口的 90.48%。此外，还有汉族、门巴族、珞巴族、蒙古族、回族、纳西族、僜人、夏尔巴人等 44 个民族成分。

全区划分为拉萨市和日喀则、山南、昌都、那曲、林芝和阿里等 1 个市、7 个专区、73 个县。

（二）西藏自治区贫困状况

1959 年以前的西藏是中国西部最贫穷落后的地区，在“政教合一”的封建农奴制度下，西藏总人口 5%的“官家、寺院、贵族”三大领主及其代理人占有西藏全部生产资料和大部分牲畜，而占总人口 95%的农奴阶层祖祖辈辈依附于农奴主的庄园土地和牧场，广大农奴被迫进行繁重的劳动，担负着沉重的差役赋税，终年挣扎在贫困、饥饿、死亡线上。根据 1959 年 6 月的统计，西藏实有耕地 330 多万克。其中，官家占有耕地 120 多万克，占全部耕地的 38.9%；贵族占有耕地 79 万克，占全部耕地的 24%；寺院和上层僧侣占有耕地 120 多万克，占全部耕地的 36.8%；自耕农（主要在西藏的边远地区）占有耕地 9900 多克，占 0.3%。在牧区，全部草场和大部分牲畜归三大领主占有。在这种超经济剥削下，西藏陷入极度贫穷落后和封闭萎缩的状态，人口锐减，人民生活极端贫困。由于西藏的人口大部分分布在农牧区，西藏的贫困问题集中表现为农村贫困。因此，西藏的反贫困工作始于 1951 年西藏和平解放，大致经历了“消灭赤贫”（1951~1965 年）、救济式扶贫（1965~1978 年）、开发

式扶贫（1978~1994 年）、八七扶贫攻坚（1995~2000 年）和新时期重点扶贫（2001~2012 年）五个发展阶段。

进入 21 世纪以来，党和国家把扶贫开发摆在了更加突出的位置，制定并实施了《中国农村扶贫开发纲要》，更是开启了西藏扶贫工作的新篇章。2001~2012 年，全区累计完成各类扶贫开发资金 51.29 亿元，其中，2011~2012 年的投资总额达到了 16.24 亿元，超过了整个"十五"时期的总和，接近"十一五"的总和。所取得的成绩在于：一是农牧民收入稳步增加，贫困人口大幅度减少。全区低收入人口由 2010 年"两项制度衔接"时的 83.3 万人，减少到 2012 年底的 60.8 万人。二是贫困户安居工程全面实施，家庭居住条件有效改善。10 年共完成近 10 万户贫困户安居工程。三是整乡推进深入开展，贫困面貌发生较大变化。进入"十一五"后，自治区加大了整乡推进工作力度，2006~2012 年，共组织实施了 161 个整乡推进，这一项目的实施极大地促进了贫困乡镇经济社会的快速发展。三是产业扶贫不断加强，农牧民增收渠道进一步拓宽。10 年共实施了 1000 多个以建材为主的特色产业扶贫项目，这一项目已成为农牧民增收的主要渠道。同时，贫困农牧民转移就业需要，自治区加大了贫困人口的技能培训力度，10 年共培训农牧民 11.7 万人次。

目前，西藏扶贫开发已从消除绝对贫困、解决温饱为主的阶段，转入巩固温饱成果、加快脱贫致富、提高发展能力的新阶段。尽管农牧民生存和温饱问题已基本解决，但西藏仍然是全国唯一的省级集中连片特困地区，既面临中央关心、全国支援、社会帮扶、合力攻坚的难得机遇，又存在贫困人口多、致贫原因复杂、脱贫困难加大、发展任务艰巨的困难与挑战。

二、西藏农牧区社会保障的发展及其反贫困作用

在西藏近几百年的历史记载中，西藏基层社会对上层社会的基本态度总是那样谦卑与服从。基层百姓将处在受剥削被压迫的境地理解为天命，是前世因缘的报应，而不将其归结为现实的不公，他们把解脱苦难的希望并不完全寄托于现实的世界。这种世界观来自藏传佛教文化。然而，佛教是出世的哲

学，一旦它与政治结合在一起，那么人民的福利就容易被统治者忽略，人民也容易变成逆来顺受的群体。在这样的价值取向的影响之下，西藏传统的化解社会风险的方式所体现的特征是：在农牧区提倡以家庭和部族为单位的互助形式；在城镇则出现了超越家庭和部族界限的“吉度”这种互助形式；寺院喇嘛们的福利从总体上而言由于受整个文化圈内兴佛的风气影响而处于最优状态。

1959 年民主改革后，西藏农村社会保障制度是通过农业生产合作社组织实施的。规定农业合作社对缺乏劳动力或完全丧失劳动力，生活上没有依靠的老弱、孤寡、残疾社员，要给予适当的安排和照顾，保证其基本生活需求。并由农民创立合作互助医疗，形成了农村群众医疗的主要形式。20 世纪 60 年代初期，在农业合作化、人民公社化运动中，农村合作医疗应运而生，初步形成了农村初级卫生保健网，而公社卫生院作为三级医疗预防保健网的枢纽，具有三种基本功能：提供基本医疗服务、初级卫生保健技术指导和乡村卫生行政管理职能。1965~1979 年这一时期的特点是以人民公社的集体经济制度为基础，通过强有力的政府干预，将城市卫生资源转向农村，全面推进农村合作医疗的发展。这使得农村缺医少药的状况得到缓解和改善，但在后期合作医疗开始大面积解体，农村卫生院功能开始降低。这些措施使得整体农牧民的福利覆盖面得到了前所未有的提升，只是由于当时国家财力有限，运行成本高导致福利程度较低。

民主改革以来，西藏的社会结构发生了巨大的变化。越是穷困的人，身份变得越为高贵，西藏人民享受到了在以前各个时代都没有甚至不敢奢望的一系列社会福利待遇。在制度结构方面，“国家—单位保障制”逐步在西藏继全国之后推行，几乎所有的社会成员都在这张分割的安全网中获得了不同程度的保障。如在农牧区，集体经济的收益分配亦是充分考虑到社员家庭人口因素的。因此，这种制度结构在当时的条件下获得了很大支持率。但是，由于财力所限和典型的城乡分割，这种制度的协调性并不好，越是发展到后来，就越是偏向城镇居民，从而使社会保障制度的公平性遭到破坏，最后几乎演变成了城镇居民的专利。农牧区社会保障自民主改革以后数十年间并未有大的发展，迄今仍然有大量贫困人口存在。民主改革以来，西藏社会保障制度的起源、演进及现有制度模式的运行机制在西藏发展的历史写下了很多填补

空白的记录。尤其是进入21世纪后，党和国家加大了对西藏农牧区社会保障的力度，使西藏社会保障的发展及其反贫困作用尤为显著。

（一）努力推进和完善农牧区医疗制度，保障农牧民群众健康权益

为了让广大农牧民“看得起病”，从2003年起，西藏自治区开始在农牧区建立和推行以免费医疗为基础的医疗制度。该制度主要包括三个方面：①建立了以免费医疗为基础、以政府投入为主导的农牧区医疗制度。补助标准由2005年的人均80元提高到2012年的300元，农牧民个人缴费标准年人均20元。2012年农牧区医疗制度最高报销额度达到各地农牧民人均纯收入的8倍且不低于6万元。2011年自治区财政落实农牧民医疗资金6.3亿元，2012年安排资金达7.27亿元。②建立了大额补充医疗商业保险制度。2011年，自治区财政投入2300万元为全区农牧民购买了保额为7万元的大额补充医疗商业保险。③建立并完善了医疗救助制度。由2007年的3万元提高到6万元，2011年自治区财政落实医疗救助资金1.277亿元。基本形成了以基本医疗保险为主、以补充医疗保障为辅、以困难群众医疗救助为“托底”的多层次、全覆盖的医疗保障体系。目前，已在全国率先实现了农牧区医疗制度全覆盖，提前一年实现了国家规定目标，百万农牧民看病就医得到有效保障。

（二）加快建立覆盖城乡居民的新型农村社会养老保险，农牧民迎来了“老有所养”的日子

新型农村社会养老保险（以下简称新农保）是逐步缩小城乡差距、改变城乡二元结构、推进基本公共服务均等化的重要基础性工程，是实现广大农村居民老有所养、促进家庭和谐、增加农民收入的重大惠民政策。2009年11月，经国务院新农保试点工作领导小组批准，西藏将拉萨市城关区、山南地区扎囊县等7个县（市、区）列为西藏第一批新农保试点县。2010年11月，新农保试点范围扩大到全区73个县，实现全覆盖，比原定目标提前两年。

1. 西藏农牧区社会养老保险制度实现了从无到有的跨越，奠定了人人享有社会保障的制度基础

2010年底，实现了新农保制度的全覆盖，提前2年实现了中央第五次西藏工作座谈会确定的“在2012年前基本实现新农保制度全覆盖”的目标，覆

盖农业总人口220多万人。这充分体现了党中央、国务院对西藏广大农牧民群众的深情厚谊和特殊关怀，使西藏广大农牧民群众改变了延续千年的传统养老模式，实现了依靠社会保险"老有所养"的千年梦想，对彻底消除农牧区老年贫困、优化分配结构、扩大内需、促进社会和谐稳定发挥了积极作用，进一步夯实了和谐社会的基石，推动了社会主义新农村建设和农牧区社会保障工作的跨越式发展。

2. 新农保参保率持续上升，制度的普惠性进一步体现

截至2012年10月底，新农保参保人数130.69万人，其中年满60周岁及以上的人员23万人，参保率达91%，参保率高于全国平均水平。全区农牧区居民参保积极性越来越高，受惠人员也越来越多，制度的普惠性进一步体现。

3. 新农保养老保险待遇水平进一步提高，农牧民从中得到更多实惠

新农保基础养老金最低标准从2009年制度实施初期的每月55元提高到2012年的每月90元。新农保养老保险待遇水平的提高，极大地增强了老年人的经济自立能力，进一步提高了他们的生活质量，大大减轻了子女赡养老人的经济负担，较大程度上避免了因经济利益引发的家庭矛盾，进一步营造了敬老爱幼的社会风尚与更为和谐的家庭关系，进而促进了文明乡村风气、和睦邻里关系、良好干群关系的巩固，真正使广大农牧民共享改革发展成果。

4. 新农保基金管理层次进一步提高，实现了自治区级管理

随着新型农村社会养老保险制度的全面推行，为确保基金安全运营，提高基金管理层次，强化基金管理刻不容缓。2012年1月，自治区将新农保基金在原地（市）级管理的基础上，本着"安全第一、方便群众"和全区"统一政策、统一标准、统一征缴、统一核算、统一拨付"的原则，实行了自治区级管理。

（三）开展多层次、多种形式的社会救助工作，有效缓解了贫困对象的生活困难

西藏的农村社会救助工作伴随着西藏和平解放、民主改革和社会主义建设的进程，从无到有，逐步发展。尤其是和平解放60周年以来，农村社会救助工作紧紧围绕改革发展稳定大局，以建立健全各项社会救助制度为重点，以保障农村困难群众基本生活权益为出发点和落脚点，初步建立了以农村居民

最低生活保障、五保供养制度为基础，以医疗、教育等专项救助为辅助，以及临时救助和社会帮扶为补充，与全区经济社会发展水平和财力相适应，覆盖农村的社会救助体系。社会救助的范围逐步拓展，制度逐步完善，投入逐步增加，形式逐步多样，体制逐步健全，农村困难群众的基本生活得到较好的保障，为西藏社会稳定和经济发展发挥了积极的作用。

1. 启动农村救助

西藏农村有计划的社会救济是从 1959 年开始的，由于西藏广大人民在封建农奴制度长期的残酷统治下，处于极端贫困、悲惨的境地，过着非人的生活。在刚平叛之时，很多人到处流落，生活无着落。党和政府对此采取了紧急措施，对缺口粮的发放救济粮；对无房住的解决住房；对流落他乡的发给路费送其回家；对无依无靠的老弱病残进行收容；对生产上有困难的发放无息农牧贷款；对游民做了大量的安置工作，分给了生产资料和生活资料，组织他们进行生产和介绍就业。1961 年，西藏各级民政部门对群众生活做了大量的调查研究，分析出困难户生产上的困难主要是缺劳动力、缺农具等；生活上的困难主要是缺口粮、缺衣被等。为解决贫困农奴和奴隶缺乏生产资料、藏犁等问题，中共西藏工委采取了很多办法。其主要措施是：①加强对群众生产自救、计划开支的教育，发动群众大力开展生产自救运动；②发放贷款，从生产上扶持贫苦的劳动人民；③发动群众互助互借，解决临时困难；④对确实无法维持最低生活水平的困难户，给予了必要的救济。1965 年，自治区筹备委员会民政处在做好社会救济工作的同时，凡属于应当救济的贫苦农奴和奴隶，在普遍检查一次的基础上，进行排队，结合扶贫、贷款工作，认真解决他们在衣服、口粮、茶叶、用具或住房中的困难。改变了部分乡村的落后面貌，基本解决了一部分贫困户的温饱问题，贫困状况有了较大的缓解。在此期间，为妥善安排特困群众生活，在救济制度上进行了一些有益的探索，有些地方实施了定期定量生活救济，有的地方采取定期救济和临时救济，有的地方采取生活救济和生产扶持相结合的方式。在具体执行过程中，原则上困难大的多补助，困难小的少补助。采取这些措施和办法，在一定程度上有效地维护了困难群众的基本生活权益，促进了农牧区社会局势的稳定。但是，由于种种原因，农牧区困难群众特别是特困群众的生活救济工作仍然存在生活救济制度不健全、标准不统一、管理不规范、资金难以保障等问题。

2. 农村特困群众救助制度

2003 年，根据国家民政部《关于进一步做好农村特困户救济工作的通知》精神，各级民政部门先后两次围绕鳏寡孤独，以及因病、因残、因灾丧失主要劳动力造成家庭困难的特困户开展了大规模的摸底排查登记工作，基本掌握了困难群众的生活状况。同年，自治区民政、财政、扶贫、农牧等 6 个部门组成联合工作组，深入那曲、拉萨、林芝等地区又一次进行专题调研，在调查研究的基础上草拟了《关于建立和完善农牧区特困群众生活救助制度的意见》。2005 年 5 月，自治区人民政府第十次常务会议研究通过。该文件的出台，标志着农牧区特困群众生活救助工作步入了制度化、规范化的新阶段。该文件中对救助的对象、救助的标准、资金来源渠道都做了明确规定，尤其对救助标准由各地根据当地经济发展和农牧民群众生活水平以及地方财力自行确定。当年将年人均收入 300 元以下的 7.5 万人纳入救助范围，救助标准为每人每年 240 元，自治区、地（市）、县（市、区）三级共落实救助资金 1800 万元。2006 年，救助范围扩大到年人均收入 500 元以下的农牧区特困群众，救助人数增加到 19.83 万人，区、地、县三级财政共投入救助资金 4759 万元。建立农牧区特困群众生活救助制度，不仅使特困农牧民群众的基本生活得到了保障，为农牧区经济发展、社会稳定和全面建设小康社会起到了积极的作用，还为今后建立和实施农村居民最低生活保障制度积累了经验，奠定了基础。

3. 建立了农村居民最低生活保障制度

西藏在 21 世纪初开展了农村居民最低生活保障制度试点工作，在总结试点经验，学习借鉴其他省（市、区）做法的基础上，2007 年在西藏全面推行农村居民最低生活保障制度。同年，将年人均 800 元以下的 23 万农村居民纳入了最低生活保障范围，至此，在全区全面建立并实施了农村居民最低生活保障制度。6 年来，自治区先后 6 次提高农村低保标准，同时还针对肉菜等副食品价格和成品油价格上涨因素，对低保对象实施临时性补助政策。截至 2012 年底，农村低保对象为 32.9 万人，约占全区总人口的 12.27%。全区共落实农村低保资金 10.3 亿元。农村居民最低生活保障标准由 2007 年的年人均 800 元提高到 1750 元。农村低保制度的建立，切实保障了农村困难居民的基本生活。

4. 五保供养工作有序发展

西藏在民主改革及公社化期间，在农牧区对一般的鳏寡孤独、老弱病残等丧失劳动能力、无依无靠的困难户，采取的解决困难的办法主要有：①包养；②寄养；③由互助组搞些帮助耕种等无偿形式的劳动；④由互助组帮种，秋收后用余粮抵冲工分，不足部分由政府补助。后来，随着经济的不断发展，在全区人民公社内对于丧失劳动能力、生活没有依靠的老、弱、孤、寡的社员，逐步实行了“五保”，使其衣、食、住、行都得到了妥善安排。1984 年，自治区人民政府发布的群众休养生息的布告第四条明确规定“五保户”的生活费由社会救济金解决。对家居农村的丧失或基本丧失劳动能力、无依无靠、无生活来源的老、弱、鳏、寡、残疾社员实行保吃、保穿、保住、保医、保葬（简称五保）政策，所需资金从社会救济金中解决。自 1984 年以来，自治区对五保供养标准进行了多次调整，已达到每人每年 2600 元，确保了五保对象的生活不低于当地群众中等水平。截至 2012 年底，全区符合条件的 14933 人全部纳入了五保供养范围，其中集中供养 3429 人（乡镇敬老院供养 1394 人，县福利院供养2035 人）、分散供养 11504 人，五保供养工作基本实现了应保尽保、按标施保。

5. 建立农村医疗救助制度

自民主改革以来，党中央、国务院根据西藏的经济基础和农牧民实际生活水平，对农牧民群众一直实行免费医疗政策，但由于受历史和经济基础条件等方面的限制，农牧民群众因病致贫、因病返贫现象依然存在，相当一部分农村居民得不到基本的医疗保障，尤其是贫困人口患病后得不到及时治疗，建立制度化的医疗救助制度已经刻不容缓。进入 21 世纪后，正式建立了农村医疗救助制度。西藏的农村医疗救助制度作为一个新兴的制度，从无到有，逐步从探索走向完善。通过资助参保，帮助救助对象缴纳个人参保费，缓解了困难群众的医疗负担，大幅度提高了医疗救助补助标准。将救助标准由原来的 8000 元提高到 3 万元，对患大病或长期支付高额医药费的救助对象，在享受了最高额度医疗救助后，基本生活仍无法维持的，最高救助限额可提高到 6 万元。截至 2012 年底，全区城乡医疗救助已累计救助困难群众近 14 万人（次），落实救助资金 2.5 亿多元。医疗救助制度的实施，有效地缓解了困难群众因病致贫、因病返贫的现象，得到了广大人民群众的普遍拥护。

6. 建立了农村教育资助

为解决城乡困难家庭子女就学问题，2003 年，自治区民政、教育、财政部门联合制定了《关于对我区农牧民特困家庭子女和享受城镇最低生活保障待遇居民家庭子女就学减免学杂费及实行资助政策的通知》，明确规定城市低保对象子女和农牧区特困群众子女考上区内外大学或内地西藏班（校），可以享受减免学杂费或由政府资助部分经费的优惠政策，为解决城乡困难群众子女上学难问题起到了积极作用。为规范高校特困生的资助工作，2006 年自治区民政、教育、财政等部门联合制定下发了《西藏自治区高校特困生资助金管理办法》，进一步明确了资助标准，严格规范了申请、审批程序和资金发放形式。2012 年，自治区民政厅、教育厅、财政厅、总工会向各地下发了《关于调整高校特困生一次性资助申报工作流程的通知》，进一步规范了高校特困生资助的申报、审核程序工作。截至 2012 年底，共资助特困学生 6432 人，发放资助金 1676.9 万元。

（四）建立以老年人福利服务为重点、民政社会福利机构为示范和支撑、社会福利服务为依托、居家供养为基础的社会福利社会化格局

西藏社会福利事业坚持以扶老、救孤、助残、济困为宗旨，坚持政府主导、部门支持，社会参与的发展路子，目前，初步形成了以老年人福利服务为重点、民政社会福利机构为示范和支撑、社会福利服务为依托、居家供养为基础的社会福利社会化格局。为共享发展成果、维护祖国统一、加强民族团结、建设社会主义新西藏发挥积极的作用。

以“服务人民，奉献社会”为宗旨，以提高“两个效益”为核心的西藏农牧区社会福利事业加快推进，初步建成了以社会福利服务为重点、社会福利机构为骨干、基层福利服务网络为依托的农牧区社会福利服务体系，使弱势群体的合法权益得到有效保障。截至 2012 年底，全区共建有社会福利设施 277 所（农牧区敬老院 165 所，城镇社会福利院 61 所，共收养孤寡老人 3815 名），儿童福利机构 13 所（含民办，共收养孤残儿童 1115 名）综合性老年活动和社区服务中心 28 所，老年福利服务“星光计划”8 所，社会福利中心 21 所，救助管理站 4 所和流浪未成年人保护中心 7 所。这些福利设施共投入资金近 5 亿元，民政部福利彩票公益金资助 3 亿元，自治区本级彩票公益金资

助 1.5 亿元，全区各类社会福利院、儿童福利院和敬老院健全了各项工作规范，供养经费得到进一步落实，管理服务水平不断提高，孤寡老人和孤儿的基本生活权益得到了依法维护，使他们深刻感受到了党和政府的温暖。

西藏农牧区初步形成了以社会保险、社会救助和社会福利为主要内容并具有西藏特色的农牧区社会保障制度体系。截至 2011 年末，西藏已建立起覆盖城乡居民、普惠雪域高原的“社保网”，实现了人人享有社会保障的目标。

三、西藏自治区社会保障及反贫困作用的特殊性

经过民主改革 50 多年特别是改革开放 30 多年来的不懈努力，西藏已经实现了基本小康，西藏发展已经站在新的历史起点上。同时，我们也要清醒地看到，西藏的发展稳定仍然面临不少困难和挑战，也出现了许多新情况和新问题，呈现出一些阶段性特征。其中在民生改善方面，西藏与全国其他地区有着明显的不同，其制约性因素和特殊性表现得十分突出。

（一）恶劣的自然条件和相对封闭的地理环境

经济社会发展与自然环境相互依存在一定程度上是互动的。有什么样的自然环境，就有什么样的生产关系与生活方式。总体上看西藏是我国自然条件最为恶劣、地理环境最为封闭的区域高原，西藏 95%以上地处青藏高原，海拔都在 3000 米以上。西藏高原虽然拥有广阔的地域空间，但是绝大部分是山地、高原、裸岩、冰川及干旱、半干旱和高寒阴湿地区，能够为生产、生活利用的有效空间极为有限，加之地处偏远、深居内陆、环境恶劣、自然灾害频繁且资源开发难度大、发展容量极为有限，从而形成相对狭小的生存空间。传统农业赖以生存的耕地普遍瘠薄，破碎土地生产力水平低，广种薄收、粗放经营是当地农户最为理性的生计选择。产业化程度不高，生产经营方式依然滞后，农畜产品加工转化率低，农牧民增收渠道狭窄。贫困家庭底子薄、积累少、实力弱，抵御自然灾害能力低，靠天吃饭的状况仍未根本改变。

（二）灾害频繁与返贫率高相互交织

西藏特殊的地理区位特征和单一的产业结构特性，决定了经济增长受自然条件和市场机制的双重压力冲击。贫困地区产业化程度不高，生产经营方式依然滞后，农畜产品加工转化率低，农牧民增收渠道狭窄。贫困家庭底子薄、积累少、实力弱，抵御自然灾害能力低，靠天吃饭的状况仍未发生根本改变，因灾、因病返贫率高。全区返贫率平均在20%以上，易灾多灾频发区返贫率在30%以上，局部灾区高达50%以上。

（三）西藏人口数量、人口质量具有明显的垂直地带性特征

西藏农村人口与村落分布的垂直地带特征是社会保障面临的一个发展限制。随着海拔的升高，人口数量减少，人口素质以及基础设施状况变差，而传统文化、宗教文化等则保存得更加明显，其影响力也在不断增强。总体上看，山地人口数量在空间上的分布呈金字塔形结构。在边远山区，农村人口的分布尤其如此。西藏阿里地区人口分布密度每平方公里不到1人，村落分布密度更低，受其影响，农村基础设施等公共品的供给也随海拔的增高而快速递减。高海拔山地与高原村落出行能力、就医能力、学习能力、信息交流能力都在不断降低，许多山区居民几乎与外界完全隔绝。由于缺少与外界的交流，原生性的文化观念占统治地位，妨碍了村民对新知识、新技术的吸收能力。人口的整体素质普遍较低是西藏农牧区的又一个突出特点，且随着海拔升高人口的整体素质还在降低。全区人均受教育年限只有7.9年，与此相适应的大多数农村人口不会讲汉语，也听不懂汉语，无法从外界获取所需要的信息，也不能与外界直接交流。许多农村工作者在深入基层时，要有当地人做翻译。

（四）农村基础设施建设滞后，公共产品供给水平低

农村基础设施与公共产品供给是农村生产发展的基本平台。通常情况下，农村基础设施状况与区域经济发展水平、农村商品经济发展等密切相关，换句话说，区域经济发展水平越高、农村商品经济越发达，基础设施状况和公共产品供给水平也就越高。在西藏，农村基础设施状况依旧差，有相当多的

行政村不通电、不通公路、不通电话，更谈不上相关的技术服务。到2010年底，行政村通电率60%，电力人口覆盖率达到82%；全区乡（镇）公路通达率和通畅率均分别达到99%和38%，建制村通达率和通畅率分别达到81%和11%。因此，基础设施滞后严重制约着贫困地区的经济发展，成为西藏农村发展最大的瓶颈。

（五）区域贫困与个体贫困并存，农村贫困程度深

西藏贫困地区大部分地处较少民族地区、高寒地区、边远山区，区域边缘性特征明显，生态环境脆弱、社会形态特殊、公共服务欠缺、地方病严重困扰，这些地区人均产值、人均财政一般预算收入和农村人均纯收入均不到全区平均水平的一半，但贫困人口却覆盖了全区贫困人口的60%以上，扶贫工作的难度大、成本高。如日喀则地区昂仁县尼果乡，该乡为纯牧业乡，全乡平均海拔4700余米。2010年全乡共有345户、1417人，其中有140户为低收入户，人口为757人，分别占全乡总户数的40.5%和总人口的53.4%，贫困户为122户，占总户数的38.3%，更让人震惊的是，122户贫困户中有24户为无畜户、6户仅有1~2只羊。2010年全乡农牧民人均纯收入仅为1934.5元。在当地有这么一句话，这一方水土养活不了一方人。

区域性贫困的结果是，发达地区广泛开展的“工业反哺农业、城市支援乡村”模式在西藏很难发挥作用。在这样一种情形下，建设社会主义新农村，注定要比其他地区，尤其是发达地区更加困难。再者，农村贫困问题也非常突出，以农民人均纯收入为例，2010年全区农牧民人均纯收入虽然达到4139元，但这一水平不到全国平均水平的70%；贫困县农牧民人均纯收入占全区平均水平的45%，仅占全国农村平均水平的34%；贫困面大，西藏城乡差距大，2010年城乡差距仍达到3.6：1；农村重点帮扶对象和低收入人口仍占相当比例，困难群众比较多、群众困难比较多。按2300元的扶贫标准，2010年，西藏农村低收入人口还有80多万人，占乡村总人口的1/4。此外，农牧民增收困难，贫困人口多，致贫因素多，脱贫难度大，返贫率高于全国其他省区，巩固脱贫的任务仍很艰巨。在这个基础上实现小康进而过上比较宽裕的生活，需要一个长期的奋斗过程；从根本上改变贫困地区社会经济的落后状况，更是一个长期的历史任务。

（六）西藏社会的主要矛盾和特殊矛盾，决定了西藏工作的主题必须是推进跨越式发展和长治久安

社会主义新西藏是在封建农奴制社会的废墟上建立起来的，经过民主改革50多年特别是改革开放30多年来的不懈努力，在中央关心、全国支援和全区各族人民的共同奋斗下，西藏经济社会得到了很大的发展，已经实现了基本小康，站在了一个新的历史起点上。同时，地广人稀、家底很薄、城乡区域发展不平衡、生产力不发达的状况，仍然是西藏经济社会发展面临的现实问题。当前西藏的社会主要矛盾仍然是人民日益增长的物质文化需要同落后的社会生产之间的矛盾。除了这一普遍性的主要矛盾之外，西藏还有一个不同于其他地方的特殊区情、特殊矛盾，即西藏各族人民同以达赖集团为代表的分裂势力之间的特殊矛盾。在全国其他地方全力以赴发展经济、造福百姓时，西藏还要应对达赖集团及其分裂势力的种种干扰破坏。因此，西藏存在的社会主要矛盾和特殊矛盾决定了西藏工作的主题必须是推进跨越式发展和长治久安：第一，西藏社会的主要矛盾是由其仍然处于社会主义初级阶段的区情和阶段性特征决定的，这个主要矛盾决定了必须坚持以经济建设为中心，努力推进经济社会跨越式发展，推进社会主义文化大发展大繁荣，不断满足各族人民日益增长的物质文化需求。第二，西藏社会的特殊矛盾是由我们与达赖集团和支持他们的国际敌对势力斗争的客观现实决定的，这一特殊矛盾是对反分裂斗争规律性认识的深化和发展，完全符合西藏实际。第三，西藏存在的社会主要矛盾和特殊矛盾决定了西藏工作的主题必须是推进跨越式发展和长治久安。没有发展，解决不了主要矛盾和特殊矛盾；没有稳定，发展就没有社会条件。必须牢固树立发展是解决西藏所有问题基础的思想，不断推进西藏在科学发展的轨道上实现跨越式发展。必须把稳定作为硬任务和第一责任，深入持久开展反分裂斗争。

四、西藏自治区社会保障反贫困存在的主要问题

在民生改善方面，人民生活明显改善，但部分城乡居民特别是一些农牧民生活还比较困难，社会事业总体水平相对滞后，农牧区公共服务基础差、社会保障能力低等问题比较突出，经济社会发展不协调、城乡发展不平衡状况依然存在。

（一）农牧民医疗保障存在的主要问题和困难

一是管理经办机构不健全。西藏农牧区医疗管理经办机构及其人员编制的具体政策至今尚未明确，致使各县医管办普遍存在人手少，以及专业化、规范化程度和经办管理能力低的问题。据统计，全区目前仅有 170 名县级管理经办工作人员，平均每县 2.3 名，且绝大多数为兼职人员。自治区和地（市）级均无农牧区医疗专职管理工作人员，管理力量十分薄弱。

二是基金抗风险能力还比较低。近几年来，虽然西藏政府大幅度提高了农牧区医疗补助标准，2012 年农牧区医疗基金总量达 7 亿多元，但相对占全区人口 80%以上的农牧民的医疗需求筹资水平依然很低。特别是农牧区地广人稀，县辖范围内人口较少，基金统筹共济能力有限，抵御大额医疗费用风险的能力十分低下。

三是基层医疗资源发展不平衡。基层特别是艰苦边远的乡村医疗卫生人员严重不足，人员分不进、留不住，全科医生、技术骨干和学科带头人严重缺乏。现有人员待遇低，业务素质和医疗水平亟待提高。

（二）农牧区教育事业存在的主要问题和困难

面对新的形势和发展阶段，西藏教育虽然取得了世人瞩目的成绩，但在发展过程中仍存在以下问题：

一是受特殊的自然、地理和人文历史环境的影响，社会发育程度低，宗教氛围浓厚，社会生产力水平不高，经济发展相对滞后，产业发展相对不足，对人才的需求呈现种类多、数量少的特征，影响并制约着西藏教育事业的发展。

二是西藏教育面临反分裂斗争的严峻形势。西藏处于反分裂斗争前沿，教育打牢反分裂、反渗透、反破坏斗争基础的任务十分艰巨，与落实中央领导同志提出的“让孩子们进学校不进寺庙，从小接受良好的教育”的要求还有一定差距。

三是西藏农牧区学前双语教育起步晚、配套差。城镇“入园难”的问题尚未得到解决，新建 17 所、改扩建 68 所乡镇双语幼儿园建设项目没有列入国家建设规划，存在投资缺口 5.1 亿元。学前双语教育普及率仍然较低。

四是义务教育基础薄弱，地区间差异较大，发展不平衡的矛盾突出，推进义务教育均衡发展的任务十分艰巨。学校办学条件距离标准化的要求有较大差距，校舍缺口达到 283 万平方米，资金缺口达 87.7 亿元，教师队伍特别是乡村教师队伍总量不足、结构性短缺的问题十分严重，目前全区需要补充各类教师 1.4 万人。

五是教育教学质量不高，特别是中小学理科教学质量偏低，影响高校人才培养质量。学校管理制度需进一步完善规范，管理技术手段需进一步改善，管理水平需进一步提高。教育信息化水平不高，远程教育优质资源不足，运行、管理、维护存在薄弱环节，运用现代教育技术的能力与水平需进一步提高。

（三）农牧区社会福利事业发展存在的主要问题和困难

近年来，西藏农牧区社会福利事业虽取得了较快发展，但由于地理、历史、经济等方面的原因，西藏社会事业发展严重落后于经济社会发展的矛盾仍然相当突出。全区现有孤残儿童 5677 名，农牧区五保对象 1.5 万余名，全区 60 岁以上老年人达到 23 万人。目前，西藏各类民政服务设施还相当匮乏，服务能力脆弱，特别是社会福利设施还不能充分满足人们基本服务需求：一是农牧民敬老院建设不足，五保集中供养率偏低；二是儿童福利设施功能不齐，床位短缺，不能适应儿童福利事业的发展需求；三是还没有老年护理示范机构，现有社会福利设施无法应对人口老龄化的挑战；四是社区福利服务中心覆盖率低，社区福利服务水平还有待提高；五是殡葬领域中社会保障环节缺失，殡仪馆数量较少，还难以满足群众的基本丧葬服务需求；六是人员编制和经费不足，城乡社会福利机构运转困难；七是福利机构内部管理滞后，

服务保障水平有待提高。

（四）救助工作重保障、轻管理现象比较突出

实施农村低保、医疗等各项救助制度以来，各地建章立制，确定申报审批程序和相关条件标准，取得明显成效。但实际操作中，部分乡镇没有把农村社会救助工作摆上重要议事日程，不按规定进行申报、审核，而是依赖村级随意上报救助对象；有的地方对低保、医疗等救助管理薄弱，出现“错保、漏保”等现象。

一是救助对象无序增加。个别乡镇、村委会在审核低保对象时没有参照低保条件规定和经过集体研究，而是由民政助理或个别村干部确定，并且存在未公示、不通过村民评议的现象，没有按照低保标准去认真核实，而是草率估计、随意填报，导致救助对象无序增加。

二是动态管理不到位。从低保制度建立以来，一直是“进低保容易，出低保难”。虽然有一系列管理措施，但由于多方面原因，效果并不明显，还存在着“养懒汉”的现象。

三是“人情保”、“关系保”现象仍然存在。在农村低保工作中，村干部家属或亲朋好友参保的现象在一些行政村有不同程度的存在，有些村干部没有坚持原则，以权谋私，不通过村民评议，直接为亲友办理低保，“人情保”、“关系保”虽然数量不多，但影响较大，群众反映较为强烈。

五、西藏自治区社会保障反贫困对策建议

随着经济的发展，当前西藏的贫困状况有所改善，但贫困问题仍不容乐观。反贫困是落实科学发展观、建设和谐社会的重大内涵之一，政府作为公共权力的执行者，有责任和义务为陷入贫困的民众提供基本的生活保障，不断完善农牧区的社会保障政策是反贫困工作的重要内容，也应是我们不断努力的方向。为此，针对西藏目前存在的贫困问题，对农牧区社会保障建设提出如下建议。

（一）制定具有西藏特点的城乡居民养老保险政策

充分考虑西藏平均海拔4000米以上的特殊性，以及西藏人民待遇享受周期短的实际困难（西藏人均寿命只有67岁，其中高海拔地区人均寿命更是不足50岁，远低于全国74岁的人均寿命）。在遵循国家政策文件精神的前提下，按照“制度一致，适当变通”的原则，实行差异化管理，积极探索具有西藏特点的新农保政策。根据海拔高度和人均寿命，调整城乡居民养老金领取年龄，争取让50~59岁老年人提前领取养老补助金，个别高海拔乡镇甚至应该提前到45岁左右。将这一政策作为中央赋予西藏的又一项特殊优惠民族政策，贯彻落实中共十八大和十八届三中全会精神，特别是贯彻落实习近平总书记“治国必治边、治边先稳藏”的重要战略思想和“努力实现西藏持续稳定、长期稳定、全面稳定”的重要指示，贯彻落实“依法治藏、长期建藏、夯实基础、争取人心”的指示要求，制定具有西藏特点的城乡居民养老保险政策。

（二）加大扶贫开发支持力度

按照《中国农村扶贫开发纲要（2011~2020）》确定的新一轮扶贫攻坚的目标、任务和要求，进一步加大中央财政转移支付力度、增加中央扶贫开发专项投入。同时，推进西藏扶贫开发工作，一要突出扶贫重点。以贫困群众集中地区和基本公共服务薄弱环节为重点，把稳定解决扶贫对象温饱、巩固温饱成果、尽快实现脱贫致富作为首要任务，有针对性地开展帮扶，提高扶贫开发实效。二要提高扶贫主体自立增收能力。坚持尊重扶贫对象主体地位，激发贫困地区内在活力，大力实施贫困户自立增收工程，支持贫困地区发展特色产业，提高贫困地区“造血”能力。三要完善扶贫体系。认真总结巩固扶贫开发工作的好经验、好做法，着力巩固和发展专项扶贫、行业扶贫、社会扶贫和援藏扶贫有机结合互相支撑的“四位一体”的大扶贫格局，不断完善扶贫开发政策保障体系。按照“划定一条线、锁定一群人、圈定一批主战场、确定一种衔接关系”的崭新思路，全面执行新的扶贫标准，更好地瞄准扶贫对象，集中力量抓好连片特困地区的精准扶贫和精准脱贫工作。

（三）创新方式，加大低保对象的扶持力度

农村低保制度是农村社会救助体系中最基础性的保障制度，与农村其他专

项救助制度相比，在救助对象和保障功能方面有着明显的区别，既不能相互替代，又需要相互配套。只有以农村低保制度为基础，将低保政策和扶贫政策相衔接，对完全或部分丧失劳动能力的人，由社会保障来兜底，对因病致贫的提供医疗救助保障，加大其他形式的社会救助力度，做到应扶尽扶、应保尽保，为贫困群众基本生活构建最后一道屏障。同时要通过技术、项目、信息、资金、政策等方面的扶持，有计划、有针对性地进行培训，鼓励和扶持他们搞多种经营，变“输血”为“造血”，使低保户增收致富。

（四）进一步提高农牧区医疗水平，提升人民健康保障能力

以健康需求为导向，坚持防治结合、藏中西医并重、多元发展，优化医疗卫生资源配置，提升医疗卫生服务能力，完善医疗卫生服务体系。加强以县医院能力提升、乡镇卫生院标准化建设、村卫生服务全覆盖为重点的三级医疗卫生服务网络建设；加强全科医师培养和在职卫生专业技术人员培训，提高医疗卫生服务能力和水平。加大“组团式”医疗对口援藏力度，重点加强农牧区卫生技术人员的培养培训工作，提高农牧区卫生技术人员的综合素质和医疗技术水平。

（五）大力实施科教兴藏战略，促进西藏教育事业又好又快发展

无论是贫困地区的脱贫，还是改变整个西藏地区的面貌，最根本的是要始终坚持教育优先发展。

一是加大学校硬件建设，“啃”下义务教育均衡发展这个“硬骨头”，补上“硬件”不足和不配套的短板。二是目前教师队伍“量少、履弱、稳不住”是最大的短板，要补上“软件”太软、太弱的短板。通过大力改善基层学校工作环境、提高待遇水平等措施，解决乡村教师队伍“招得来、下得去、留得住”的问题。三是补上教育质量总体偏低的短板。通过加大“组团式”教育援藏工作力度，集中力量援助建设一批示范性中小学，通过这批示范学校，带动、辐射其他学校办学水平的全面提升，这不仅对于补上西藏教育短板、全面提升西藏教育教学质量、促进教育公平具有极为重要的意义，更为推进整个西藏的可持续发展提供了永续的智力支撑和人才保障。

第四章　广西壮族自治区社会保障反贫困研究

一、广西壮族自治区基本情况及贫困状况

广西壮族自治区简称桂，地处中国西南边疆，是中国唯一沿海、沿边和沿江的少数民族省区，是西南地区最便捷的出海通道，也是少数民族人口最多的自治区、革命老区、边疆地区。广西的行政区域面积有23.67万平方公里，2013年总人口为5282万人。自治区内有14个地级市、36个市辖区、7个县级市和67个县（包含12个民族自治县）。广西是喀斯特地貌，其中，中山、低山、丘陵以及石山的面积约占陆地总面积的70.8%，裸露石灰岩面积占全区总面积的38%，人均耕地面积仅0.78亩，相当于全国平均水平的一半左右。恶劣的生态环境使得广西经济发展先天不足，而地处边境战乱不断[①]又为广西经济社会发展设置了后天的障碍因素，所以广西的经济社会发展水平相对全国来说比较落后，贫困问题也比较严重。广西是中国重点扶持的贫困省（区），有国家、区级贫困县49个，其中28个是国家扶贫工作重点县，21个是区定贫困县如表4-1所示。贫困县土地面积占全区总面积的56%，贫困县人口占全区总人口的34%。贫困人口主要集中于桂西和桂北的岩溶山区和边

① 广西边境一直战乱不断，20世纪50年代支援越南抗法、抗美战争，20世纪70年代末和80年代的对越自卫反击、炮火牵制作战等，战争连年不断，边境地区从人力、物力、财力上为参战与支前做出了很大的贡献和牺牲。

远山区，这些地区交通闭塞、资源匮乏，生产生活条件非常恶劣[①]。

表 4–1　广西贫困县分布

名称	贫困级别	数量	备注
南宁市	国家级	2 个	马山县、隆安县
	自治区级	1 个	上林县
柳州市	国家级	2 个	融水苗族自治县、三江侗族自治县
	自治区级	1 个	融安县
桂林市	国家级	1 个	龙胜各族自治县
	自治区级	3 个	资源县、灌阳县、恭城瑶族自治县
梧州市	自治区级	1 个	蒙山县
防城港市	自治区级	2 个	上思县、防城区
百色市	国家级	10 个	田东县、平果县、德保县、靖西县、那坡县、乐业县、凌云县、田林县、隆林各族自治县、西林县
	自治区级	2 个	右江区、田阳县
贺州市	自治区级	2 个	富川瑶族自治县、昭平县
河池市	国家级	8 个	都安瑶族自治县、环江毛南族自治县、罗城仫佬族自治县天峨县、凤山县、南丹县、巴马瑶族自治县、东兰县、大化瑶族自治县
	自治区级	2 个	金城江区、宜州市
来宾市	国家级	2 个	忻城县、金秀瑶族自治县
	自治区级	2 个	象州县、武宣县
崇左县	国家级	2 个	天等县、龙州县
	自治区级	5 个	大新县、江州区、扶绥县、凭祥县、宁明县

资料来源：广西扶贫信息网。

第六次全国人口普查数据显示，广西各少数民族人口为 1711.05 万人，占全区总人口的 37.18% ，其中壮族 1444.85 万人，占全区总人口的 31.39%。按照 2010 年国家新标准识别认定的贫困人口，广西贫困人口共计 1012 万人，贫困发生率 23.6%，贫困人口中 80%以上是少数民族人口，贫困县基本上是少数民族聚居县。广西 12 个民族自治县和 3 个享受民族自治县待遇的县均为国家扶贫开发工作重点县或原区定贫困县，63 个民族乡均为扶贫开发的重点乡镇。在全区 4060 个贫困村中，少数民族人口占总人口的 71%。因此，广西扶贫开发的对象主要是少数民族群众[②]。

① 广西扶贫信息网“政策网络治理视角下广西参与式扶贫研究”。

② 地区司扶贫处. 广西贫困人口分布状况［EB/OL］. http://www.sdpc.gov.cn/dqjj/fpkf/fpgzxx/t20081128_248958.htm.

二、广西壮族自治区社会保障的发展及其反贫困作用

（一）广西社会保险的发展及反贫困作用

广西的社会保障基本框架已经形成，社会保险建设取得了长足进步。2013年，基本养老保险、城镇基本医疗保险、失业保险、工伤保险、生育保险的参保人数分别是：2219.06万人，1030.98万人，252.26万人，325.62万人，270.24万人。2009~2013年，广西“五险”参保人数平稳增长（见图4-1）。各项保险的参保率大幅度提升，其中，随着新型农村养老保险、城镇居民基本养老保险的实施，基本养老保险的覆盖率提升最明显。

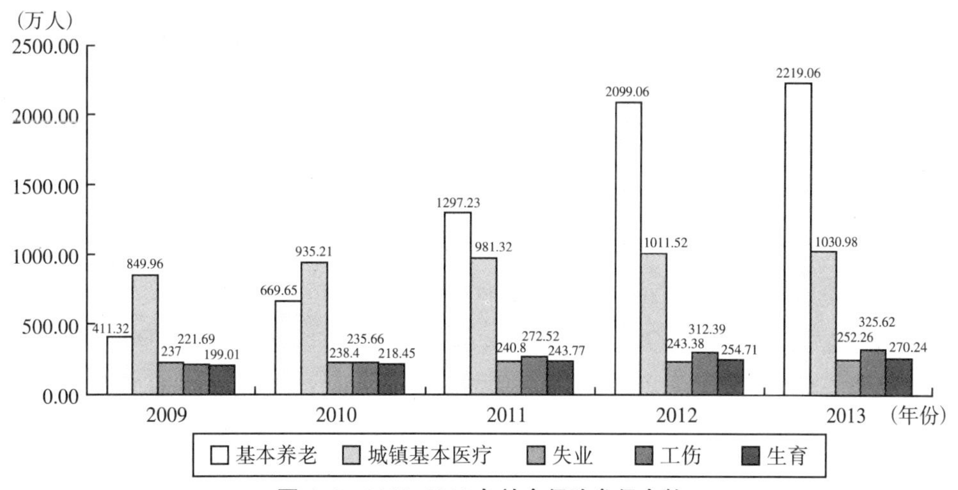

图4-1　2009~2013年社会保险参保人数

资料来源：2013年度广西人力资源和社会保障事业发展统计公报。

2013年五项社会保险（含城乡居民社会养老保险）基金收入合计597.96亿元，比2012年增长69.11亿元，增长率为13.07%。基金支出合计535.35亿元，比2012年增长97.55亿元，增长率为22.28%。累计结余808.31亿元（见图4-2）。2009~2013年广西社会保险基金较往年收支的增长率都在10%以上，支出增长明显快于收入增长，累计结余增幅明显。

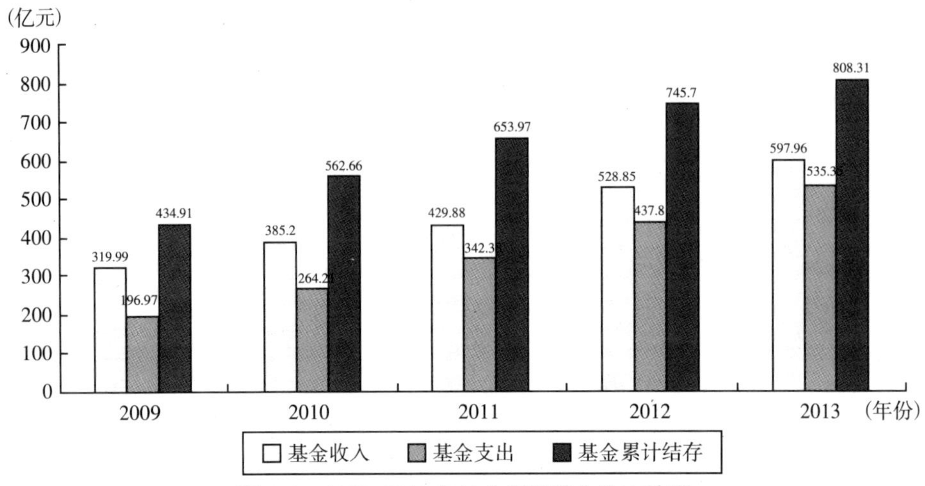

图 4-2　2009~2013 年社会保险基金收支情况

资料来源：2013 年度广西人力资源和社会保障事业发展统计公报。

在保险待遇方面，近年来，广西适时提高了养老保险金、失业保险金和工伤保险待遇标准，职工和居民的社会保障水平提升较快，在一定程度上起到反贫困作用。从 2005 年起连续八年调整企业退休人员基本养老金。2012 年底，广西城镇企业参保离退休人员月人均基本养老金 1527 元。2012 年，由城镇职工基本医疗保险统筹基金支付在职职工住院人次数达 27.94 万人次，住院出院者均次医疗费用统筹基金支付 5057 元；由城镇职工基本医疗保险统筹基金支付退休人员的住院人次数达 49.25 万人次，住院出院者均次医疗费用统筹基金支付 6155 元。2013 年，新型农村合作医疗基金支出总额为 148.43 亿元，受益人数 5524.57 万人。2012 年，广西共有 145.55 万人次享受了城镇居民基本医疗保险待遇。2012 年，广西领取失业保险金人数 10.97 万人，失业人员月人均领取失业保险金 705 元，另有 583 名农民工领取了一次性生活补助。2012 年，广西共有 1.78 万人享受了工伤保险待遇，共有 5.13 万人次享受了生育保险待遇[①]。

① 2012 年广西社会保险信息公告。

（二）广西社会救助的发展与反贫困作用

1998年，为了保障城市居民的基本生活，维护社会稳定，促进经济发展与社会文明和进步，根据《国务院关于在全国建立城市居民最低生活保障制度的通知》（国发〔1997〕29号）的要求，广西壮族自治区政府颁布《广西壮族自治区城市居民最低生活保障制度暂行办法》。随着城镇最低生活保障制度的不断推进，为规范城市居民最低生活保障制度，根据国务院《城市居民最低生活保障条例》，结合本自治区实际，广西壮族自治区又于2005年8月17日审议通过《城市最低生活保障条例》办法，并于2005年9月29日施行。其后为了加快发展农村最低生活保障制度，于2009年实施《广西壮族自治区农村居民最低生活保障办法》。目前，广西城乡社会救助体系建设成果显著，城乡低保基本实现动态管理下的应保尽保。从图4-3可以看出，2007年1月的低保人数是55.19万人，2010年1月升到63.06万人，2014年1月又降低到49.52万人，广西城市低保人数升中有降，可见，随着城市低保的成熟完善，城市低保的人数基本稳定在60万人左右，实现了应保尽保，其退出机制已经有效建立。2007年广西开始试点农村低保制度，2009年实施《广西壮族自治区农村居民最低生活保障办法》后，从图4-3可以看出，广西农村低保参保人数2010年有一个较大幅度的提升，从2010年起，参保人数稳定在300万人以上。

随着广西区经济水平和生活水平的不断提高，广西城镇与农村低保制度建立以来，保障标准不断提高，逐步实现了应保尽保。从图4-3可以看出，2007~2014年广西城市低保水平稳步上升，2013年之后开始回落，大致在250元左右徘徊。广西农村低保水平也提升明显，已经从2007年每月人均20元的补助标准上升到2012年每月人均138.48元的补助水平，再到2014年每月人均85.34元，基本稳定在100元左右的水平。这较好地保障了城乡低收入群体的生活，缓解了贫困对人们生活的影响。

从城乡低保的地区分布看，广西城乡低保的支出水平明显低于全国的平均水平。从2014年7月的数据来看（见图4-4），崇左市的人均城乡低保支出水平分别是213.9元和79元，是广西所有地级市中支出水平最低的。柳州城市低保支出水平是广西所有地级市中最高的，为294.35元，并高于全国平均水平263.55元。桂林市农村低保支出水平是广西最高的，为102.66元，但是低于全国平均水平 118.54 元。

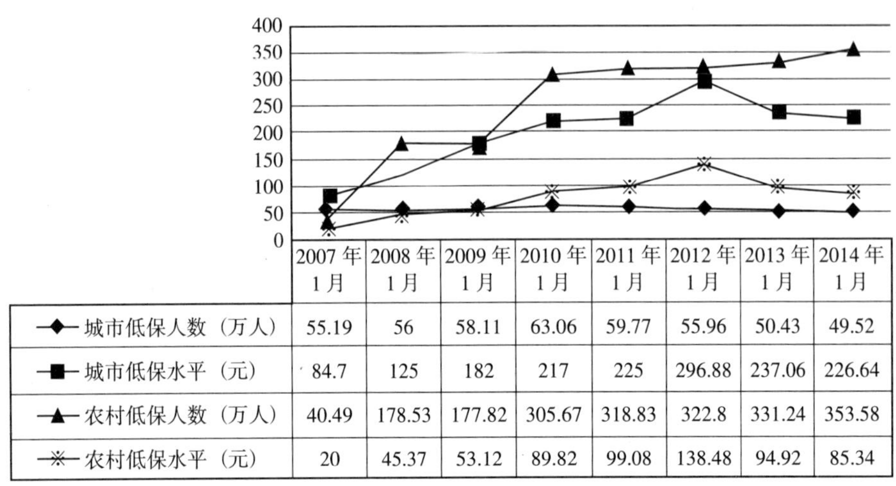

	2007 年 1 月	2008 年 1 月	2009 年 1 月	2010 年 1 月	2011 年 1 月	2012 年 1 月	2013 年 1 月	2014 年 1 月
—◆— 城市低保人数（万人）	55.19	56	58.11	63.06	59.77	55.96	50.43	49.52
—■— 城市低保水平（元）	84.7	125	182	217	225	296.88	237.06	226.64
—▲— 农村低保人数（万人）	40.49	178.53	177.82	305.67	318.83	322.8	331.24	353.58
—※— 农村低保水平（元）	20	45.37	53.12	89.82	99.08	138.48	94.92	85.34

图 4-3　2007~2014 年广西城乡居民最低生活保障一览

资料来源：民政部网站。

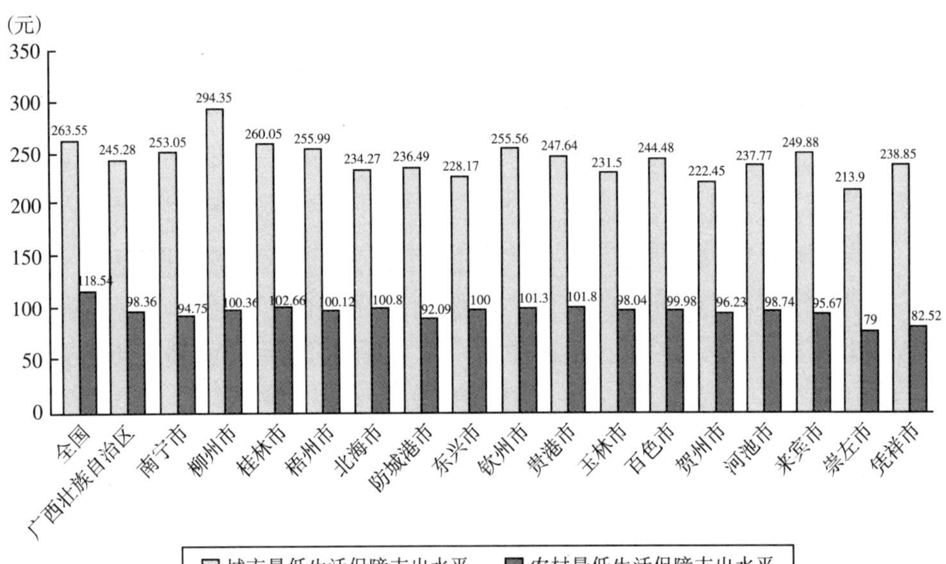

图 4-4　广西各地级市城乡低保水平

资料来源：民政部网站。

另外，广西的五保供养水平逐年提高，到 2010 年 6 月，全区共有农村五保对象 32.9 万人，五保对象集中和分散供养平均水平分别达到每人每月 206

元和 127 元[①]。2013 年末，29.47 万名农村居民得到政府五保救济，比 2012 年减少了 0.1 万人。2009 年全面实施了城乡医疗救助制度。2013 年救助城市医疗困难群众 6.04 万人次，救助农村医疗困难群众 38.32 万人次；资助 25.09 万名城镇困难群众参加城镇医疗保险，资助 238.17 万名农村困难群众参加新型农村合作医疗。在残疾人群体中，纳入城镇最低生活保障范围的有 6.97 万人，纳入农村最低生活保障范围的有 39.36 万人，纳入五保供养的有 5.87 万人[②]。

目前，广西全面建立起以城乡最低生活保障制度、农村五保供养为基础，以医疗救助、教育救助、住房救助、就业援助、法律援助为辅助，以社会互助和慈善帮扶为补充，覆盖城乡居民、相互衔接配套的新型社会救助体系，有效地保障了困难群众的基本生活。

（三）广西社会福利的发展与反贫困作用

2012 年，广西社会服务业综合指数是 60.1%，远远落后于全国平均水平。千人口社会服务床位、千人口养老床位、每万人口福利企业残疾职工人数、城乡低保平均标准、每万人口福利彩票销售、社区服务设施覆盖率、城市社区服务中心覆盖率、每万人口社会组织等指标均低于全国平均水平，而社会服务事业占财政支出的比重高于全国 0.86%（见表 4-2）。可以说，广西整体

表 4-2　广西社会服务业综合指数

指数	社会服务综合指数	社会服务业增加值占第三产业比重（%）	社会服务事业费占财政支出比重（%）	千人口社会服务床位（张/千人）	千老年人口养老床位（张/千人）	每万人口家庭收养数（件/万人）	每万人口福利企业残疾职工人数（人/万人）
全国	100	1.2	2.96	2.94	19.09	0.23	4.66
广西	60.1	0.62	3.82	1.1	8.04	0.45	1.05
指数	社会服务综合指数	城市低保平均标准（元/十人、月）	农村低保平均标准（元/十人、月）	每万人口福利彩票销售（万元/万人）	社区服务设施覆盖率（%）	城市社区服务中心覆盖率（%）	每万人口社会组织（个/万人）
全国	100	28.8	14.3	94.9	23.61	68.28	3.43
广西	60.1	24.1	10.2	53	7.83	36.82	2.51

资料来源：中国民政统计年鉴 2012［M］. 北京：中国统计出版社，2012.

① 广西民政事业“十一五”实施情况，http：//www.gx.xinhuanet.com/topic/2011-11/11/content_24100002.htm。

② 2013 年广西国民经济和社会发展统计公报。

社会服务业落后，财政负担又比较沉重。因此，在社会福利的发展方面，广西立足发展以老年人、孤儿和残疾人为主的补缺型福利事业，兼顾发展面向全体社会公众的普惠型福利事业，探索形成以家庭为主、社区为依托、机构为补充，以孤儿养育、老年人和残疾人服务为基本内容的社会福利体系。

在老年福利发展上，初步建立了以居家养老为基础、社区养老为依托、机构养老为支撑的社会养老服务框架，全区已建成居家养老服务站、点 387 个，有近 20 万老年人享受到方便、快捷的养老服务。此外，依托“社区老年福利服务星光计划”设施，整合社区便民利民服务网点资源，提升了社区养老服务能力；加快社会养老服务机构建设，全区已经建成各类收养性养老服务机构 1474 个，涵盖了福利院、养护院、光荣院、老年公寓、乡镇敬老院，拥有养老床位 5.27 万张；制定民办养老服务机构发展的扶持政策，鼓励和引导民间资本参与兴办养老机构，全区共建成民办养老机构 129 家，拥有养老床位 1.3 万张，缓解了照料老年人生活的困难，提升了老年人的生活品质。

广西农村五保供养工作实现重大突破，将农村五保供养纳入了公共财政保障为主的新轨道，建立了供养标准的自然增长机制。在全国首创五保村建设模式，解决了新中国成立 50 多年来政府致力解决而未能从根本上解决的农村五保对象有效供养这一全国性老大难问题，形成了“就村而建，集中供养，一家一户，自我服务，自我管理”的创新特色，被民政部称为“中国农村社会福利新模式”。这一五保供养模式的重大突破和创新荣获 2006 年度“第三届中国地方政府创新奖”；实现了乡乡镇镇有敬老院的目标，全区建成乡镇敬老院 1178 所，五保村 6500 个，农村五保供养对象达到 32.9 万人，有效地提高了集中供养水平；城乡医疗救助覆盖面扩大，成效明显，全区累计发放城乡医疗救助资金 9.307 亿元，资助城乡低保对象、农村五保对象参加新型农村合作医疗或城镇居民基本医疗保险 1107.5 万人次，直接救助城乡低保对象和农村五保对象 307 万人次。

广西实施了“明天计划”、“白内障复明工程”、“残疾儿童救助行动”和“重生行动”等惠民工程，把社会福利政策惠及贫困家庭，已惠及救助对象 4.5 万人。发展儿童福利事业，实施孤儿基本生活保障制度，落实孤儿最低生活养育政策，发放孤儿生活保障金，孤儿基本生活权益得到有效保障；实施“儿童福利机构设施建设蓝天计划”，全区安排儿童福利机构建设项目 22 项，

已有 11 项完成了土建任务[①]。

总而言之，广西社会福利事业虽然比较落后，但是发展势头较快，较好地为老年人、儿童、残疾人等弱势群体提供了物质保障和服务保障，减少了社会排斥，有利于他们融入社会，增加社会团结。

三、广西壮族自治区社会保障及反贫困的特征

与其他少数民族地区及汉族地区相比，广西社会保障反贫困的特殊性主要体现在贫困的机理特殊性、社会保障财政支出水平低，以及五保村的建设上。

（一）广西贫困形成机理的特殊性

基于贫困原因分析分类基础上，可以将贫困类型分为制度供给不足型贫困、区域发展障碍型贫困、可行能力不足型贫困（结构型贫困）、先天缺乏型贫困和族群型贫困，而区域性的族群贫困已经成为我国贫困的焦点问题[②]。广西的贫困原因是复杂多样的，既有产生贫困的一般原因，也有其不同于其他地方的特殊性。其贫困的自然资源方面的原因和社会原因就比其他地区突出。例如，在广西最贫困的少数民族地区之一红水河流域，其因水资源匮乏，地表风化侵蚀作用活跃，水土流失导致河流输沙量大，河水浑浊略呈红色而得名。该地区多属喀斯特地貌，素有“九石一土”之说。在其土地总面积中，山地、丘陵占 3/4 以上，其中石灰岩山地占 38.53%，石山面积均超过本县市土地总面积的 70%以上。壮族、瑶族等少数民族则分散居住在这些石山中。该地区山高、坡陡、土地贫瘠，水资源匮乏，森林覆盖率低，生态承载力差，自然灾害频繁发生，使得这一地区贫困的自然因素问题比较突出[③]。

又如，革命老区广西百色那坡县规六村，是边境的一个瑶族村寨。一方

① 广西民政事业发展“十二五”规划。

② 王曙光. 中国的贫困与反贫困 [J]. 农村经济，2011 (3).

③ 邵志忠. 从自然资源因素看红水河流域少数民族地区的贫困 [J]. 广西民族研究，2010 (1).

面，其地处大石山区，位置偏僻，多年不通公路、不通电、不通水，人畜饮水困难，石山多，人地矛盾突出，可耕地面积小，人均耕地不足 0.3 亩，土地贫瘠，传统原始的生产方式使得经济发展极其落后。另一方面，历史上由于其地处中越边境，长期受到边境战争的影响，在新中国成立后的援越抗法、援越抗美和对越自卫反击战中，许多村民为保家卫国做出了贡献。可是在经济发展上，却丧失了发展的先机，基础设置落后，资金少，政策不到位等使得其发展先天不足。另外，村民普遍受教育年限低，人力资源的匮乏也导致该地经济发展后劲不足[①]。

基于贫困原因的复杂性，要求其反贫困的措施也是多元的，社会保障制度反贫困的效果是有限的，也是众多方式之一，发展特色产业、整体迁移、异地安置等因地制宜的扶贫政策和措施也使得广西社会保障反贫困政策与众不同。

（二）广西社会保障财政支出水平偏低

从纵向来看，2007~2011 年，广西 GDP 增速较快，财政支出也呈现上升态势，而社保支出却没有出现同步上升的趋势，如图 4–5 所示，社保支出占 GDP 的比重先上升后下降，2011 年广西社保支出占 GDP 的比重为 2.14%，社保支出占财政支出的比重近几年变化不大，一直在 10%上下徘徊。因此，可以看出，广西社会保障支出增长缓慢，已经滞后于经济发展。

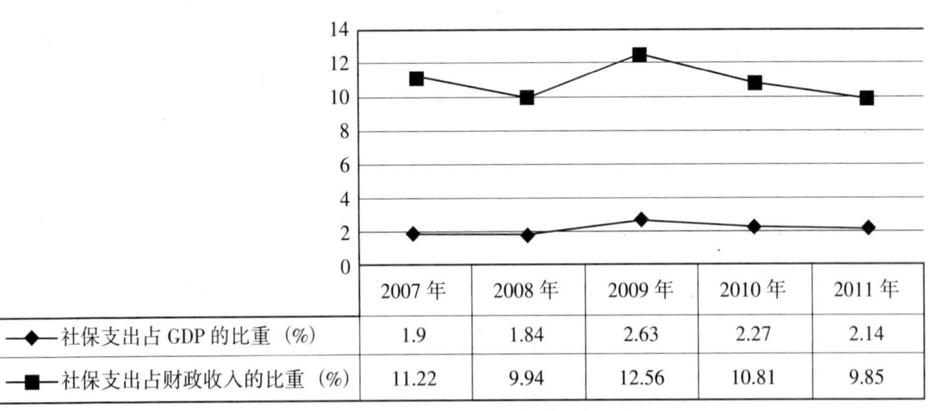

	2007 年	2008 年	2009 年	2010 年	2011 年
社保支出占 GDP 的比重（%）	1.9	1.84	2.63	2.27	2.14
社保支出占财政收入的比重（%）	11.22	9.94	12.56	10.81	9.85

图 4–5　2007~2011 年广西社保支出情况

资料来源：社保支出取自中国统计年鉴社会保障和就业支出。

① 李云霞等. 边境瑶族村寨的贫困问题和对策研究——对广西那坡县规六村扶贫工作的反思［J］. 今日南国，2010（6）.

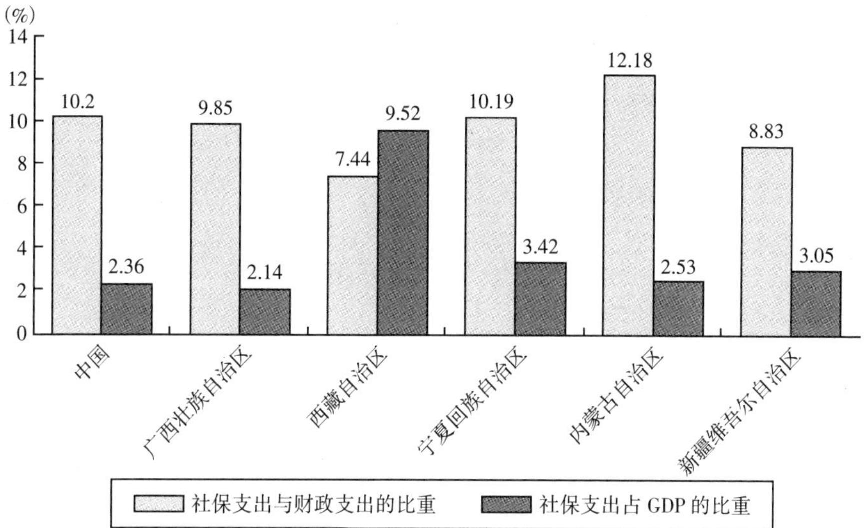

图 4–6 中国民族自治地方社保支出情况

资料来源：中国统计年鉴。

横向比较看，中国民族自治地方社保支出占财政支出的比重中，内蒙古以 12.18%位居第一，高于全国平均水平的 10.2%，广西以 9.85%位居第三；从社保支出占 GDP 的比重来看，广西社保支出占 GDP 的 2.14%，是自治区中最低的，并低于全国平均水平 2.36%。

总之，广西财政在社会保障支出方面的增速缓慢，总体水平偏低，不利于发挥社会保障的再分配机制，也不利于发挥社会保障反贫困的作用。

（三）五保村的建设特色

广西五保供养模式是指在广西农村五保户相对集中的村庄，集中建设五保户住房及有关生活、生产、娱乐等设施，对农村五保户进行统一的供养和管理的模式。广西“五保第一村”是钦州市钦南区黄屋屯镇屯显五保村。2001 年，广西发生了洪涝灾害，很多五保户的危房在洪灾中倒塌，因为资金紧张，基层民政部门便自创了一种为五保户在村中调出一块空地，集中建房，统一安置五保老人的新模式。这种低成本、高效率的做法得到了广西政府的认可，2002 年之后便在广西其他地方宣传推广开来，并于 2004 年得到了国务院颁发的政府创新奖①。

① 唐踔，兰瑞芳. 广西五保村可持续发展研究［J］. 传承，2010.

五保村投资少、见效快、居住环境好，设施较为完备，五保村依村而建，集中居住，生活方便，自我管理，自我服务[①]。充分利用了熟人熟地的社区服务传统和人文氛围，优化了资源配置；有效运用了政府和社会福利资源，体现了社会福利社会化的特点，同时促进了社会互济机制的发展[②]，体现了政府管理向公共管理的转变，体现了地方基层政府的创新精神。

四、广西壮族自治区社会保障反贫困存在的主要问题

（一）贫困数量大，人均财力有限，区域间发展不平衡，社保反贫困经济障碍大

一是广西城乡收入差距大。2009 年，广西城镇居民家庭人均可支配收入为 15451 元，而农村居民家庭人均收入仅为 3980 元，前者是后者的 3.9 倍，两者之间的绝对差距已达到 11471 元。农村居民收入增长缓慢，两者的收入差距有进一步扩大的趋势。

二是广西地区经济发展差异大。2011 年，人均 GDP 较高的地级市是防城港市和柳州市，分别达到 47416 元和 41832 元，高于全国人均 GDP 的 35198 元，人均 GDP 较低的地级市是河池市和贵港市，分别是 15323 元和 15332 元，其次是贺州市、玉林市和百色市，人均 GDP 都低于 20000 元。经济落后的河池、百色和贺州等地，是国家和自治区贫困县分布较多的地区，由于历史和自然因素，贫困极其突出，发展极其缓慢。

三是广西贫困人口数量多。2008 年广西区内农村贫困人口有 234 万人，这些贫困人口大多生活在自然条件恶劣的大石山区、高寒山区和水库淹没区，抵御自然灾害的能力较脆弱，因灾返贫情况严重。广西是欠发达地区，历来

---

① 龚维斌. 突破五保供养困境的新探索——广西五保村建设及其对政府管理的启示［J］. 国家行政学院学报，2005（5）.

② 徐湘林. 农村社会保障体制转型与地方政府创新——广西五保村建设的理论启示［J］. 新视野，2006.

经济基础比较薄弱，人均财政收入和支出都偏低。2010 年，广西人均财政收入为 1632.35 元，在全国排第 27 位。在全国处于倒数地位的财政收入决定了其社会保障支出的低水平。因此，贫困数量大、城乡地区发展不平衡、人均财力有限，使得社会保障反贫困任务极其艰巨。

（二）广西社会保障的管理体制不统一，社会保障经办管理水平低，影响了社会保障反贫困的实施效果

社保制度的"碎片化"对应着社保管理的部门分割现象比较严重。广西城乡养老保险制度和广西城乡医疗保险还没有完全实现城乡一体化，城乡居民和职工、机关事业单位人员参与不同的社保制度，又归于不同的社会保障行政部门管理。由于目前各地的经济发展不平衡，统筹层次低，各地的缴费基数、费率和待遇标准等差异大，使得社保转移接续困难，出现了遗漏参保、重复参保和重复领取待遇等现象，社会保障管理效率低下。另外，广西社保经办机构不管是管理水平还是人员、硬件配置上都比较滞后。如在 2011 年新农保制度全覆盖后，新农保的业务量急剧扩大。在百色试点的三个县（区），乡镇劳动保障事务所编制 69 人，管理的参保对象 513450 人，平均每人管理的参保对象 7441 人，超过全广西经办机构人均管理参保人数（6000 人），同时，乡镇劳动保障事务所职责还不止新农保工作这一项，还有劳动力培训及就业等，工作量大，凸显了管理的不规范①。而且许多基层农保机构没有独立的办公场所，信息化建设滞后，网络配备及信息更新不及时，导致参保信息反映不准确，不能便捷提供参保关系转移、重复参保等工作效率不高的现象频频出现。这些问题不同程度地影响了新农保工作的开展。

又如，广西由于低保资金筹集困难，存在部分农村居民"以钱定人"指标化、应保未保现象的同时，也存在着一些乱发、冒领低保金的"人情保"、"关系保"等腐败现象。由于资金筹集难，某些地方农村低保实施中，低保户的上报人数是事先规定好的，按照人数划定一定的比例，没有考虑到地区发展的不平衡性。低保政策执行中的自上而下的确定指标和低保政策要求中的

① 杨胄，董慧. 新型农村养老保险试点存在的问题及建议——基于广西三市的情况调查［J］. 时代金融，2012（7）.

自下而上的申请、审批、公示等程序是相违背的。以指标化方式确定低保对象，很可能导致政策执行中的道德风险。如2009年新华网载玉林市博白县松旺镇龙垌村和防城港市防城区茅岭乡小陶村村干部等住楼房领低保、富裕户领低保，广西合山市民政局原低保股股长谭柳明利用手中权力，大肆虚列人头，冒领低保金据为己有的事件①。虽然，《广西壮族自治区农村居民最低生活保障办法》已开始实施，但实施时间较晚，法律效力还比较低。实际上，全国对农民最低生活保障至今仍然没有统一的立法，政策的规范性和强制性比较差，也促成了此类事件的发生，当低保资金或者农民的低保权利受到侵害时，法律救济的途径不足也导致了低保政策执行过程中道德风险的发生。总之，此类事件的发生，一方面影响了政府的公信力，另一方面牺牲了制度的效率，影响了社会保障反贫困的效果。

（三）广西少数民族的特殊文化制约着社会保障反贫困的效果

少数民族文化是中华文化的重要组成部分，少数民族的社会文化既对社会政策的制定以及执行起促进作用，也对社会政策执行起阻碍作用。具体到广西，少数民族文化对社会保障反贫困起不利的作用。下面以柳州地区三江侗族自治县的侗族文化为例，从观念价值、生活方式、民族风俗几个方面进行分析。

在观念价值上，广西北部的三江侗族，世世代代居住在偏远山区，恪守农耕文化和自给自足的小农生产方式，形成了人们对土地和农业的依赖，使得他们自我封闭，与世无争，思想因循守旧，缺乏竞争和参与意识。他们有较强的家族主义、地域观念和臣民心理，家族主义下，他们以本民族认同的思想居主导地位，排斥外来文化和现代文化，本族内亲情大于“国法”，重视“家法”，轻视“国法”，法制意识淡薄。

在生活方式中，侗族社会相对比较闭塞，和外界交往有限，人民长期习惯平淡安静的生活，长期积淀形成了比较柔顺的性格，具体到个人意识表达上体现为一种拘谨自制的特点，在处事方面，过分考虑人情、关系等因素，一

① 广西农村三起低保金腐败事件追踪［EB/OL］. http: //news.21cn.com/gundong/2009/05/04/6229548.shtml.

般交往中特别重视环境和场合，同时缺乏竞争心理，人们办事多主张以“求同”为目的，不能积极创新。

在民族风俗上，第一，酒文化盛行，有人形象地描述少数民族生活是“吃在酒上，穿在银上，用在鬼上”。酒已经成为三江侗族不可或缺的一种文化，不管是逢年过节，还是婚嫁庆典，鬼神祭祀等必须用酒。本族人从小学会喝酒，接待外族人喝酒后方可进村，甚至用低保福利来买酒或者兑换酒喝。第二，杀生祭祀，信鬼思想使得铺张浪费现象存在。例如，在一个百户人家的寨子，一年内用于祭鬼的鸡平均每户 3 只，猪平均每户 1 头，牛平均每户 0.5 头①。此外，由于地处偏远，受汉族文化渗透较慢，传统社会中“男耕女织”、“男主外，女主内”的家庭角色职能观念并未在广西地区得以体现。相反，受地缘因素的影响，广西地区女性在社会生产中表现出和男性一样的主体性。时至今日，笔者身边的广西女性普遍感觉到广西文化中男性的吃喝享乐主义比较普遍，与女性的吃苦耐劳及较高的劳动参与率形成了鲜明的对比。目前儿童家庭政策、老年社会福利服务的不健全也将会影响广西社会保障反贫困的效果。

五、加强广西壮族自治区社会保障反贫困作用的对策

（一）广西社会保障反贫困应坚持的原则

社会保障政策属于再分配政策领域，涉及福利利益的调整，追求公正、平等、利他，发展型社会政策的理念可以为广西社会保障政策反贫困价值体系的构建提供一些有益的借鉴。

第一，坚持社会保障政策和经济发展政策同等重要的原则。广西虽然为欠

① 杨荣帆. 影响公共政策执行的少数民族文化因素研究——以广西三江侗族为例［D］. 广西师范大学硕士学位论文，2011.

发达地区，在新的发展阶段，也不能过度重视经济发展而忽视了社会保障的发展，应该将经济发展与民生保障发展同步，不仅将社会保障作为社会的稳定器和安全网的兜底保障作用，更要发挥社会保险、社会福利在贫困中的风险预防、风险分担、提高生活质量及福利水平的作用。

第二，坚持物质保障和服务保障同等重要的原则。在农村反贫困政策制度设计和实施中，既要坚持农村养老保险、最低生活保障等物质保障的兜底作用，又要更加注重农村公共服务的均等化建设。由于地处偏僻、资源匮乏，农村住房、教育、医疗、产业发展滞后，就业创业机会、教育机会等较少，因此，对广西等贫困地区的贫困治理，既要考虑其基本生存的物质需要，又要考虑其未来发展的诉求，通过均等化的公共服务，使贫困者有机会依靠自己增强自我发展能力，减少国家和社会的压力。

第三，坚持政府引领下的反贫困的共同治理机制原则。一方面，要发挥政府在社会保障尤其是社会救助方面的主导作用。中央政府应对西部地区、农村地区，尤其是集中连片贫困地区担负更多的责任，加大财政资金投入力度。地方政府在社会保障资金的使用和服务的提供上应侧重降低成本和提高服务质量。另一方面，也需要非政府组织的参与，整合社区、企业和非营利组织建立共同的反贫困治理机制，增强政策对民众需要的回应性和灵活性。

（二）广西社会保障反贫困的路径

1. 加快广西经济发展，实现广西收入倍增计划，保证社会保障支出

财政社会保障支出水平的提升离不开当前经济的快速发展，经济发展对社会保障完善有促进作用，社会保障的完善也对经济发展有较强的积极作用。随着“泛珠三角经济区”、“中国东盟自由贸易区”的兴起，2008 年《广西北部湾经济区发展规划》的批准，广西经济开始迎来了新的发展机遇。但为实现到 2020 年城乡居民人均纯收入达到全国平均水平的“收入倍增计划”，广西需在结合自身一系列资源优势的基础上，实现经济的快速发展。广西经过多年的发展，目前已经形成了一批地方特色的重要产业，随着基础设施的完善，基本形成了便捷的西南出海大通道①。这些有利条件都为广西经济的快速发展奠

① 李少游，袁泽. 广西区域经济发展研究［M］. 北京：中国林业出版社，2009.

定了基础，也为财政社会保障支出提供了有力的保障。

2. 完善社会保障制度，发挥社会保障反贫困功能

从上述分析可以看出，广西社会保障体系建设还不成熟，社会救助和社会福利建设滞后，社会保障水平还比较低，社会保障体系不健全，因此完善广西社会保障制度是发挥其反贫困正向功能的前提。

第一，完善社会救助制度，发挥反贫困中的政策兜底作用。近些年来，广西的最低生活保障、医疗救助、特困生活保障、临时救济等制度发展较快，相应支出增加，保障标准提高，对保障困难民众的生活起到了重要作用。可是，目前最低生活保障制度的瞄准不精准，医疗救助个别地方缺口较大，五保特困服务机构的设施利用率不高，临时救济效果不明显等，不仅制度自身的问题突出，与其他相关制度的衔接也很困难。例如，医疗救助制度与城乡居民基本医疗保险、城镇职工基本医疗保险、大病医疗保险等制度之间的衔接困难，资金的整合困难，经办难统一。最低生活保障、开发扶贫、就业扶贫等难统筹协调等。只有把这些突出的问题理顺，实现社会救助制度的内外衔接，才能发挥托底线、保基本的作用。

第二，完善社会保险制度，发挥反贫困中的基本生活保障作用。社会保险制度是一种风险分担长效机制，对反贫困极为重要。社会保险是基于缴费者权利和义务相结合原则形成的风险横向化解机制。因此，在反贫困方面，城镇需要政府、单位和个人都承担起相应的责任，在农村中，政府、社区和个人都参保。广西经济水平低，财政负担能力有限，劳动力资源输出多，社会保险收支缺口相对于其他地方出险的概率更大，因此，政府应该加强对其资助力度，才能保障其支出水平。目前广西社会保险已经实现社会保障制度的全覆盖，对于部分贫困人群不愿意参保或者无能力参保的，需要在建立健全劳动力资源数据库的基础上，完善社会保险制度的转移接续等相关制度的基础上，了解没有实现人员覆盖的原因，采取针对性的对策，如实施宣传动员或参保资助等举措，实现社会保险制度的共建共享。

第三，完善社会福利制度，满足贫困人群的多样化需求。广西目前的社会福利制度还是一种补缺型的福利制度，与普惠型的社会福利制度还有一定的差距。补缺型的社会福利制度主要是针对孤儿、残疾人、老年人、妇女等特殊群体重点实施的福利制度，既包含福利补贴，也包含福利设施与服务服务。

广西社会福利制度的发展是滞后于全国平均水平的，如老年人人均床位数远低于全国平均水平，不仅社会福利设施总体投入欠缺，而且社会资本参与有限，社会福利设施的运营机制落后，难以满足民众尤其是特殊人群的多样化需要。完善广西社会福利制度，发挥反贫困功能，需要理顺管理体制，加快相关法律法规的建设，创造良好的制度环境，激发社会资本参与，建立社会福利的多元化筹资机制，加强运营机制创新，提升服务质量。

第五章　新疆维吾尔自治区农村社会保障反贫困研究

新疆维吾尔自治区地处我国西北边境，是重要的国防战略屏障。该地区人民生活水平的高低直接影响到国家安全、社会稳定、民族团结和家庭和睦。新疆是我国主要贫困地区之一，因此研究和解决新疆贫困问题具有重大现实意义。

调节收入分配是反贫困的重要手段。根据国际反贫困的经验，经济发展和收入分配调节是反贫困最主要的两个思路。一方面，加快经济发展是反贫困的根本途径。通过国家整体经济的发展，支持贫困地区基础设施建设，援助人力资本培养，开展开发式扶贫等综合方式，地区的贫困问题可以得到有效改善。例如，韩国在1965~1998年，经济全面高速增长，基本上消除了农村绝对贫困现象①。另一方面，合理调节收入分配也具有不可替代的作用。贫困现象不会随经济快速增长自然而然地消失，我国GDP近十年来保持两位数左右的快速增长，并没有直接消除贫困人口，反而出现地区发展各异、城乡矛盾加剧、贫富两极分化等问题。因此，根治贫困既要实现经济的持续增长，也要调节好收入分配。本章主要介绍了新疆维吾尔自治区基本情况和贫困状况，以及新疆农村社会保障发展情况，讨论了新疆农村社会保障反贫困的特殊作用和存在的问题，并针对性地提出了相关对策和建议。

① 焦国栋. 国外反贫困的经验及对我国的启示［J］. 理论前沿，2006（11）.

一、新疆维吾尔自治区基本情况及贫困状况

（一）新疆维吾尔自治区基本情况

新疆维吾尔自治区位于亚欧大陆中部、中国的西北部，面积 166 万平方公里，占中国领土面积的 1/6，是中国面积最大的省区。国界线长 5600 多千米，是中国国界线最长的省区。共有 2 个地级市，22 个县级市，7 个地区，5 个自治州，68 个县和自治县，市辖区 11 个。

在性别比例方面，男性 1145.21 万人，占 51.29%，女性 1087.57 万人，占 48.71%。在民族成分及民族人口方面：2012 年新疆总人口为 2232.78 万人，56 个民族均有分布。少数民族人口为 1385.49 万人，占全区总人口的 62.05%①。世居的民族共有 13 个：维吾尔族、汉族、哈萨克族、回族、柯尔克孜族、蒙古族、塔吉克族、锡伯族、满族、乌孜别克族、俄罗斯族、达斡尔族、塔塔尔族。在城乡人口比例方面，新疆城镇人口 962 万人，比重为 43.54%，低于全国平均水平，在大陆 31 个省区直辖市中排名第 24 位。农村人口 1247 万人，比重为 56.46%②。在宗教信仰方面，信仰伊斯兰教的占 68.8%，信仰佛教的占 9.8%，信仰基督教的占 0.2%，没有宗教信仰的占 21.2%③。

（二）新疆维吾尔自治区农村贫困状况

1. 贫困分布——贫困人口集中在农村，呈连片分布

2012 年新疆境内的国家级贫困县共 27 个，自治区级贫困县 3 个，贫困县占全疆所有县市的 30.6%。就城乡贫困分布情况而言，2012 年新疆城市低保

---

① 新疆统计年鉴（2013）。

② 中国统计年鉴（2013）。

③ 数据源自中国社会科学院民族学与人类学研究所于 2013 年开展实施的中国社会科学院创新工程重大专项“21 世纪初中国少数民族地区经济社会发展综合调查”在新疆维吾尔自治区的家庭问卷抽样调查数据。以下简称“大调查数据，2013”。

对象36万户共85万人，农村低保对象56万户共135万人①，即新疆贫困人口中农村贫困人口约占60%。新疆农村贫困人口主要分布在塔克拉玛干沙漠西南边缘的和田、喀什、克孜勒苏和阿克苏四地（州），该区域的贫困人口占全区贫困人口的85%。新疆北疆农村贫困人口主要沿天山、阿勒泰山的高寒山区分布，该区域贫困人口占全区贫困人口的15%②。

2. 贫困地区农民增收缓慢，重点贫困县市贫困率过高

根据图5-1中各地州农村居民收入可知，新疆农村贫富差距极为突出，且有扩大趋势。2008~2012年，经济发展条件较好的克拉玛依农村居民人均收入为7500~13472元，经济发展水平最低的克孜勒苏柯尔克孜自治州农村居民人均收入为1595~3236元，差距在4倍以上。同时，富裕地州农村居民人均收入变化的斜率和梯度显著大于贫困地州，但在2011~2012年出现阶段平滑。此外，重点贫困县农村贫困程度极高。喀什地区塔什库尔干塔吉克自治县和叶城县的贫困率分别高达87.9%和57.3%，即农村贫困人口占绝大多数。

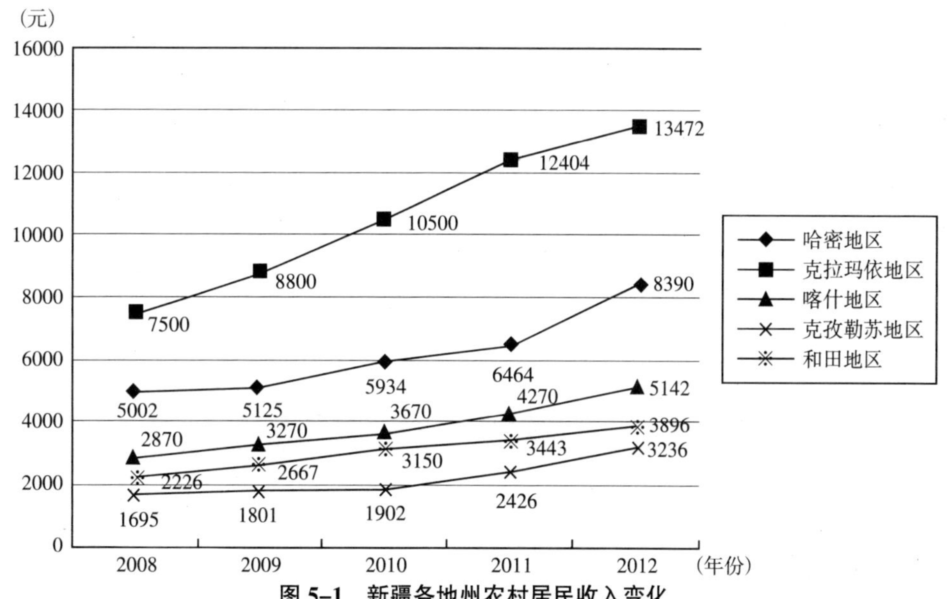

图5-1　新疆各地州农村居民收入变化

资料来源：新疆统计年鉴（2009~2013）。

① 中国统计年鉴（2013）。

② 阿布都外力依米提. 新疆农村贫困问题及其最低生活保障制度［J］. 中国人口资源与环境，2010，20（8）.

3. 贫困程度及变化——反贫困效果突出，但减贫速度放缓，贫困强度加剧

贫困率、贫困深度、贫困强度是20世纪90年代以来衡量贫困程度的重要指标。根据衡量贫困的通用指数FGT测度，新疆的贫困率（H）持续减少，但自2001年以后，贫困率减速逐渐变缓。贫困深度（PG）也逐渐减轻，但2001年以后，减速趋缓，且出现一定程度的波动。2001~2009年贫困强度（SPG）有所回升，收入远离贫困线的人不断增加（见表5-1）。这说明新疆农村人口的贫困率持续下降，但处于贫困线下的贫困人口生活更加困难，贫富格局中“贫”的一极已趋于恶化。

表5-1 新疆农村贫困指数测度（FGT）

年份	调整后的贫困线	H	PG	SPG
1995	530	25.45	8.28	3.62
1998	613.7	22.23	7.05	3.02
2001	602.1	17.19	4.53	1.61
2004	636	13.24	3.34	1.13
2007	703.8	10.84	4.21	1.46
2009	786	9.99	4.07	1.47

资料来源：李金叶，周耀治，任婷. 经济增长、收入分配的减贫效应探析——以新疆为例［J］. 经济问题，2012（2）.

以上对新疆农村贫困现状的分析仅局限于单纯的经济指标，如果从多位贫困测量指标出发，将教育因素和健康程度作为重要操作变量指标考虑在内，新疆农村特别是南疆三地州的贫困程度比目前分析的结论更严重。

二、新疆影响农村反贫困的原因分析

（一）人地矛盾限制农村经济增长

1. 新疆农村人口增长过快

2012年，新疆人口自然增长率为10.84%，为全国自然增长率最高的省区。其中，农村地区计划生育政策相对宽松，二胎三胎的情况仍然广泛存在。农

村人口自然增长，增加资源压力，激化人地矛盾。

2. 新疆农村资源紧缺源于两个层面

一是资源总量相对不足。2011 年，全疆农村经营耕地面积总量为 201.25 万公顷，较 2010 年增长-0.7%，而当年家庭承包经营农户总数为 210.9 万户，增长率为 0.52%。2012 年耕地总量增加到 207.78 万公顷，增长率为 3.2%，家庭承包经营农户增加到 216.7 万户，增长率为 2.8%。土地增量未跟上人口增量。同时，新疆沙漠化土地面积正以每年 400 平方千米的速度不断扩展，30 个贫困县基本处在风沙区①。由此威胁到农村耕地的保障存量。二是资源分布不合理。新疆生产生活活动局限于被沙漠戈壁分割的占地面积 4.3%的绿洲范围内，绿洲距离平均在 100 千米以上，属于典型的绿洲经济，农村表现尤为突出。新疆农村家庭平均耕地面积不足 15 亩，受到绿洲分割和耕地分配不均的影响，人地矛盾极为突出。

（二）农村收入结构不合理，农村劳动力流动率低，抗击自然风险和社会风险能力弱

1. 收入来源不稳定

根据表 5-2 可知，新疆农村居民的主要收入来源是家庭经营，之后是工资性收入和转移支付收入。2012 年家庭经营收入 4238.98 元，占家庭纯收入比重 66.3%，较 2011 年增长 9.06%，增长率低于其余各项收入来源。即便增长率低，家庭经营收入仍然是农村居民收入的主要增长点，对全年收入增加额

表 5-2　新疆农村居民收入结构

	工资性收入	家庭经营	财产性收入	转移支付
纯收入	1008.02	4238.98	170.73	975.95
在全国排名	31	7	18	8
增长率（%）	25.25	9.06	16.03	61.80
占收入比重（%）	15.76	66.30	2.67	15.26
对收入增加额的贡献率（%）	21.36	36.99	2.48	39.17
拉动全年收入上升比例（%）	3.73	6.47	0.63	6.85

资料来源：新疆统计年鉴（2013）。

① 阿布都外力依米提. 新疆农村贫困问题及其最低生活保障制度［J］. 中国人口资源与环境，2010，20（8）.

的贡献率达 36.99%。工资性收入仅为 1008.02 元，排在大陆 31 省区的最后一位，对收入增长的贡献率不及转移支付。

2. 新疆农村劳动力流动率低

根据 2008 年第四次全国卫生服务调查，西部农村 29.2%的家庭有成员外出务工，其中新疆农村外出务工比例仅为 7.7%，为西部各省区最低。2012 年全区农民外出劳务 228.2 万人次，比 2011 年增长 8.3%。其中南疆由于农村人口多、人均耕地少，农民外出务工人数呈逐年增长趋势，达到 128.2 万人次，增长 11.7%。结合“工资性收入”项的增长率可知，新疆农村劳动力在逐年增加，但对提高收入的贡献率依然有限。

3. 新疆农村居民的收入结构较为传统，使农村居民抵抗风险能力不足

在自然风险方面，2003 年新疆农村贫困人口中因灾致贫的比例达 41.8%，2012 年，全区农作物受灾面积 73.5 万公顷，绝收面积 18.75 万公顷，直接经济损失 81.7 亿元。在社会风险方面，现代化消费强于现代化生产作用于农村地区。2012 年，全疆 CPI 比 2011 年上涨 3.8%，新疆比全国平均水平高出 1.3 个百分点，在 31 省市自治区中排在第一位。其中城市 CPI 涨幅为 3.4%，农村为 4.7%。农民收入增长为 17.48%，总支出增长 19.27%，增幅居全国第一位。主要消费支出项目增长情况如表 5-3 所示。

表 5-3　2012 年农村居民消费支出较上年增长具体情况

	食品	医疗保健个人用品	居住类	娱乐教育文化用品	交通和通信	农业生产资料
农村各支出项 CPI 增长率（%）	8.10	3.80	3.70	1.20	0.40	—
居民生产生活支出增长率（%）	15.54	17.85	26.64	-10.24	21.82	6.60

资料来源：新疆统计年鉴（2013）。

（三）人口增长难以控制，人地矛盾不断

新疆是典型的绿洲经济，有水的地方才有生产条件。但是，当地降水稀少，冰雪融水随着雪线上升处于稳中趋减的状况，可灌溉的土地面积难以增加。与此同时，当地人口快速增长，不断加剧人地矛盾，影响反贫困进程。新疆当地居民传统的生育观念认为，人的躯体是安拉赐予的，孩子的多少是真主定的，真主给多少就生多少，随意堕胎、人工流产是对真主神圣权威和尊严的冒犯。这种观念对推行计划生育政策形成很大阻力。相当一部分群众

存在早婚早育观念，导致代际循环加快，使当地人口数量急速膨胀。人多地少，劳动力转移渠道不顺畅，客观上制约着反贫困效果。

（四）收入分配不合理，束缚经济增长的反贫困效果

经济增长是地区反贫困的核心动力。根据新疆 FGT 贫困指数分解可知（见表 5-4），经济增长在消减新疆农村的贫困率、贫困深度和贫困强度方面一直发挥正功能。收入分配本为缩小经济增长带来的贫富差距拉大，确保社会稳定，但在 2001~2009 年，新疆农村的收入分配在反贫困效果方面起着阻碍作用，削弱了经济增长带来的反贫困效果。值得注意的是，在 2007 年后，收入分配对反贫困效果的削弱作用明显变小，是否由于农村社会保障体系的建立和完善逐渐发挥收入分配的正功能，下面将进行分析讨论。

表 5-4　新疆 FGT 贫困指数分解

单位：%

年份	FGT 贫困指标	贫困变动	经济增长	收入分配
1995~1998	ΔH	-3.22	-1.84	-1.38
	ΔPG	-1.23	-0.78	-0.45
	ΔSPG	-0.6	-0.42	-0.18
1998~2001	ΔH	-5.04	-3.685	-1.355
	ΔPG	-2.52	-1.465	-1.055
	ΔSPG	-1.41	-0.73	-0.68
2001~2004	ΔH	-4.42	-4.93	0.51
	ΔPG	-1.45	-1.805	0.355
	ΔSPG	-0.61	-0.805	0.195
2004~2007	ΔH	-2.55	-3.46	0.91
	ΔPG	-0.03	-1.215	1.185
	ΔSPG	0.33	-0.55	0.88
2007~2009	ΔH	-2.35	-2.76	0.41
	ΔPG	-0.58	-0.72	0.14
	ΔSPG	-0.06	-0.125	0.065

资料来源：李金叶，周耀治，任婷. 经济增长、收入分配的减贫效应探析——以新疆为例 [J]. 经济问题，2012（2）.

小结而言，人地矛盾是新疆农村经济发展的客观障碍，也是新疆农村反贫困要应对的基本问题。农村居民收入增长没有使人地矛盾得到实质上缓解，宗教信仰却加剧了人地矛盾，阻碍居民收入结构的变革。自然原因、发展基

础和宗教因素综合束缚新疆农村经济的增长，影响经济增长的反贫困效果。与此同时，21 世纪前十年，不完善的收入分配制度不仅本身未起到反贫困效应，反而削减了经济增长带来的反贫困效果。近两年，新疆农村社会保障发展取得长足进步，有必要进一步厘清其反贫困效应。

三、新疆农村社会保障反贫困实践

收入分配不合理在新疆农村广泛存在，其表现之一为对弱势群体的覆盖不足。具体来看，根据 2008 年第四次全国卫生服务调查中关于贫困户的致贫原因分析，新疆农村家庭缺少劳动力和疾病是致贫最主要的两项社会原因，相关比例分别为 41.2%、20.8%（见表 5-5）。劳动力少在反贫困领域的实质问题是贫困户缺少收入来源，这在收入分配领域的问题是弱势家庭缺乏直接的转移支付。疾病影响劳动和治疗疾病背后的机理是医疗卫生供给条件和医疗服务可及性不足，主要反映收入分配中医疗保障不健全问题。因此，本章主要选取最低生活保障、养老保障、医疗保障三个方面，来针对性地分析新疆农村社会保障反贫困效应。

表 5-5　新疆农村贫困户致贫的直接原因

致贫原因构成	比例（%）
劳动力少	41.20
自然条件差	22.90
疾病影响劳动	13.30
治疗疾病	7.50
失业无业	3.90
人为因素	3.60
其他	7.70

资料来源：2008 年中国西部地区卫生服务调查研究。

（一）农村最低生活保障反贫困

农村低保的对象主要包括缺乏或无劳动能力、无生活稳定来源、长期患病

的困难家庭、三无家庭、自然灾害导致困难的家庭，以及突发事件导致生活困难的家庭。农民只要符合低保条件，即可纳入低保范畴，无须缴费。根据2008年全国卫生服务调查，新疆农村家庭因缺乏劳动能力致贫的比例最高，因此，低保对因缺乏劳动力致贫家庭具有很强的反贫困针对性，能解决农村绝对贫困人口的生活难题。

1. 最低生活保障实践

1999年新疆农村社会救助试点工作从鄯善县开始，2007年7月1日起在全疆所有县市推行农村最低生活保障制度。2011年8月19日，自治区人民政府下发《关于提高全区低保标准的通知》，要求各地在现有标准上提高城乡低保标准，农村低保水平随经济发展有所调整，农村不得低于每月144元。2012年新疆农村低保做到了应保尽保、动态管理、分类施保。为切实保障困难群体基本生活权益，2012年自治区在财政困难的情况下，仍投入资金1.14亿元，从7月1日起提高农村低保对象补助水平8元[①]。2015年，新疆农村最低生活保障标准为每年2153.43元。

2. 农村最低生活保障反贫困效果分析

最低生活保障基金供给充足，规模不断加大。资金投入由2008年的5.99亿元增长到2012年的18.32亿元。其中以中央政府投入为主，2011年农村低保基金中，中央财政补助15.12亿元，自治区补助2.67亿元，各地配套0.43亿元。因此，最低生活保障资金保障安全性高。农村低保标准逐年提高，由2008年人均660元提高到2012年人均1638元，2012年低保标准较前一年增长了63%，增长幅度较大。此外，新疆农村享受低保的人数和比例也在稳步提高（见表5-6）。由此可见，新疆农村最低生活保障制度从低保基金、低保标准和低保覆盖面等各方面起着反贫困作用。

表5-6　新疆农村最低生活保障制度保障情况

年份	2008	2009	2010	2011	2012
低保标准（元）	660.0	789.0	943.0	1005.0	1638.0
农村人均低保（元/月）	45.8	65.0	75.0	87.0	101.3
农村低保人口（万人）	129.9	130.0	133.4	134.9	135.0

① 新疆统计年鉴（2013）。

续表

年份	2008	2009	2010	2011	2012
低保户数（万）	43.6	46.5	46.5	52.6	56.0
低保资金（亿）	5.99	11.53	11.68	18.22	18.32
占农业人口的比率（%）	10.1	10.1	12.0	12.0	12.0

除了以上低保覆盖率、低保标准以外，国内外关于低保救助效果有多种测度方法。以下主要选取农村低保救助力度系数、低保生活救助系数和人均食品消费比率三个标准对新疆农村低保救助效果加以分析。其中，农村低保救助力度系数 = t 年农村名义低保标准/t-1 年农村人均收入。农村生活救助系数 = t 年农村名义低保标准/农村居民家庭人均食品消费支出[①]。人均食品消费比率 = t 年名义最低生活保障标准/（t 年人均食品消费支出 × 0.65）[②]。

根据表 5-7 可知，新疆农村最低生活保障救助测度指数较高。农村低保救助力度系数稳定为 0.22，大于临界值 0.15，说明各级政府对农村低保对象的救助力度较大。新疆农村低保生活救助系数在 0.64~1.03 的范围内，虽然波动较大，但都大于临界值 0.53，说明新疆农村低保对低保对象的基本保障力度较强。新疆农村低保人均食品消费比例在 0.99~1.58 的范围内，基本接近或大于临界值 1，说明新疆农村低保基本保障了低保对象的食品供给和基本生存。以上三个指标情况说明新疆农村最低生活保障救助力度效果好，但是政

表 5-7　新疆农村最低生活保障救助指数测度

年份	2008	2009	2010	2011	2012	临界值
农村人均纯收入（元）	3502.9	3883.1	4642.7	5442.2	6393.7	—
农村家庭人均食品支出（元）	708.7	759.9	1394.4	1138.1	1891.1	—
低保救助力度系数	0.22	0.22	0.23	0.22	0.22	0.15
低保生活救助系数	0.78	1.03	0.65	0.92	0.64	0.53
人均食品消费比率	1.19	1.58	0.99	1.41	0.99	1

注：①农村低保救助力度系数的临界值为 0.15，过低说明该省份政府的救助力度不足，农村低保救助力度系数越大，说明该省份政府对农村低保对象的救助力度越大。②生活救助系数临界值为 0.53，越大说明救助对象的食品支出基本可以得到解决。③人均食品消费比率临界值为 1，小于 1 说明政府未能保障人民的食品供给和基本生存。

① 王增文. 农村最低生活保障制度的济贫效果实证分析——基于中国 31 个省市自治区的农村低保状况比较的研究［J］. 贵州社会科学，2009（12）.

② 戴建兵. 我国农村最低生活保障力度及其横向公平性分析［J］. 人口与经济，2012（5）.

府负担过重，已经产生了一定程度的“福利依赖”。

（二）农村养老保障反贫困

现阶段农村家庭养老条件的变化显著影响老年相对贫困的发生率，成为老年贫困的主要诱因[①]。因此，发展完善养老保障既是收入分配的重要领域，也是反贫困的重要方面。一方面，进入老年期意味着劳动力的退出，经济收入减少或者中断，养老保险是专门应对此类劳动力缺失致贫的风险问题。另一方面，养老保障的经济福利性较强，即收益大于缴费，其中参保人在养老保险中只承担部分缴费责任，享受老年津贴的高龄老人甚至无须缴费。因此养老保障是增加家庭收入的重要来源，对缓解由家庭劳动力不足导致的贫困具有现实意义。

新疆农村已进入老龄化社会。2012 年，新疆老年人口抚养比为 9.34，全国平均水平为 12.68，新疆老年人口抚养比在全国 31 个省区排名第四。新疆农村老龄化程度高于城镇[②]，因此，新疆农村的抚养比必然高于 9.34。从老龄人口比重来看，自 2010 年起，新疆农村 60 岁以上老人占农村人口的比例已超过 10%（见表 5-8），即已经进入老龄化社会。农村养老问题已经成为新疆农村贫困的重要致因和反贫困的长久隐患。

表 5-8　2010~2012 年新疆农村老龄化状况

年份	2010	2011	2012
农村老年人口（万人）	233.54	240.48	241.2
农村老龄人口比例（%）	10.80	10.93	10.86

1. 新型农村养老保险和老年津贴实践

现代意义上的新疆农村养老保险工作始于 1991 年。1991 年初，自治区批准将乌鲁木齐、米泉、博乐列为全国农民养老保险试点县市，制定出《新疆建立和实施农村社会养老保险制度基本方案》等一系列地方法规。按照国务院及原劳动保障部、财政部有关企业基本养老保险实行省级统筹的要求，新疆已

① 王小龙，唐龙. 家庭养老、老年贫困与农村社会养老保险的角色定位［J］. 人文杂志，2012（2）.

② 新疆财经大学课题组. 新疆喀什农村新型养老保险实施情况及效果分析［J］. 新疆财经大学学报，2013（4）.

于 1999 年实现了省级（自治区级）养老保险社会统筹。在国务院文件指导下，新疆从 2006 年起在呼图壁县、伊宁县、轮台县等 13 个县市开展了新型农村社会养老保险的试点工作。2009 年国务院下发文件决定在 10%的县市进行新型农村养老保险的试点。新疆新农保基金筹集和覆盖率建设已具有相当规模，具体如表 5-9 所示。截至 2012 年，当年应参保 505.97 万人，累计参保 497.09 万人，比 2011 年增加 6.51 万人，其中 60 周岁以上领取待遇的有 88.29 万人，增加 3.62 万人。新疆全区新农保参保率达 98%。

表 5-9　2010~2012 年新疆新型农村养老保险发展情况

年份	2010	2011	2012
养老缴费收入（亿）	3.61	9.28	6.1
养老金支出（亿）	2.72	8.72	7.6
参保人数（万）	357.93	490.58	497.09
参保率（%）	85	94	98
领取待遇人数（万）	58.03	84.67	88.29

新疆老年津贴经过几年试点实践，于 2011 年基本完成规范化建设。一方面，老年津贴覆盖人口规模不断扩大，并趋于稳定。2009 年，全疆享受老年津贴的老年人仅 2.5 万人，而到 2011 年，人数已上升到 24 万人，并在 2012 年保持相对稳定。另一方面，全疆老年津贴发放标准趋于规范。2011 年 7 月 12 日，自治区党委办公厅、自治区人民政府办公厅联合下发《80 周岁以上老年人基本生活津贴制度》，文件规定自 7 月 1 日起对全区 80 岁以上老年人进行生活津贴补助，补助标准为：全区 80（含 80）~89 周岁的老年人每人每月补贴 50 元，90~99 周岁的每人每月补贴 120 元，100 周岁及以上的每人每月补贴 200 元（见表 5-10）。

表 5-10　新疆老年津贴

年份	2009	2010	2011	2012
≤79（元/月）	—	30~120	—	—
80~89（元/月）	40~200	20~150	50	—
90~99（元/月）	40~200	20~150	120	—
≥100（元/月）	60~300	100~300	200	—
人数（万）	2.5	1.8	24	23

资料来源：新疆统计年鉴（2013）。

2. 新疆农村养老保障反贫困效应

农村养老保险经济福利性较强，对贫困地区的政策倾斜突出。新疆新农保缴费名义上由个人、集体、政府共同承担，2010 年自治区人力资源与社会保障厅发布《关于印发自治区扩大新型农村社会养老保险试点实施方案的通知》，其中个人年缴费标准设定为 100~1000 元 10 个档次，可自主选择；各级人民政府应当对参保人缴费给予补贴，补贴标准为每人每年 50 元。对参保人补贴所需资金，自治区将给予补助。其中，喀什地区、和田地区、克孜勒苏柯尔克孜自治州试点县（市）和属于边境县、贫困县的，自治区给予全额补助；对于其他县（市），自治区给予 60%的补助。有条件的试点县（市），可根据本地实际适当提高补贴标准，所需资金自行负担。具体缴费和待遇给付标准如表 5-11 所示。由此可见，南疆贫困三地州试点县农民免去了近几年的养老保险缴费负担，便可在年老时享受其他县缴费农民的养老金待遇。对于减轻短期绝对贫困和缓解长期的相对贫困均有重要意义。

表 5-11　新疆新农保缴费标准与待遇给付情况

缴费档次（元/年）	100	200	300	400	500	600	700	800	900	1000
政府补贴（元/年）	50	55	60	65	70	75	80	85	90	95
基础养老金（元/月）	55	55	55	55	55	55	55	55	55	55
15 年给付标准（元/月）	65.8	76.6	87.4	98.2	109.0	119.7	130.5	141.3	152.1	162.9
20 年给付标准（元/月）	79.4	93.8	108.2	122.6	136.9	151.3	165.7	180.1	194.5	208.9

注：缴费档次、政府补贴和基础养老金来自新疆人力资源与社会保障厅官网相关文件，给付标准根据相关文件的计发规则计算而得。

农村新型养老保险制度建设历程短，待遇给付水平较低，预期反贫困效果不佳。新疆新农保工作大规模铺开始于 2009 年，然而 2010 年，新疆农村已进入老龄化社会，可以说新疆农村相对完善的养老保险制度与农村老龄化是同步的。按照有关国际经验，只有在老龄化人口高峰到来 20 年以前建立养老保障制度，才能确保老年人安度晚年及经济社会的可持续发展①。由此看来，新疆新农保成长尚处于青少年成长历程阶段，制度建设和反贫困效果有待进一步预测检验。

在待遇给付方面，如果目前缴费和计发标准不变，缴费 15 年的农民要选

① 阿里木江·阿不来提，李全胜. 新疆新型农村社会养老保险替代率的实证研究［J］. 西北人口，2010.

择 700 元及以上的缴费档次，将来的养老金待遇才能超过 2012 年新疆农村低保标准；缴费 20 年的农民要选择 500 元及以上的缴费档次，将来的养老金待遇才能高于 2012 年新疆农村低保标准。从新疆农村养老金替代率来看，养老保险替代率在 15%~21%时，能够满足农民最基本的衣食需要，并能实现社会公平的底线。在考虑经济发展、物价增长、人均预期寿命增加等综合影响因素后，根据现行新疆新农保的实际运行情况预测，农民缴费档次至少达到 300 元时，新农保养老金替代率才能满足农民最基本生活需求（见表 5-12）。然而，中国社会科学院民族学与人类学研究所主持的“21 世纪初中国少数民族地区经济社会发展综合调查”在喀什市、墨玉县、疏附县、疏勒县等县的调查表明，73.1%农村居民选择 100 元缴费档次。由此预期，在现行制度运行不变的情况下，新疆农村养老保险反贫困效果不佳。

表 5-12　新疆农村社会养老保险制度实际实现的替代率①

	100 元	200 元	300 元	400 元	500 元
15 年	11.20%	13.30%	15.40%	17.60%	19.70%
20 年	9.40%	11.80%	14.10%	16.50%	18.80%

计发年限设计不够合理，可能会加重政府的财政负担。如果制度设计计发系数低于平均预期寿命，那么政府的财政负担便会加重，必然会对保险基金的平衡造成一定的负面影响。新疆新农保目前的计划系数为 1/139，计发年数不足 12 年，虽然 2010 年新疆的人均预期寿命为 71.4 岁，但随着生活水平的提高和医疗保障的不断改善，未来新疆人均预期寿命将持续提高。有学者预测，2025 年新疆人均预期寿命将达到 72.9 岁，2030 年将达到 73.6 岁，实际情况可能更高。由此，高于人均预期寿命的老人，未来将存在较大问题，可能成为家庭开支增长甚至致贫的重要原因。虽然目前已有高龄津贴，但高龄津贴主要针对 80 岁以上的老年人和 79 岁以下老年人的一部分，缺乏制度刚性。因此，新疆新农保制度的不完善和农民缴费能力弱，直接影响农村反贫困效应，也会造成老年保障制度衔接性和可持续保障性不足的问题。

老年津贴反贫困效应较强。新疆老年津贴发放标准（600~2400 元）与农

① 阿里木江·阿不来提，李全胜. 新疆新型农村社会养老保险替代率的实证研究［J］. 西北人口，2010.

村低保标准接近，甚至高于目前农村养老保险待遇给付的前5个档次。由于上文已讨论过新疆农村低保的生活保障力度较强，那么以此为参照标准，老年津贴标准能够较好地保障普通农民的基本生活。值得注意的是，高龄老人必需的食物和营养摄入要低于普通农民，也就是说目前高龄津贴对保障高龄老人基本生活而言，仍有部分结余。在一定程度上，高龄津贴除免去家庭高龄老人养老的经济负担外，还是增加家庭收入的一个来源，因此具有较好的反贫困效果。

（三）农村医疗保障反贫困

农村医疗保障对于新疆农村反贫困具有针对性意义。从理论上看，阿玛蒂亚森认为，年龄、疾病、地理位置差、社会歧视、人力资本不足等“能力剥夺”，是绝对贫困的最重要原因。其中“疾病”已明确地对应出提供医疗保障对反贫困的必要性，“人力资本”的基础是人力的健康状况，贫困人口或贫困边缘人口保障自我健康的能力极为有限，完善医疗保障对贫困人口反贫困有基础性意义。从实证方面看，2008年家庭经济困难是农村需要住院的病人未住院的最主要障碍（见图5-2），说明贫困与疾病处于“贫困—疾病—治疗不足—贫困”的循环强化链中。因此，切断此链条的关键在于为贫困人口和贫困边缘人群提供基本医疗保障。

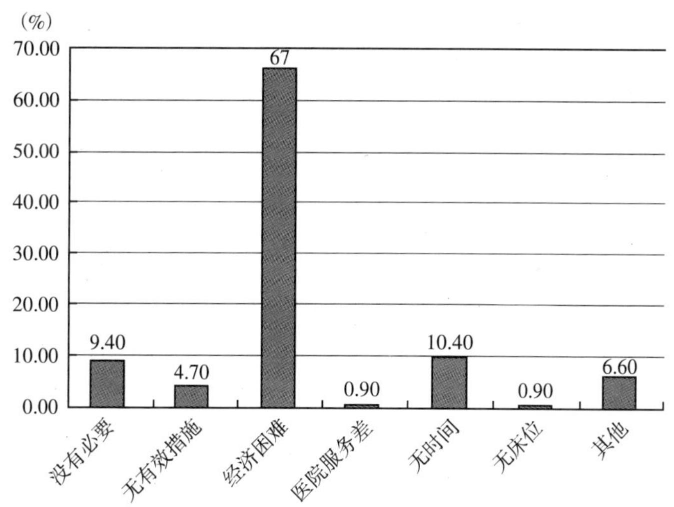

图5-2 新疆农村需要病人未住院的原因

资料来源：2008年全国卫生服务调查研究（新疆）。

1. 新型农村合作医疗和医疗救助实践

新疆新农合参保人数持续增加。2003 年实施新型农村合作医疗制度以来，新疆新农合制度惠及广大农牧区居民。参保人数由 2004 年的 42.70 万人增加到 2012 年的 1078.30 万人。截至 2012 年底，全区开展新农合的县（市、区）89 个，占全区应开展县（市、区）数的 100%，新农合覆盖农牧业人口 1081.61 万人，参保率达 99.70%，贫困人口参保率达 100%[①]。新疆新农合筹资水平和支出规模不断扩大。2004 年，开展新农合试点的统筹地区共筹集新农合基金 0.18 亿元，2012 年达到 33.98 亿元。在新农合支出方面，由 2004 年新农合制度试点地区的 96.03 万人次、补偿医药费用 0.14 亿元，增长到 2012 年的 1390 万人次、农民补偿医药费用 31.90 亿元（见表 5-13）。

表 5-13　新疆新农合实践开展情况

年份	2009	2010	2011	2012
参合人数（万）	993.6	1019	—	1078
参合率（%）	97.25	98.58	99.70	99
历年累计筹集基金（亿元）	—	—	25.03	33.98
历年累计支出基金（亿元）	27.78	—	—	—
受益人次	859.4	—	1140	1390
住院费用补偿（%）	43	48	—	55
最高支付限额（万元）	—	—	5.12	9
年人均筹资（元）	—	—	239.1	320
政府补助标准（元）	—	—	—	250
大病补偿（%）	—	—	—	75

新疆农村医疗救助工作从 2004 年开始启动。2008 年前后，农村医疗救助试点县增加到 53 个，占辖有农业人口县市区总数的 61%。新疆医疗救助资金筹集能力显著增强。2012 年底，新疆累计争取资金 5.88 亿元[②]，是 2006 年的 10.3 倍。农村医疗救助范围不断扩大，2012 年底，救助人次增加到 204.2 万人次（见表 5-14）。医疗救助便民措施得到大力实施。最初的医疗救助手续繁多，过程复杂，常常未能及时为贫困群体分忧解难。2012 年，推行医疗救助

① 新疆维吾尔自治区卫生厅，http：//www.xjwst.gov.cn/zwgknry.jsp? urltype=news.NewsContentUrl&wbtreeid=10495&wbnewsid=6733.

② 新疆统计年鉴（2013）。

"一站式"即时结算试点工作，全区有 65 个县市区开展"一站式"即时结算试点工作，占全部 98 个县市区的 68%。

表 5-14　新疆农村医疗救助实践

年份	2008	2009	2010	2011	2012
救助基金总额（亿元）	2.2	2.9	3.2	—	—
救助基金支出	1.4	2.4	2.9	—	—
救助人次（万）	30.5	165.7	182.43	—	204.2
资助参加新农合人次	112.4	143.6	162.2	156.8	—

资料来源：新疆统计年鉴（2009~2013）。

2. 医疗保障反贫困效应

（1）制度覆盖贫困人口和贫困边缘人口。医疗救助对反贫困具有针对性和直接性特征，新农合对农村人口在贫困方面的脆弱性具有较强的风险预防作用。随着新疆农村医疗救助和新农合基金筹集规模扩大，覆盖人群不断增长，基本实现医疗救助瞄准和新农合全覆盖。在此基础上，医疗救助结合商业保险进一步提高了医疗救助的救助水平，增加了医疗反贫困强度。2012 年 8 月，新疆民政、财政、人社、保监等部门研究提出《自治区城乡困难群众大病商业补充医疗保险实施意见》。救助范围为城乡低保对象、五保供养对象、低收入家庭重病患者、丧失劳动能力的一二级重度残疾人和困难优抚对象。同时，"一站式"减少了不必要的麻烦，极大地提高了医疗救助效率，方便贫困人口及时安全地获得医疗救助。

（2）农村居民受益率高。在缴费方面，医疗救助无须贫困人口缴费。新农合 2012 年个人缴费虽增加到 320 元，但个人缴费过程中政府补助均大幅度提升。年人均筹资标准由 2004 年的 30 元提高到 2012 年的 320.33 元，各级政府财政补助由 2003 年的 20 元提高到 2012 年不低于 250 元，增幅约为 10 倍。在大病商业补充保险方面，民政救助对象发生的单次特殊重大疾病住院费用补偿按照新农合基金承担 70%，民政救助基金承担 30%；非民政救助对象按照新农合基金承担 70%，大病统筹基金按照 30%比例予以补偿。对参保人员单次住院医疗费用在 3 万~6 万元的，常规住院补偿外的剩余可报医疗费用由大病统筹基金再按照 65%的比例予以补偿；6 万~10 万元的按照 75%比例予以补偿，10 万元以上的按照 85%比例予以补偿，最高补偿金额为 10 万元，不抵顶常规住院最高支付限额①。

（3）农村居民医疗保健支出增幅降低。根据上文分析，新疆农村居民人均消费在不断增加。具体分析各项主要生活支出可知（见表5-15），食品支出、交通通信支出、居民消费支出的增幅不断攀升，仅在个别年份有所下降。2012年家庭设备支出增长幅度由2011年的44.22%下降到10.33%，这是由于家庭设备支出中包括家庭耐用消费品消费，因此出现阶段性下降特征，但整体增长幅度在提升。农村居民医疗保健支出增幅自2009年后，整体处于减缓态势，2010年医疗保健支出甚至下降0.6%。医疗保健支出具有一定稳定性，如同食品支出。随着生活水平和经济发展，医疗保健需求与食品需求不断扩大，新疆农村居民食品支出增幅不断增加，而医疗保健支出增幅却在降低，说明医疗保障对抑制新疆农村居民医疗支出过快增长、消减因病致贫具有重要作用。根据2008年新疆维吾尔自治区第四次卫生服务调查数据，新疆农村贫困人口中因病致贫的比例为20.7%（2003年为22.8%），比2003年下降2.1个百分点。2008年以来，农村医疗救助不断扩面、新农合进一步完善和大病商业保险补缺到位，巩固扩大了农村医疗保障反贫困效应。

表5-15　新疆农村居民主要日常支出变化情况

年份	2008	2009	2010	2011	2012
食品支出（%）	2.50	7.50	13.76	13.97	18.97
衣着支出（%）	-1.10	19.50	16.23	22.10	15.54
家庭设备（%）	-0.30	9.90	28.35	44.22	10.33
交通通信支出（%）	0.30	15.60	19.65	38.85	21.82
居住消费支出（%）	-0.60	4.8	35.10	47.49	26.64
其他支出（%）	-0.20	2.40	26.53	-25.58	46.39
医疗保健支出（比例）（%）	0.20	29.40	-0.60	19.74	17.85
医疗保健支出（金额）	—	317	315	377	444

资料来源：中国统计年鉴。

（4）居民健康水平逐渐提升。预期寿命是衡量地区居民平均健康水平的重要指标。在人均预期寿命方面，2000年新疆人口平均预期寿命为67.41岁，距

① 新疆维吾尔自治区卫生厅，http：//www.xjwst.gov.cn/zwgknry.jsp?urltype=news.NewsContentUrl&wbtreeid=10495&wbnewsid=6733.

全国平均水平 71.4 岁还差 3.99 岁。根据第六次人口普查，新疆人口预期寿命为 72.35 岁，全国人均预期寿命为 74.83 岁，差距缩小为 2.48 岁。由此说明新疆城乡居民整体健康水平得到了较大提高。

四、新疆农村社会保障反贫困的特征及思考

（一）新疆农村社会保障反贫困特征

新疆农村社会保障自身发展已取得阶段性的成就，在反贫困领域也发挥着特殊的作用，但依然存在一些问题，由此特征鲜明。具体讨论如下：

1. 农村低保管理不完善，存在“福利依赖”倾向

低保管理不完善，降低了低保基金的使用效率，既造成福利浪费，也存在反贫困瞄准不足的问题。新疆农村低保管理方面存在一些漏洞，存在“人情保”、“关系保”现象；部分家庭瞒报财产，利用制度和经办漏洞进行“骗保”。2012 年新疆全区社保资金审计结果显示，由于部分最低生活保障经办机构审核不够严格，塔城、哈密两个地区本级和和田市等 58 个县（市）向不符合条件人员发放最低生活保障待遇 14. 74 万人次，涉及低保金 4785 万元。此外，新疆农村低保反贫困虽已取得显著成就，但接近 20%的贫困率和较强的生活救助力度使政府负担过重，极易导致福利依赖，束缚经济增长和收入分配在反贫困领域形成良性循环。

2. 农村居民保险缴费能力低，新疆农村保险特征不突出，反贫困效应不强

社会保险本应由政府、集体、个人共同参与，具有责任共担、经济福利性原则，主要起着风险预防的作用。然而，新疆农村居民参保率虽不断提升，但居民缴费能力不足。在新型农村养老保险个人缴费方面，大部分农村居民选择 100 元缴费档次，对此政府除基础养老金责任外，还要对个人缴费补助 50 元，因此承担了大部分责任。经模型预测，100 元缴费档次的未来养老金替代率仅为 11.2%，老年人的养老保险待遇远远不足以抵御老年贫困风险。如果没有外界的支持保护，或支持保护不足，老年人仅靠自身的劳动难以全方位

地摆脱因遭受很小的波动就可能被推向贫困行列的威胁[①]。在新农合个人缴费方面，2012 年虽达到 320 元，但政府补助也提高到 250 元。此外政府还资助农村居民参与大病商业保险。由此看来，新疆农村养老保险和医疗保险责任中，居民责任承担较少，经济福利性过大，不符合保险原则，反而救济特征较突出，这势必影响到新疆农村保险的反贫困能力和制度运行的可持续性。

3. 新疆农村社会保障反贫困成本高

新疆农村社会保障反贫困成本高主要表现为两个方面：一是以上两点的综合体现，即贫困群体大、居民参与能力弱、福利依赖强，主要是农村经济内生能力不足和受教育程度低等因素造成的。二是新疆地广人稀，道路基础设施不完善。新疆地域和人口分布具有点多、线长、面广、服务半径大的特点，农村社会保障供给成本和工作成本都很高。即使排除地广人稀的因素，按照人口和土地面积计算新疆的铁路和公路网综合密度仅相当于全国平均水平的 68.3%和 85.2%，东部地区的 55.2%和 56.6%[②]。

（二）完善农村社会保障反贫困的相关思考

1. 优化农村社会救助结构

一方面，优化农村社会救助的内部结构。当前社会救助主要集中在最低生活保障方面，并取得了良好的反贫困效应。但由于过于偏重低保，忽视其他救助，农村低保反贫困遭遇瓶颈，“福利依赖”倾向是其中之一。新疆农村贫困的重要原因是人力资本不足，其关键在于教育机会和教育条件不足。因此，要突出教育救助在社会救助中的地位。针对贫困户提供适度的教育救助，尽量保障儿童受教育权利，维护起点公平，切断代际贫困传递渠道。此外，住房救助和法律救助需要加强。当然，目前农村低保地位不可动摇，但要加强农村低保信息化管理，完善低保资格审核程序和分类管理。影响农村居民获得低保的因素，除家庭人均收入外，还包括家庭人口结构、人力资本状况、家庭财产拥有情况[③]。通过多维贫困识别测量控制贫困测量误差，降低农村低

---

① 丁士军，陈传波. 转型经济时期的中国农村老年人保障［M］. 北京：中国财政经济出版社，2004.
② 陈冬颖. 左宗棠开发建设新疆的举措及当代价值［J］. 齐齐哈尔工程学院学报，2014，8（3）.
③ 韩华为，徐月宾. 农村最低生活保障制度的瞄准效果研究［J］. 中国人口科学，2013（4）.

保的瞄准偏误。建立农村低保的瞄准机制和动态管理机制，实现“应保尽保”、“应退尽退”。

另一方面，要优化农村社会救助与居民就业的关系。就业是改善民生的最主要途径，新疆农村社会救助必须要有利于促进就业。针对目前政府负担过重问题，针对贫困群体分类管理，对于因疾病致贫的要通过医疗救助尽快恢复其就业能力，对于有就业能力的贫困对象要缩短保障期限，即保障劳动力择业期间的最低生活，也防止“福利陷阱”。

2. 完善新型农村养老保险制度设计

加强新疆农村居民参与新型农村养老保险的力度，适当强制新疆农村居民提高养老保险个人缴费档次具有可行性。随着农村居民收入水平的提高，个人缴费档次由100元提高到300元及以上，对家庭现实经济压力并不突出，而养老保险的经济福利性成果却对消除未来老年贫困有深远影响。适度引导个人提高缴费档次，对减轻政府负担、提高居民参与公共服务意识、优化家庭支出结构、实现各方共同参与反贫困具有重要的现实意义。

在增强农村养老金筹集能力基础上，调整新疆农村养老金计发年限，使老年人由养老保险安全过渡到高龄津贴保障。

3. 巩固农村医疗保障发展成果

新疆医疗保障一直走在全国前列，农村医疗救助力度和新农合覆盖取得较好的成绩，解决和防止因病致贫的能力不断增强。新疆针对贫困人口率先实现医疗救助，新农合和大病商业补充保险衔接较好，但是新疆农村医疗基础条件有待提高。要进一步培养医疗卫生人才队伍，完善卫生基础设施建设，缓解地域广和人口分散带来的医疗资源紧缺问题，提高新农合和医疗救助的便捷性和服务水平。同时，要加快医疗保障法制建设，规范医疗供给方、需求方和保障方的行为，避免医疗资源浪费，提高医疗保障反贫困效益。

4. 加快地区经济和教育发展

加大对新疆农村地区扶贫开发的力度，调整政府投资方向，使其向农村地区倾斜，为农牧区农副产品的交易提供保障和优惠政策，进一步完善农村地区道路交通等基础设施的建设，增加农村地区经济发展能力，减少农村居民公共生活的成本。大力促进农村地区教育事业的发展。加强校园基础设施建设，加快适合新疆农村多民族情况的师资培养，普及义务教育和双语教育，提升高等教育者比例，尤其要针对贫困家庭子女提供切实的教育优惠，提高农村居民的文化水平。逐渐提高新疆农村居民整体的人力资本，从而减少农村开展社会保障工作的阻碍。

第六章　内蒙古自治区社会保障反贫困研究

内蒙古自治区地域辽阔，土地总面积118.3万平方公里，占全国总面积的12.3%，境内民族成分多元，由蒙古、汉、满、回、达斡尔、鄂温克、鄂伦春、朝鲜等49个民族组成。截至2013年底，全区总人口为2497.61万人。其中，城镇人口1466.35万人，比重为58.71%，乡村人口1031.26万人，比重为41.29%。2013年城镇居民人均可支配收入25497元，人均消费性支出19249元，农牧民人均纯收入8596元，农牧民人均生活消费支出7268元。

2011年，内蒙古综合考虑经济发展水平、农牧民消费支出等因素，将农区农民的年人均纯收入由原来的1560元上调为2600元；牧区牧民的年人均纯收入由原来的1800元上调为3100元。按照这一标准，内蒙古扶贫对象有266.6万人，贫困发生率为20.34%。截至2013年，全区城乡低保人群有210万人，剩余贫困人口157万人，贫困人口人均纯收入2362元，22%的农牧民家庭人均纯收入不足3000元。内蒙古近期扶贫目标是，力争到2017年使贫困人口的年人均纯收入达到6000元，基本消除绝对贫困现象。

一、内蒙古贫困状况概述

（一）农村牧区的贫困问题概况

内蒙古农村地区分为农业区、牧业区和半农半牧区，不同地区因经济发展、产业结构和地理区域的不同，贫困问题也有差异。

1. 农村贫困

与全国农村贫困人口分布的特征相似，内蒙古贫困人口也呈“大分散，小集中”分布。农村贫困人口在乌兰察布市较集中，乌兰察布市丘陵多，降水量少，商都县、化德县、兴和县3个县为国家重点连片开发区。

2. 牧区贫困

乌兰浩特是内蒙古最贫穷的地区，属于国家集中连片特困地区。乌兰浩特扎赉特旗是国家重点扶持贫困旗县，李克强总理曾考察过的扎赉特旗查干珠日和嘎查，农牧民家庭2/3是贫困户。

农牧区的贫困成因较多，主要集中在人口多、耕地少、草场质量差、灌溉不便、无霜期短等。

（二）内蒙古城市贫困问题概况

内蒙古呼和浩特、包头、鄂尔多斯经济圈被称为内蒙古的“金三角”，交通发达，经济发展位于全区前列。呼、包、鄂位于内蒙古西部，东部地域辽阔，城市分散，还没有形成联系紧密的经济发展圈，有学者提出打造锡盟、赤峰、通辽经济圈的发展构想①。

1. 地区发展的差异

内蒙古中西部较东部发展快，鄂尔多斯市近些年来经济发展迅速，准格尔旗和伊金霍洛旗是第13届（2014）全国县域经济与县域基本竞争力百强县市。中西部地区除呼和浩特武川县外，没有国家级贫困县。内蒙古的国家级贫困县主要集中在东北部地区，其中赤峰8个、通辽3个、呼伦贝尔2个、乌兰浩特5个、锡林郭勒3个、乌兰察布8个。

2. 城市贫困问题的焦点

呼和浩特、包头、海拉尔和满洲里是新中国成立初期内蒙古仅有的四个城市。这些城市的城市化发展水平较高，贫困原因主要集中在下岗、无业、失业、残疾等几个方面。

---

① 李海楠. 内蒙古发展需重点地区带动［N］. 中国经济时报，2010-8-31.

（三）三少民族的贫困问题

鄂温克族（31000 人）、鄂伦春族（8700 人）和达斡尔族（132000 人）是内蒙古三个人口最少的民族，简称“三少”民族。莫力达瓦达斡尔族自治旗、鄂温克族自治旗和鄂伦春自治旗是内蒙古三个三少民族自治旗。鄂伦春族因“禁猎”限制，流动人口偏多，鄂温克族和达斡尔族农业人口较多。

三个少数民族大多数位于大兴安岭延伸的山丘、草原，生态环境恶劣，农牧业基础条件较差，人口居住分散，交通和通信欠发达，人口受教育程度较低，流动人口就业存在一定问题。

二、内蒙古的社会保障与反贫困

目前，内蒙古地区的社会保障制度都已经起步，并得到一定发展，包括新型农村合作医疗制度、社会养老保险制度和农牧区最低生活保障制度。2014 年，内蒙古政府决定，用三年时间，在内蒙古农村牧区实现“十个全覆盖”工程。这十个工程包括：农村牧区危房改造，安全饮水，嘎查村街巷硬化，村村通电，村村通广播、电视和电信，校舍建设及安全改造，嘎查村标准化卫生室，嘎查村文化活动室，便民连锁超市，农村牧区常住人口养老、医疗、低保等社会保障，目前内蒙古贫困旗县的状况如表 6-1 所示。

表 6-1　内蒙古国家重点贫困旗县农村情况①

基础设施建设	比率（%）	专业农业设施、合作组织	比率（%）	文化、教育、卫生和社会保障	比率（%）
通电村比率	98.1	有畜牧大棚村比率	22.6	有文化广场村比率	6.3
通广播电视村比率	89.5	有农业大棚村比率	19.6	有幼儿园政村比率	27.7
通饮用管道水村比率	40.2	有专业合作组织村比率	38.8	有卫生室村比率	82.4
通客运班车村比率	84.6			参加新农合人数比率	80.7
通公路村比率	35.0			参加新社保人数比率	22.2

① 郝永红. 内蒙古国家重点贫困旗县农村贫成因及反贫困对策研究［D］. 内蒙古大学硕士学位论文，2013.

针对贫困嘎查村，自治区政府决定从2014年到2017年，在全区确定的2834个贫困嘎查村及确认的贫困户中，开展规划到村到户、项目到村到户、干部到村到户工作（简称“三到村三到户”），采取“一村一策、一户一法”的方式，帮助贫困嘎查村、贫困户制定脱贫规划和年度项目实施计划，集中力量予以扶持，确保产业发展扶持到村到户、生产生活条件改善到村到户、致富能力提升到村到户，切实做到扶真贫、真扶贫。内蒙古社会保障实施情况如表6-2所示。

表6-2　内蒙古社会保障实施情况

盟市	财政收入（亿元）	人口（万人）	城市人均可支配收入（元）	农村人均纯收入（元）	城市低保标准（元/月）	农牧区低保标准（元/年）	农村五保集中供养标准（元/年）	农村五保分散供养标准（元/年）	新农合人均筹资（元/年）
呼和浩特	360.1	294.5	35629	12736	531	3500	7500	4800	364
包头	345	276.62	36600	12680	545	4756	7500	4816	364
鄂尔多斯	440.1	194.07	36123	12672	519	4748	10000	5000	574
乌海	102.7	55	27991	13910	470	3480	8000	5000	340
巴彦淖尔	97.6	166.92	20301	12110	421	3085	5818	3315	380
阿拉善	65.58	23.85	26807	11752	520	5299	15000	12500	394
乌兰察布	76	287	20470	6760	424	2850	6850	2940	340
锡林郭勒	41.6	143.3	22708	10109	452	3027	6371	3860	340
通辽	309.5	149.3	21009	9621	433	2757	5000	3000	340
赤峰	149.2	464.3	20802	8022	421	2664	4495	2755	340
乌兰浩特	43	168	20000	10000	393	2553	4867	3056	340
呼伦贝尔	255	151.18	21482	9990	418	2791	4509	2788	340

资料来源：内蒙古统计年鉴。

（一）农村牧区社会保障反贫困效果

1. 农村牧区社会保障反贫困成效

（1）生活方面。2005年，内蒙古包头和鄂尔多斯开始实施农村牧区低保。2006年，农村牧区低保制度在全区范围内推行，对特困农牧民的补偿最初每人每天生活补助1元，现在已达到8~10元，部分地区超过10元。2013年，全区月均保障农村牧区低保125.18万人，占全区农牧业人口的9.3%，高于全国平均水平3.2个百分点，农村牧区低保保障标准和补助水平分别达到年人均2962元和月人均181元，排在全国第8位和第5位。

另外，内蒙古一直关注农牧民的住房问题，支持少数民族农牧民贫困户危旧（茅草）房改造，解决少数民族贫困户住房问题。针对生态脆弱区的移民，内蒙古从 2013 年至 2017 年，每年安排 11 亿元进行生态移民住房建设，对移民户新建住房给予一次性补贴，补贴标准为每人 1.5 万元，项目涉及内蒙古 12 个盟市 71 个旗县的 36 万多名农牧民。

（2）医疗方面。2003 年，内蒙古在全区内推开新型农村合作医疗试点，到 2008 年，内蒙古农牧业旗县（市、区）全部建立了新农合制度，全区农牧业人口全部覆盖，参合率达 97%。在补偿模式上，2011 年全部取消了家庭账户，实行门诊统筹。对于特困人群，内蒙古开展助困医疗服务，在全区开设济困病房、济困门诊等。此外，内蒙古牧区流动信息系统还将“小药箱”工程与信息化融合，小药箱工程依托牧区流动信息系统，提高了健康档案管理率，使卫生信息技术在边远地区群众看病中发挥了作用。

对于重大疾病，内蒙古部分旗县启动了新农合重大疾病医保制度，将先天性心脏病、白血病等 10 个大病病种纳入参合农牧民重大疾病医保范畴，对低保等贫困家庭重病患者实施医疗救助制度。

随着新型农村合作医疗的实施，乡镇卫生院得到了充分的利用和发展，村卫生室也得到建设，全区 12228 个行政村共 14028 个村卫生室，每个村卫生室平均 1.55 人，村卫生室的职业（助理）医师和注册护士比例也有所提高[①]。

（3）养老方面。2011 年，内蒙古率先将新型农村牧区居民社会养老保险和城镇居民社会养老保险两项制度合并，建立了城乡居民社会养老保险制度，并于 2012 年实现了制度全覆盖。

城乡居民社会养老保险制度的个人缴费档次为 100~1000 元 10 档，政府的基础补贴为 30 元，每提高一个档次，政府补贴提高 5 元。60 岁以上老人基础养老金为每人每月 60 元，年满 70~79 周岁、80 周岁及以上的，分别加发 10 元、20 元基础养老金。截至 2013 年底，全区城乡居民参保 780 万人，参保率达到 95.6%，待遇领取人数达到 189.6 万人。

重度残疾人、城乡低保户、五保户政府按照 100 元的标准代缴养老保险费。2012 年，自治区政府出台政策，规定已自愿参加城乡居民养老保险并符

① 参见《2013 年内蒙古自治区卫生计生事业发展简报》。

合领取待遇条件的低保、五保、优抚对象，可按月领取养老金，其享受的低保、五保、优抚待遇不变。

针对 80~100 周岁以及 100 周岁以上低收入高龄老人，政府规定每人每月发放 100 元和 300 元高龄津贴，有工资性收入和享受低保的老年人不享受此项津贴。

内蒙古自治区的低保保障标准位于全国前列，新农合和新农保的建设与全国同步，新农合已经相对完善，新农保制度建设也实现了全覆盖。

（4）教育方面。为了保障家庭经济困难学生顺利升入大学，2014 年内蒙古出台政策，对城乡低保家庭子女进行资助：考入普通高校本科类的新生，一次性资助 4 万元；考入普通高校专科或高职高专类的新生，一次性资助 3 万元；资助金全部由自治区本级财政承担。同时，对城乡其他家庭经济困难学生的资助政策，由所在盟市自行制定，所需资金由盟市、旗县财政承担。

在教育救助方面，鄂尔多斯市一直走在内蒙古前列，为帮助城乡低保家庭的大学生顺利入学和完成学业，2012 年，鄂尔多斯市研究制定的《鄂尔多斯市城乡低保家庭大学生补助工作管理暂行办法》，补助鄂尔多斯户籍的城乡低保家庭考取国家统招院校的研究生、本科生和专科生。补助标准分别是研究生每生每学年 7000 元、本科生每生每学年 5000 元、专科生每生每学年 3000 元，补助金全部由市本级财政承担。

2. 农村牧区社会保障反贫困问题

内蒙古地域广阔，地方经济发展不平衡，农牧区经济、社会差异较大，在社会保障方面，没有体现出明显的差异，“一刀切”的保障政策使得保障的效果在各地的差异较大。

以低保为例，低保户的甄选程序不够公开透明，低保名额存在按人口比例分配的问题，导致有些地区的低保金对低保户而言是锦上添花，而未能对更多贫困地区的边缘人群实现雪中送炭。实地调查了解到，部分地区的低保户未能建立低保对象有进有出、补助标准有升有降的动态管理机制。

此外，对于刚刚实施的对升入大学的城乡低保家庭子女进行资助的政策，可能会使居民对低保名额的争夺更加激烈。低保不再是给予低保标准的家庭一定救助，使其家庭收入达到最低生活保障线水平，而成为多重利益的争夺。该制度和国家助学金制度重合，低保家庭子女享受补助较多，其效果有待商榷。

（二）城市社会保障反贫困效果

1. 城市社会保障反贫困成效

（1）低收入人群。2014 年，内蒙古的城市最低生活保障月人均达到 472 元，在全国排在第 6 位。针对城市低收入人群的社会保障还有住房保障、价格补贴等。

内蒙古的保障性安居工程包括廉租房、经济适用房、城市棚户区改造、限价商品房等 8 大类项目。2007 年 10 月，内蒙古出台《关于进一步解决城市低收入人群家庭住房困难问题的通知》，以此为标志，全区开始加快建立廉租保障制度，并对人均住房面积不足 8 平方米的城市低保户实施廉租房货币补贴政策；2008 年廉租房保障范围扩大到人均住房面积不足 13 平方米的城市低保户人群；2010 年调整扩大到人均住房面积不足 15 平方米的城市低保家庭，要求应保尽保。赤峰市、包头市、鄂尔多斯市等 7 个盟市的廉租住房保障范围由享受最低收入保障的住房困难家庭扩大到了低收入住房困难家庭。2013 年，内蒙古针对低收入群体的住房保障支出 168.9 亿元。

内蒙古 2010 年开始在呼和浩特市启动实施公租房建设工程，为刚毕业的大学生和外来务工人员等城市“夹心层”人群提供宜居环境。

为了保障低保人群、低收入居民的生活不因为物价上涨受到影响，2007 年起，内蒙古各地开始实施价格补贴制度，补贴人群为城市低保对象、重点优抚对象、城市三无人群、社会散居和社会福利机构供养的孤儿、领取失业保险金人员和高校贫困大学生等低收入人群，多数地区城市补贴标准为 60 元。农村低保人群、五保户等低收入人群每人每月补贴 35 元。2013 年，内蒙古发放 2.2 亿元价格补贴，235.7 万名低收入者受惠。

（2）医疗方面。内蒙古 2007 年启动城镇居民基本医疗保险试点，2008 年将全区 102 个旗县（市、区）全部纳入国家和自治区试点范围。2014 年，内蒙古提高城镇居民医疗保险筹资水平，提高到每年 320 元，住院费用政策内支付比例在 70%以上。

针对困难人群，内蒙古实施了城乡医疗救助制度，救助对象为旗县（市、区）民政部门纳入信息化管理的城乡低保对象、农村牧区五保对象、城镇“三无”对象、孤残儿童、重度（一级、二级）残疾人员和其他特殊困难人员。救助包括资助参保费用、普通疾病门诊医疗救助、住院医疗救助和重特大疾病医疗救助。住院医疗救助年救助封顶线不低于10000元，重特大疾病医疗救助年救助封顶线不低于5万元。

（3）养老方面。除城乡居民社会养老保险制度外，内蒙古政府2014年将领取低保金的80岁以上老年人全部纳入高龄津贴补助范围，实现80岁以上无固定工资收入老年人高龄津贴全覆盖。此外，针对无法实现家庭养老的经济困难老人，2009年起，内蒙古开始创立具有扶危、救济、助残、救孤功能的扶贫公益养老机构，首家在包头，具有40张床位。

2. 城市社会保障反贫困问题

城市化的快速进程导致城市人口的增加，城市低收入人群也相应增加。针对低收入人群，内蒙古在养老、医疗、住房等方面都做出了很大努力，收到的成效也比较明显。但是，在社会保障反贫困中，“给”、“助”的成分较浓，而“扶”的成分较弱。也就是说，针对弱势人群，往往采用“授之以鱼”的方式，而忽略“授之以渔”，如增加就业岗位、扩大就业机会、对低收入劳动者的培训等方面的工作是欠缺的。

另外，城市下岗职工的再就业和社会保障未能得到广泛重视。例如，粮食改制，粮食系统下岗人员的社会保障很模糊，以内蒙古巴彦淖尔市为例，粮食系统下岗职工的养老保险是城镇职工养老保险，但全部由个人缴纳；医疗保险是居民医疗保险，报销比例较低，除此之外，没有其他保障。

（三）三少民族社会保障反贫困效果

1. 三少民族社会保障反贫困成效

除城乡养老保险和新型农村牧区合作医疗保险外，内蒙古对三少民族在扶贫方面因地制宜，针对自然环境的恶劣，制定了扶贫移民项目；针对居民普遍偏低的教育程度，三少民族提出，本民族居民要达到高中毕业的目标。如鄂伦春旗政府承担鄂伦春族学生一直到高中毕业的一切费用，升入大中专院校的学生给予一定补助，获得博士、硕士学位的给予一定奖励。鄂温克族、达斡尔族自治旗对民族学生也采取一些免收费用、奖励、补助等措施。内蒙古自治区党委、政府根据三个三少民族自治旗的要求决定，每年选送20名三少民族线下考生到大学预科班学习。针对三少民族向二、三产业转移难的问题，内蒙古自治区提出制订三少民族的就业培训计划，“十二五”期间培训农村牧区贫困劳动力 2480 人。

2. 三少民族社会保障反贫困问题

单独将三少民族列出来，是因为地域、年龄等特殊性，要求三少民族在社会保障方面应有一定的特殊性，而在社会保障制度的建设和执行上，其特殊性没有得到体现。例如，新型农村牧区养老保险规定的养老金的领取年龄是 60 岁，而三少民族的平均年龄低于 60 岁，根据对 2003~2007 年鄂伦春族、鄂温克族和达斡尔族三个少数民族死亡的人员进行寿命统计，计算得出男性的平均寿命为 49.05 岁，女性的平均寿命为 54.33 岁。鄂伦春旗鄂伦春族猎民的平均寿命为 48.3 岁，其中男性为 44.5 岁，女性为 58.4 岁。这就意味着绝大多数生活在农牧区的三少民族，即使终身缴费，最终还是无缘领取养老金[①]。在制度设计上，这是必须考虑的因素。

三、关于内蒙古社会保障反贫困的几点思考

（一）内蒙古社会保障反贫困的困难分析

1. 生态环境脆弱，农牧民自我积累能力有限

内蒙古贫困牧区生态环境脆弱，土地承载能力低；水、电、路等基础设施建设相对落后，农牧民的生活主要靠草场、土地、畜牧业等家庭经营收入，而这些受自然和市场的影响较大，导致牧民自我积累能力有限，进而扶贫成本上升。同时，剩余型的社会福利难以满足数量大、刚性支出高的贫困人群的需求。

2. 消费价格持续上涨加快了贫困现象的发生

2013 年，内蒙古居民消费价格总水平上涨 3.2%，比全国平均 2.6%的涨幅

① 安华等. 边疆少数民族地区社会保障问题研究——基于内蒙古四个人口较少民族聚居地的调查[J]. 保险研究，2012 (8).

高出0.6个百分点，排在全国31个省（区、市）的第6位。其中城市消费价格上涨3.4%，农村上涨2.8%。涨幅排在前3位的分别是食品类、衣着类、居住类，年均涨幅分别为6.3%、3.7%、2.3%，3项共计拉动CPI上涨约2.7个百分点。食品和衣着正是贫困群体的基本需求。

3. 贫困者安于现状减弱了社会保障的反贫困效果

马克·赫特尔曾说，“贫困文化展现的是现代社会中的亚文化现象，这种现象有别于社会中大部分中等以上生活水平的人群，是贫困人群在日常生活中逐渐形成和发展的一种满足其生活需要并具有贫困特色的文化体系。”① 贫困人群的这种贫困文化的存在导致其在个人和家庭发展中表现出不积极、“等、靠、要”的行为。尤其近些年政府的民生支出增加，贫困者在政府社会保障的支持下，安于现状，也是社会保障扶贫起不到良好效果的因素之一。

（二）内蒙古社会保障反贫困的对策研究

1. 养老保障反贫困的对策

（1）提高养老金津贴。内蒙古城乡居民社会养老保险月人均养老金为153元，而城市人均消费性支出近20000元，农村约8000元，153元显然满足不了农村牧区老人的生活需求，基础养老金还有待提高。另外，提高养老金待遇，才能吸引更多人参保缴费，平衡城乡养老金的差距。

（2）高龄津贴与低保不能互斥。2011年，内蒙古自治区政府印发了《关于印发自治区80岁以上低收入老年人高龄津贴发放管理办法的通知》，从省级层面建立了高龄津贴制度，农村牧区80岁以上老年人每人每月可领取100元的高龄津贴，到2013年，累计有63.4万高龄老人受益。但之前内蒙古的高龄津贴制度与低保制度是互斥的，这显然有些违背高龄津贴为低收入高龄老人增添保障的意义。

内蒙古政府2014年将领取低保金的80岁以上老年人全部纳入高龄津贴补助范围，实现80岁以上无固定工资收入的老年人高龄津贴全覆盖。存在的问题是，由于低保名额进出的固定化，之前选择领取高龄津贴的低收入人群申

① ［美］马克·赫特尔. 变动中的家庭——跨文化的透视［M］. 宋践等译. 杭州：浙江人民出版社，1988.

请低保时仍然会遇到一定困难。

（3）三少民族养老金的领取需符合人口特征。三少民族的人均寿命不足50岁，而领取养老金的年龄是60岁，这就导致了三少民族履行了缴费义务却不能获得养老金领取的权利。考虑到内蒙古三少民族人口预期寿命短的现实情况，应将三少民族养老金的领取年龄由60岁提前至一个符合三少民族人口特征和寿命特征的年龄。

2. 医疗保障反贫困的对策

第一，建立和完善多重保障的医疗救助体系。在医疗保障反贫困方面，内蒙古锡林郭勒盟的医疗救助体系值得参考。为减轻困难群众医疗负担，锡林郭勒盟初步建立了“1+4”医疗救助体系。“1”是紧紧依托城镇居民医疗保障和农村牧区新型合作医疗制度。“4”是针对低保群体建立四层过滤式医疗救助体系：一是将低保群体全部纳入商业补充医疗保险，在城镇居民医疗保障和农村牧区新型合作医疗保障的基础上建立第一层救助保障网；二是通过实施基本医疗救助，既包括大病和住院医疗费用接续补充保险赔付后的再救助，也有日常门诊定额、资助参保参合等措施；三是对经过前两次过滤后个人医疗费用总体负担仍然较大，基本属于重特大疾病的保障对象，纳入大病救助“爱心工程”保障范围，实施一次性大额救助；四是对前三次救助后仍需要救助的特殊困难群众，实施临时性专项救助措施，给予托底保障。这种“1+4”的救助体系，能有效防止低收入人群因病致贫。

完善医疗救助制度，需要建立持续稳定的筹资机制，中央和地方财政投入目前已不能满足实际需要。

第二，农村、牧区专业医护人员和医疗卫生设施的短缺依然是农牧区医疗保障中的重大缺口，一旦疾病发生，医疗支出在家庭总支出中占的比例较大。防止农牧区居民因病致贫、返贫，有必要继续加大乡镇卫生院和村卫生室的设备及人员的投入，优化农牧民就医、购药条件，有效减少其就医成本，切实发挥社区医院的作用。特别是牧区，卫生条件差，卫生室数量较少，每7620人享有一所卫生室，只达到内蒙古全区卫生室建设密度1/5的水平。每万人拥有28.95个专业卫生技术人员，比全区每万人少享有9个专业卫生人员。

第三，体检实行医院负责制。内蒙古自治区大多数地区每年都会为参加新农保和城镇居民医疗保险的居民提供免费体检，作为加入医疗保险的激励措施。但是，多数地区的体检流于形式，有病查不出是最大的问题。因此，规范体检制度，实行体检医院负责制，对疾病的防治有积极作用。

第四，对高龄、低保人员的医疗优惠，应向家庭扩展。例如，对贫困高龄群体进行免费流感疫苗注射时，应考虑到与其一起生活的家庭成员。只有共同生活的所有家庭成员都注射了，贫困高龄人员的注射才会真正有效。

3. 完善低保政策的对策

从社会保障角度完善扶贫政策，应提高扶贫的瞄准度，通过收入保障体系向低收入者或贫困群体提供各种津贴和补助金，以满足其基本的生活需求。低保制度应区分临时性困难和长期困难的个体和家庭，有进有出，实施不同的救助标准。领取低保金需要与就业培训相结合，有条件的地区将参加就业培训，提高务工技能作为领取低保金的条件之一，这样才可能为低收入人群提供就业机会和提高其自我发展的能力。

4. 落实特殊低收入群体的社会保障

内蒙古自治区对部分下岗职工的社会保障没有落到实处。例如，2000 年左右，内蒙古自治区粮食系统有大批下岗职工，再就业困难，多数是低收入群体，养老和医疗保险混乱。作为特殊群体，他们的再就业和社会保障应当得到关注。

附录　内蒙古自治区 2013 年城乡居民最低生活标准一览[①]

地区	呼和浩特市									
旗县（市、区）	平均标准	新城区	回民区	玉泉区	赛罕区	土左旗	托县	和林县	清水河县	武川县
城市保障标准（元/月）	531	550	550	550	550	500	500	500	500	500
农村牧区保障标准（元/年）	3500	3500	3500	3500	3500	3500	3500	3500	3500	3500

① 参见《内蒙古自治区人民政府办公厅关于确定 2013 年度全区城乡居民最低生活保障标准有关事宜的通知》。

续表

地区	包头市										
旗县（市、区）	平均标准	东河区	昆都仑区	青山区	石拐区	白云矿区	九原区	土右旗	固阳县	达茂旗	稀土高原区
城市保障标准（元/月）	545	550	550	550	550	550	550	550	550	550	550
农村牧区保障标准（元/年）	4756	4756			4756			4756	4756	4756	

地区	呼伦贝尔市												
旗县（市、区）	平均标准	海拉尔区	扎兰屯市	牙克石市	额尔古纳市	根河市	阿荣旗	莫旗	鄂伦春旗	鄂温克旗	新右旗	新左旗	陈旗
城市保障标准（元/月）	418	450	430	430	400	400	430	420	400	430	430	430	430
农村牧区保障标准（元/年）	2791	3000	2800	2800			2800	2800	2600	2800	2800	2800	3000

地区	兴安盟						
旗县（市、区）	平均标准	科右前旗	科右中旗	扎赉特旗	突泉县	乌兰浩特市	阿尔山市
城市保障标准（元/月）	393	378	378	382	376	410	400
农村牧区保障标准（元/年）	2553	2590	2456	2471	2525	3012	

地区	通辽市									
旗县（市、区）	平均标准	科尔沁区	霍林郭勒市	科左中旗	科左后旗	开鲁县	库伦旗	奈曼旗	扎鲁特旗	开发区
城市保障标准（元/月）	433	400	480	420	420	420	420	420	420	480
农村牧区保障标准（元/年）	2757	2900		2700	2700	2800	2700	2700	2800	3000

续表

地区	赤峰市												
旗县（市、区）	平均标准	红山区	元宝山区	松山区	阿鲁科尔沁	巴林左旗	巴林右旗	林西县	克什科腾旗	翁牛特旗	喀拉沁旗	宁城县	敖汉旗
城市保障标准（元/月）	421	460	426	425	412	410	407	410	413	410	412	416	411
农村牧区保障标准（元/年）	2664	3390	2907	2719	2602	2600	2610	2571	2678	2603	2638	2607	2625
地区	锡林郭勒盟												
旗县（市、区）	平均标准	锡林浩特市	阿巴嘎旗	苏尼特左旗	苏尼特右旗	东乌旗	西乌旗	太仆寺旗	镶黄旗	正镶白旗	正蓝旗	多伦县	乌拉盖管理区
城市保障标准（元/月）	452	460	450	460	436	550	460	390	460	390	450	460	460
农村牧区保障标准（元/年）	3027	5520	3300	3580	2580	6600	3180	2448	3400	2550	3024	3100	5520
地区	乌兰察布市												
旗县（市、区）	平均标准	集宁区	丰镇市	卓资县	化德县	商都县	兴和县	凉城县	察右前旗	察右中旗	察右后旗	四子王旗	
城市保障标准（元/月）	424	435	415	432	416	431	404	415	408	416	431	438	
农村牧区保障标准（元/年）	2850	3339	2929	2823	2564	2866	2825	3073	2858	2771	2833	2877	
地区	鄂尔多斯市												
旗县（市、区）	平均标准	东胜区	达拉特旗	准格尔旗	鄂托克前旗	鄂托克旗	杭锦旗	乌审旗	伊金霍勒旗	康巴什新区			
城市保障标准（元/月）	519	580	480	484	480	480	480	560	610	520			
农村牧区保障标准（元/年）	4748	5040	4680	4680	4680	4680	4680	4800	5040	4680			

续表

<table>
<tr><td>地区</td><td colspan="12">巴彦淖尔市</td></tr>
<tr><td rowspan="2">旗县（市、区）</td><td rowspan="2">平均标准</td><td rowspan="2">临河区</td><td rowspan="2">五原县</td><td rowspan="2">磴口县</td><td colspan="2">乌拉特前旗</td><td colspan="2">乌拉特中旗</td><td colspan="2">乌拉特后旗</td><td rowspan="2">杭锦后旗</td></tr>
<tr><td>农</td><td>牧</td><td>农</td><td>牧</td><td>农</td><td>牧</td></tr>
<tr><td>城市保障标准（元/月）</td><td>421</td><td>421</td><td>412</td><td>412</td><td colspan="2">423</td><td colspan="2">426</td><td colspan="2">425</td><td>413</td></tr>
<tr><td>农村牧区保障标准（元/年）</td><td>3085</td><td>2964</td><td>3036</td><td>2820</td><td>2820</td><td>2832</td><td>2748</td><td>3564</td><td>3036</td><td>5172</td><td>2976</td></tr>
</table>

<table>
<tr><td>地区</td><td colspan="6">阿拉善盟</td></tr>
<tr><td>旗县（市、区）</td><td>平均标准</td><td>阿左旗</td><td>阿右旗</td><td>额济纳旗</td><td>阿拉善经济开发区</td><td>孪井滩生态移民示范区</td></tr>
<tr><td>城市保障标准（元/月）</td><td>520</td><td>519</td><td>520</td><td>523</td><td>534</td><td>519</td></tr>
<tr><td>农村牧区保障标准（元/年）</td><td>5299</td><td>5292</td><td>5304</td><td></td><td>5472</td><td>5272</td></tr>
</table>

地区	满洲里市
城市保障标准（元/月）	520
农村牧区保障标准（元/年）	
地区	二连浩特市
城市保障标准（元/月）	470
农村牧区保障标准（元/年）	
地区	乌海市
城市保障标准（元/月）	470
农村牧区保障标准（元/年）	

第七章　宁夏回族自治区社会保障反贫困研究

社会保障是民生建设的重中之重，社会保障是社会政策的重要组成部分，对于预防和缓解贫困起着重要作用。作为我国五个少数民族自治区之一，宁夏回族自治区面积最小，但由于经济发展水平相对落后，部分地区自然条件极其恶劣，也面临着比较严重的贫困问题。

一、宁夏回族自治区基本概况及贫困状况

（一）宁夏回族自治区概况

宁夏回族自治区是我国五大自治区之一，地处中国西部的黄河上游地区。宁夏东邻陕西省，西部、北部接内蒙古自治区，南部与甘肃省相连。自古以来就是内接中原，西通西域，北连大漠，是各民族南来北往频繁的地区。宁夏位于“古丝绸之路”上，南北长、东西短。南北相距约 456 千米，东西相距约 250 千米，总面积为 6.6 万多平方千米。地形南北狭长，地势南高北低，西部高差较大，东部起伏较缓。

宁夏回族自治区下辖银川市、石嘴山市、吴忠市、固原市、中卫市五个地级市，其中首府为银川市。一般把银川市、石嘴山市、中卫市和吴忠市的利通区、青铜峡市的引黄灌溉区称为宁夏北部；把吴忠市的盐池、同心两县和灵武市、中卫市的山区以及中卫市海原县的北部称为宁夏中部；把固原市的原州区、西吉县、隆德县、泾源县、彭阳县及中卫市海原县的南部山区称为

宁夏南部。

全区常住人口为630万人，少数民族人口为223万人，占35.4%，其中回族人口为219万人，占34.8%。居住在城镇的人口300万人，占47.9%；居住在乡村的人口为330万人，占52.1%。全区现有清真寺3300多处，阿訇4000多人，满拉6000多人，伊斯兰教协会13个。还有佛教、道教、天主教、基督教和寺观教堂共200处，各类宗教职业人员5000余人[①]。

（二）宁夏回族自治区贫困状况与扶贫

位于宁夏南部的“西海固”地区是西北地区典型的集中连片特困地区，是西吉、海原、固原、彭阳、同心等七个国家级贫困县的统称。这里常年干旱，年降雨量在300毫米左右，蒸发量却在1000毫米以上，且多发各种自然灾害，1972年被联合国粮食开发署确定为不适宜人类生存的地区之一。20世纪30~70年代，西海固人口增加，水土流失加剧，现有回族人口近100万，是中国最大的回族聚居区。

西海固地区分为南部山区和中部干旱带两个区域，是全国11个集中连片特殊困难地区之一，也是我区全面建设小康社会的重点和难点地区，涵盖中南部9县（区）及沙坡头区、中宁县、灵武市部分山区和黄灌区的老移民安置区。其中，包含8个国家扶贫开发工作重点县，覆盖132个乡镇1560个行政村。2010年，农村户籍人口276.3万人，占全区总人口的43.8%；回族人口133万人，占全区回族人口的60.7%。2012年底贫困地区农民人均纯收入为4590.5元，是全国最大的回族聚居区和典型的老、少、边、穷地区之一。

党中央、国务院特别重视和非常关心宁夏的扶贫开发事业，历届自治区党委、政府始终把扶贫开发作为事关全局的重要工作来抓，先后组织实施并历经“三西”农业建设（1983~1993年）、“八七”扶贫攻坚计划（1994~2000年）、《中国农村扶贫开发纲要（2001~2010年）》和新阶段扶贫开发（2011~2020年）四个阶段。参照国家新的扶贫标准，宁夏将扶贫标准提高到农民人均年纯收入2300元，按此标准，2010年全区有贫困人口101.5万人。2011年，国家启动实施六盘山片区等全国11个集中连片特困地区区域发展与扶贫攻坚，将宁

① 数据来源于《宁夏回族自治区2010年第六次全国人口普查主要数据公报》。

夏六盘山地区原州区、西吉县、彭阳县、隆德县、泾源县、同心县（含红寺堡区）、海原县（含中卫市兴仁镇、蒿川乡，中宁县徐套乡、喊叫水乡）列入六盘山集中连片特困地区。2013 年 1 月，自治区政府批复了《六盘山片区（宁夏）区域发展与扶贫攻坚规划（2011~2015 年）》。目前，正在组织实施宁夏六盘山片区区域发展与扶贫攻坚[①]。

二、宁夏回族自治区社会保障发展及其反贫困作用

21 世纪以来，宁夏回族自治区高度重视社会保障的发展，宁夏社会保障体系建设取得明显成效，为保障人民生活、促进经济社会发展发挥了积极作用。尤其是对于一些中低收入者和贫困人口而言，社会保障更是发挥了积极作用。

（一）城乡基本养老保险工作逐步全面扎实推进

1. 城镇基本养老保险工作全面扎实推进

一是基本养老保险覆盖范围继续扩大。2009 年底，全区参加基本养老保险的人数达 92.8 万人，比 2008 年增加 10.24 万人，增长 12.4%。参保人群从国有、集体企业职工逐步覆盖到个体工商户等其他人员。二是基本养老保险费征缴总量持续增长。2009 年全区基本养老保险费征缴收入达到 39.2 亿元，全年支付养老金 32.5 亿元，养老保险基金累计结余达 55.9 亿元，进一步增强了养老基金对基本养老保险的支撑作用。三是企业退休人员基本养老金再次提高。2009 年底自治区人民政府决定将企业离退休人员基本养老金在原有水平的基础上再增长 10%，企业退休人员月人均养老金由 2008 年的 1300 元增加到目前的 1430 元。

“十一五”以来，随着企业职工基本养老保险制度的不断完善，全区企业职工基本养老保险参保人数呈大幅上升趋势。截至 2013 年底，宁夏企业职工

---

① 资料来源于宁夏扶贫办。

基本养老保险参保人数达到了143.76万人，是2006年的1.99倍，年均增长10.39%。其中在职参保人员101.83万人，是2006年的1.83倍，年均增长9.0%；参保离退休人员41.93万人，是2006年的2.51倍，年均增长14.1%，离退休人员增速比在职参保人员增速高5.1个百分点（见表7-1）。

表7-1　2006~2013年全区企业职工基本养老保险参保人数

年份	2006	2007	2008	2009	2010	2011	2012	2013
参保人数（万人）	72.34	77.02	82.56	92.8	107.79	121.41	130.23	143.76
增长率（%）	7.09	6.47	7.19	12.40	16.15	12.64	7.26	10.39
在职职工（万人）	55.64	59.29	63.75	72.82	77.34	84.61	90.36	101.83
增长率（%）	8.04	6.56	7.52	14.23	6.21	9.40	6.80	12.69
离退休人员（万人）	16.7	17.73	18.81	19.98	30.45	36.8	39.87	41.93

资料来源：自治区人力资源和社会保障厅。

尤其值得一提的是，灵活就业人员参加基本养老保险的人数增幅较大。随着非公经济的发展，以灵活就业人员身份参加企业职工养老保险的人员呈增长趋势。截至2013年底，灵活就业的参保人员达到28.79万人，占企业在职参保缴费人员总数的28.27%，所占比例比2006年提高了7.85个百分点（见表7-2）。

表7-2　2006~2013年全区基本养老保险参保职工构成变化情况

年份	2006	2007	2008	2009	2010	2011	2012	2013
在职职工（万人）	55.64	59.29	63.75	72.82	77.34	84.61	90.36	101.83
企业职工（万人）	44.28	46.95	48.44	54.22	57.46	59.57	63.33	73.04
占比（%）	79.58	79.19	75.98	74.46	74.30	70.41	70.09	71.73
灵活就业人员（万人）	11.36	12.34	15.31	18.6	19.88	25.04	27.03	28.79
占比（%）	20.42	20.81	24.02	25.54	25.70	29.59	29.91	28.27

资料来源：自治区人力资源和社会保障厅。

2. 新型农村社会养老保险试点积极推进

1999年，国家政策指导将农村社会养老保险业务由民政部门划转到劳动保障部门；2005年6月，自治区明确将全区社会农保工作职能划转劳动保障部门承担，具体业务工作由当地社保局经办（2007年多数市县完成了农保工作职能划转移交工作）。农村社会养老保险在移交劳动保障部门以后，宁夏重点开展了以村干部和被征地农民为主的养老保险试点工作。目前，开展村干部养老保险试点的有银川市、灵武市、永宁县、贺兰县、盐池县、平罗县、

中宁县7个市县，参保人数1903人，累计积累养老保险基金417万元。开展被征地农民养老保险试点工作的有银川市、灵武市、贺兰县、永宁县4个市县，参保人数14258人。继续按原民政部《县级农村社会养老保险基本方案》参加农村社会养老保险的原州区、彭阳县、中宁县、平罗县、灵武市、利通区6个区市县目前的参保人数为1.51万人，覆盖率为1.71%。已经选择为新农保试点并执行新型农村社会养老保险办法的地区有贺兰、平罗、盐池，2012年新农保制度已实现全面覆盖。新农保制度实行个人缴费、集体补助、政府补贴相结合的筹资方式，设置100元、200元、300元、400元、500元5个档次，由农民根据自己的经济状况自主选择。目前新农保与老农保制度、村干部养老保险制度并行执行并不断进行制度的优化衔接。

2009年9月23日自治区政府下发了《宁夏回族自治区新型农村养老保险试点实施意见》，决定2009年选择贺兰、平罗、盐池三县进行新农保试点，2010年逐步扩大了试点范围，2012年新农保制度已在全区实现全覆盖。2009年11月16日，平罗、贺兰、盐池三县作为新农保试点县正式启动，标志着宁夏新型农村社会养老保险制度正式实施。截至2009年12月底，三县16~59周岁登记的参保人数达24万人，参保率超过65%。4万多名60周岁以上的农村老人领取了每人每月55元的基础养老金。除此之外，近20万企业职工基本养老历史遗留问题得到彻底解决，村干部养老保险、失地农民基本养老保险的范围进一步扩大，养老金发放标准进一步提高。

（二）城乡居民基本医疗保险制度全面实施

1. 加快推进基本医疗保险制度建设

2009年11月，宁夏出台了《宁夏医药卫生体制改革近期重点实施方案（2009~2011年）》，明确了近期医改工作的5项任务。在基本医疗保险方面，提出到2011年基本医疗保险实现城乡全覆盖，使城镇职工医保、城镇居民医保和新农合参保率均达到95%以上，并决定用两年时间将全区所有国有和集体关闭、破产企业未参加医疗保险的退休人员全部纳入城镇基本医疗保险。

2. 城镇职工基本医疗保险实现了新跨越

一是参保人数继续稳步增长。2009年底，宁夏城镇职工参加基本医疗保险的人数达到87万人，比2008年增加3.8万人，增幅为3.7%。二是基金收支稳步增长。全年基本医疗保险基金总收入 8.6 亿元，总支出 8.0 亿元，年末基本医疗保险基金个人账户累计结存 5.6 亿元，统筹基金累计结存 9.9 亿元。三是首府银川实现了城镇职工基本医疗保险、生育保险市级统筹“六统一”（在全市范围内统一缴费标准、统一待遇水平、统一基金使用管理、统一“两定”机构管理和费用结算、统一经办服务规程、统一信息管理系统）。医保基金由县级统筹改为市级统筹，扩大了统筹基金支付范围，提高了医疗保险待遇水平。四是银川从 2010 年 1 月 1 日起在全市范围内实行医疗保险“一卡通”，即银川市近 47 万参保职工持医保卡，可在三区、两县、一市的任何一家定点医疗机构刷卡看病和买药。同时，进一步提高了城镇职工医保门诊大病支付标准，这些惠民生、保稳定的改革举措，得到广大人民群众的欢迎与拥护。

“十一五”以来，城镇职工基本医疗保险政策不断完善，参保范围不断扩大。通过建立稳定的参保机制，解决体制转轨历史遗留问题，将各类关闭破产企业退休人员和困难企业职工纳入基本医疗保障体系，并随着城镇就业人数的快速增长，城镇职工医保参保人数逐年增加。截至 2013 年底，全区城镇职工医保参保人数达到 108.6 万人，是 2006 年的 1.46 倍，年均增长 5.6%。但从参保人员增长的结构来看，城镇在职职工参保人员的增长幅度低于离退休参保人员和城镇就业人员的增长幅度，分别为年均增长 5.6%、5.8%和 6.02%（见表 7-3）。

表 7-3 2006~2013 年全区城镇就业人数与医保参保人数变化

年份	2006	2007	2008	2009	2010	2011	2012	2013
城镇就业人数（万人）	94	93	84.7	106.6	108	130.7	133.5	135.1
增长率（%）	30.55	-1.06	-8.92	25.86	1.31	21.02	2.14	1.20
医保参保人数（万人）	74.14	78.3	83.25	87.01	94.09	100.22	106.61	108.6
增长率（%）	14.9	5.61	6.32	4.52	8.14	6.52	6.38	1.87
在职参保人数（万人）	53.26	56.91	60.54	63.23	67.73	73.09	78.13	79.1
增长率（%）	12.6	6.85	6.38	4.44	7.12	7.91	6.90	1.24
退休参保人数（万人）	19.88	21.39	22.71	23.78	26.36	27.13	28.48	29.5
增长率（%）	15.4	7.60	6.17	4.71	10.85	2.92	4.98	3.58

资料来源：自治区人力资源和社会保障厅。

全区城镇职工医保保障水平稳步提高，支出也大幅增加。“十一五”以来，

随着基本医疗保险待遇正常调整机制的建立，基本医疗保险最高支付限额、住院和门诊费用支付比例得到稳步提高。通过改革医保付费方式，大力推行总额预付、按病种付费及按人头付费结算的办法，加强医疗服务行为的监管，基本医疗保险待遇水平得到了逐步提高。从 2009 年开始，宁夏连续两次调高职工医疗保险住院报销比例，2013 年全区城镇职工基本医疗保险住院政策范围内报销比例达到 75%，较 2012 年末提高了 3 个百分点（见图 7-1）。其中，三级医疗机构报销比例 73%，二级医疗机构报销比例 80%，一级医疗机构报销比例 86%，未定级医疗机构报销比例 80%。

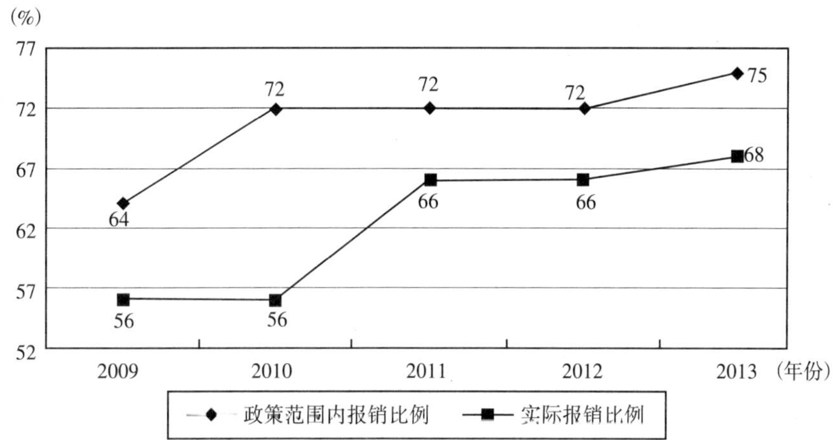

图 7-1　2009~2013 年全区城镇职工基本医疗保险住院报销比例

近年来，门诊大病费用、各类城镇职工住院率、次均住院费用等均呈逐年上升趋势。2013 年全区城镇职工基本医疗保险住院费达到了 15.39 亿元，是 2006 年基本医疗保险住院费支出的 3.94 倍，年均增长 24.8%。从基本医疗保险次均住院费支出情况看，2013 年全区城镇职工参保人员、离退休人员、在职参保人员次均住院费分别为 8484 元、8855 元、8010 元，分别比 2007 年提高了 32.3%、16.8%、48.7%，在职参保人员次均住院费大幅上升，年均增长 6.8%。从基本医疗保险住院率来看，2013 年全区在职职工住院率为 9.7%，离退休人员住院率为 35.4%，是在职职工的 3.65 倍。

3. 城镇居民基本医疗保险提前完成全覆盖

全区城镇居民基本医疗保险政策框架、筹资机制和管理服务体系基本建立。2009 年底全区参加城镇居民医疗保险的人数为 99.7 万人，比 2008 年增加

28.7 万人，增幅达 40.4%。全年城镇居民基本医疗保险基金收入 9361 万元，支出 6904 万元，全年结余 2457 万元。

4. 新型农村合作医疗保险制度全面展开

在建设农村养老保险制度的同时，医疗保障制度也获得了很快的发展。20 世纪 80 年代末 90 年代初，农村合作医疗制度出现萎缩，很多农民“因病致贫”、“因病返贫”，国务院为了改变这一状况，出台相关政策要求各级地方政府加强农村医疗保障事业的建设。在这一大背景下，宁夏从 2003 年起逐步实施以大病统筹为主的新型农村合作医疗制度，农民参合率逐年提高，筹资额度逐年增加，参合农民普遍受益。借此契机和实践经验改革传统合作医疗模式，逐步由保健风险型合作医疗向新型农村合作医疗平稳过渡。

2008 年以来，新型农村合作医疗保险制度得到进一步落实。以“人人享有基本医疗卫生服务”为目标，加强了县、乡、村三级医疗服务网络建设，建立了适应农村经济发展水平和农民健康需求的新型农村合作医疗制度，逐步解决群众病有所医的问题。2009 年底，全区新农合参合人数 364.58 万人，参合率达 94.5%，比 2008 年上升了 2.5 个百分点。新农合基金征缴 3.35 亿元，支付 2.54 亿元。2015 年，新农合制度在宁夏全面建立，参合人数共 358.5 万人，参合率达到 92.1%，覆盖 389.3 万农业人口。从 2010 年开始，新农合筹资标准将由原来的每人每年 100 元（农民缴 20 元、地方政府补助 40 元、中央政府补贴 40 元）提高到 150 元，即农民缴 30 元、地方财政补 60 元、中央财政补贴 60 元。新农合筹资标准的提高大幅度增加了新农合基金的筹集水平，提高了农民看病报销的比例，极大地促进了新农合制度健康、可持续的发展。

（三）最低生活保障范围不断扩大，最低生活保障标准不断提高

1. 低保范围扩大，保障人口增加

2009 年，宁夏将国有企业、集体企业，包括中直企业和农、林、牧系统非农业户口的困难职工及其家属，凡符合低保条件的人员全部纳入低保范围。全区低保对象 26.3 万户共 48.8 万人，其中农村低保对象 17.0 万户共 28.1 万人，城镇低保对象 9.3 万户共 20.7 万人，全年发放最低生活保证金 4.74 亿元。2015 年，宁夏城市低保对象 15.58 万人，城市低保支出 3.92 亿元；农村低保对象 41.34 万人，农村低保支出 5.53 亿元。

2. 最低生活保障标准不断提高

2009 年，城乡低保标准均在原有水平的基础上又提高了 10%。城镇居民低保标准增加到每人 230 元/月，农村居民增加到人均 70 元/月；2015 年 9 月，宁夏城市最低生活保障标准提高到每人 356 元/月，农村最低生活保障标准提高到了每人 215 元/月。

对农村低保制度的完善，宁夏也做出了相当大的努力。2005 年 5 月 1 日，宁夏首先在银川市兴庆区、金凤区、西夏区，石嘴山市大武口区、惠农区等 7 个川区县（市、区）实施了农村低保制度，3.6 万名年均收入低于 668 元的绝对贫困人口被纳入保障范围，每人每月补差不低于 35 元。

2005 年已施行农村低保的 7 个县（区）继续在规范管理、资金筹措发放等方面巩固发展；川区其他各县（市、区）以及盐池县，按照国家统计局公布的每人每年 683 元的绝对贫困标准，对年收入低于 683 元的贫困人口进行排查摸底、建档立册。从 2005 年 7 月 1 日起，按照每人每月补助不低于 35 元的标准全部开始施行农村低保。山区各县（区）从 2005 年 7 月 1 日起，将农村特困农民基本生活救助标准由之前的每人每年 200 元提高到每人每年 260 元，配套资金比例不变，仍按照县（区）承担 20%、自治区补助 80%执行。宁夏建立了真正意义上的与城市接轨的低保制度，农村低保工作步入了制度化、法律化、规范化的发展轨道，改变了以往农村低保水平低、临时救助性强的状况。

2010 年，经宁夏回族自治区扶贫办召开专门会议，计划在 2010 年，宁夏正式启动全区农村最低生活保障和扶贫开发政策两项制度有效衔接试点工作。自此，自治区扶贫、民政、财政、统计、残联五个部门共同发力，瞄准扶贫对象进行有效帮扶。2016 年，宁夏在 8 个国家扶贫开发重点县（同心县、盐池县、西吉县、海原县、固原县、隆德县、泾源县、彭阳县）和红寺堡区开展农村低保和扶贫开发两项制度有效衔接试点工作。这一工作的核心是完善贫困人口的识别机制，把扶贫项目和扶贫资金真正瞄准贫困人口，健全和完善贫困农户档案，实施分类扶持，做到应保尽保、应扶尽扶。识别扶贫对象要坚持“户主申请、村小组评议、村民委员会审查、乡镇人民政府审核、县扶贫办审批”的工作程序和原则。建档立卡工作要逐村、逐户进行，农户数据的采集要准确、全面、真实。做到“户有卡、村有册、乡有簿、县有电子档案”，严禁弄虚作假。要广泛动员群众参与，过程和结果要公开透明，自觉接受群众监督。扶贫对象识别出来后，要有具体的、看得见摸得着的帮扶措施。

三、宁夏回族自治区社会保障反贫困存在的主要问题

宁夏社会保障体系建设取得了一定的成绩，对于保障宁夏各族人民群众的基本生活、预防和缓解城乡贫困发挥了重要作用。但宁夏在社会保障制度的完善、覆盖的范围、社保基金的征缴、管理的规范性、基金统筹的层次、信息化程度等方面还存在诸多问题，不利于更好地发挥其反贫困作用，主要表现在：

（一）社会保险参保扩面仍有较大空间

城镇社会保险尚未实现全覆盖。基本养老保险还未完全覆盖到事业单位、公务员和没有工作的城镇居民。工伤保险还未将机关事业单位、社会团体和民办非企业纳入参保范围。部分私营企业、个体工商户及其灵活就业人员、残疾人员及相当数量的农民工还未参加基本养老保险和失业保险，扩面的工作任务仍然相当艰巨。农民工已经是城镇就业结构中不可缺少的组成部分，没有这部分群体的支撑，就不是一个完整的城镇就业结构。同时，除农民工以外的外来流动人口也是一个庞大的就业群体，如银川市的外来务工人员估计在 20 万~30 万人，这部分就业人口很难准确统计，相当一部分人尚未参加社会保险。平罗县社保部门报告的该县企业职工养老保险参保率为 39%，吴忠市本级企业职工的参保率大约为 40%，隆德县的参保率为 60.1%。调研的企业有相当一部分国企是全员或基本全员参保的，如固原王洼煤矿、天豹固原公司、青铜峡水泥厂、石嘴山新日恒力钢厂、中色（宁夏）东方集团公司、星瀚集团等。但也有相当一部分企业没有达到 80%的参保率，这在一些民营企业和小微企业里表现得尤为明显。如有 4000 多员工的平罗大地化工参保率仅为 15.5%；惠冶镁业 2700 多职工，参保的不足 1000 人；中宁宁夏钢厂，有

员工 2000 人，参保率为 60%。部分企业特别是一些民营企业，在对待职工参加社会保险和维护职工权益的问题上，试图以低廉的劳动成本和粗放的经营方式谋求发展，不愿意为职工参保缴费，甚至故意规避社保缴费，或者由于利润率低而无力缴纳社会保险费。

（二）社会保障体系建设有待进一步完善

宁夏农村社会保险制度建设相对滞后。新型农村社会养老保险制度虽然实现了全覆盖，但由于其缴费水平较低，异地转保接续较为困难，农民参保的积极性不高。全区的社会救助、社会福利发展不平衡。宁夏农村社会救助的内容包括农村特困居民基本生活、医疗、教育、住房，以及因自然灾害而发生的临时救助，而城市主要是以城镇居民最低生活保障为主体的基本生活救助，其他救助工作刚刚起步。社会救助资金投入不足，大部分市县的社会救助完全依靠中央和自治区的补助资金开展，直接导致了救助人数少、救助内容单一和救助标准低等问题的发生。

（三）社保基金严重不足，基金管理不规范

宁夏地方财政能力弱，职工工资水平低，个人缴纳养老保险费数额少，致使社保基金严重不足，基金支出缺口较大。个别年份甚至出现支出大于收入的现象。社保基金管理不规范，挤占、挪用社保基金和个人账户空转等现象时有发生，社保基金抗风险能力相对较弱。

（四）社保资金统筹层次偏低

目前医疗保险基金仍然以县级为单位进行统筹。县级统筹医保基金层次太低，筹资数额有限，尤其是工业基础薄弱、财政能力较差的南部山区，致使参保群众的一些大病、重病在县域范围内无法解决，患者在省级、市级医院看病住院的医疗费用无法报销，极大地制约了基本医疗保障功能的发挥。

（五）社保经办机构能力建设严重不足

在新农保工作没有启动之前，社保经办机构只是面对城镇职工、城镇居民的基本养老、医疗、失业、工伤、生育保险以及城乡范围内数量不大的、需

要救助的最低生活保障群体。如今，特别是新农保制度的实施，社会保障的范围扩大到全民，而社保经办机构的编制、人员、办公的场所没有增加，办公的软件、硬件没有更新。社保系统专业技术人员、管理人员严重不足，一些市县的工作人员年龄偏大、文化素质低，社保经办机构能力建设严重不足的状况，极大地制约了宁夏社会保障事业的发展。

（六）社会保障制度体系的信息化程度不高

目前，全区社会保障信息化系统还没有完全建立，从社会保障的不同部门之间，到社会保险的不同险种之间，都存在网络系统被阻隔、技术端口不兼容、数据资源无法共享的问题。社会保障管理服务缺乏先进、实用、有效的信息化管理服务平台，参保人员的基本信息资料还没有进入社保系统基本信息数据库，从而影响到社会保障关系的异地转移接续，影响社会保障“一卡通”在全区范围内的实现。

（七）基本养老保险制度公平性缺失

美国经济学家阿瑟·奥肯说过：“源于机会不均等的经济不均等，比机会均等时的经济不均等，更加令人不能忍受。”基本养老保险制度本身缺乏公平性，导致了目前城乡群体间、城乡居民不同群体间、城镇不同就业群体间参保的机会不均等。目前存在的退休金“双轨制”，即公务员以及全额拨款的事业单位职工每月不用缴纳养老保险费用，退休金完全由国家财政予以支付，而企业职工须按月缴纳养老保险费用，退休养老金待遇却仅为公务员的 1/2 甚至 1/3。此外，公务员退休后还可享受到物价补贴、生活补贴以及各项福利待遇，而企业职工退休后完全被推向社保，退休金的贫富差距越拉越大。

在城乡居民养老保险方面，一般城乡居民养老保险保障的是没有正式稳定工作的、收入水平较低、得到保障较少的群体，然而与城镇职工养老保险相比，待遇明显较差。参加城镇职工基本养老保险的劳动者缴费 15 年，共缴费 3.4 万元，退休后每月能拿到 500 元。参加城乡居民养老保险的劳动者也缴费 15 年，缴费共计 3.3 万元，达到退休年龄后待遇每月仅为 307 元，与参加城镇职工基本养老保险相差较大。城镇职工养老保险和城乡居民养老保险之间的不公平，严重影响了城乡居民参保的积极性。在城乡居民养老保险制度设计中也有不公平产生，最低档次和最高档次的缴费比例是1:17，而最低档次和最高档次待遇比例是1:4，没有形成鼓励参保者多缴费用的机制。同样，缴费15年以上的参保者，每多缴一年的费用，等到能够领取养老金时，每月只多发5元钱。这些不公平的现象无法鼓励更多的中青年和有经济能力的人选择长时间、高标准的参保缴费标准。

四、完善宁夏回族自治区社会保障反贫困作用的对策思考

根据宁夏回族自治区社会保障反贫困存在的主要问题，未来应该从以下几个方面进行完善：

（一）坚持"公正"、"以人为本"等原则，以维护中低收入阶层的权益为出发点

我国现行社会保障制度主要面临着公平性和可持续性两方面的挑战。"全覆盖、保基本、多层次、可持续"是我国社会保险制度设计的基本原则，从社会保险制度基本内容来看，它主要也是发挥为中低收入阶层提供保障的功能。往往是就业者的收入越高，社会保险制度对其保障功能会随着其收入的增加而弱化；反之，就业者的收入越低，社会保险制度对其就愈加重要和不可缺少。这一点在养老保险制度中表现得尤为突出。把城镇普通劳动者最大限度地吸纳到社会保险制度中，做到"应保尽保"，是社会保险制度的本质要求和目标，也是社会保险制度改革和制定政策的出发点。

为了吸纳更多的城镇中低收入就业者参加社会保险，就要改变"高缴费、低参保率"的恶性循环状况，通过适度降低缴费标准来吸纳更多的城镇就业者参加企业职工社会保险，这种情况会使参保者退休后的待遇降低一些，但这种"低进低出"可能是一种必要的现实选择。相当一部分的低收入者如果游离于社会保险制度之外，对社会、对其本人都不是好事。对他们来说，与其没有基本保障，不如有一个哪怕是较低水平的保障，"有"总比"没有"

强。这个思路，也与社会保险制度“保基本”的原则相吻合。当然，在吸纳低收入者进入社会保险制度中时，也要考虑养老金标准过低会影响到替代率。一般认为，养老金的平均替代率不低于50%为好，这就需要考虑对养老金的计发办法做出适当调整。

（二）加快推进宁夏社会保障体系建设

1. 加快建立健全农村社会保障体系

一是加快推进宁夏城乡居民养老保险制度，进一步加大对新农保政策的宣传力度，吸引更多的农民参加新农保。二是逐步提高城乡居民医疗保险的保障水平，进一步完善以大病医疗统筹为主要内容的城乡居民医疗保障制度，扩大农村基本医疗保障的覆盖范围，切实解决农民群众看病难、看病贵的问题，不断提升农村医疗保障能力。三是健全完善农村医疗保险的经办、管理机构，建立与宁夏经济发展水平相配套的筹资增长机制，在完善农民大病统筹的基础上，合理调整医药费报销比例，不断提高农村医疗保障水平。

2. 尽快实现基本医疗保险市级统筹

进一步提高基本医疗保险统筹层次，重点保障住院和门诊大病医疗需求，并根据不同年龄段人群的医疗需求，实行分级保障。目前以县（区）为基础进行的医疗保险基金统筹层次太低，应该尽快实现市级统筹，等条件成熟时，实现省级统筹。

3. 进一步完善失业、工伤、生育保险制度

进一步完善失业保险金申领办法。根据失业人员求职和参加培训的情况，合理确定申领条件，建立失业保险促进就业联动机制。强化失业保险促进就业的功能，促进失业人员再就业。发挥工伤保险在工伤预防方面的作用，促进企业减少工伤事故，降低工伤事故率和职业病发生率。扩大生育保险覆盖的范围，进一步完善生育保险制度，在经济社会发展的基础上，相应提高生育保险待遇水平。

4. 进一步完善城乡社会救助体系

一是进一步完善城乡低保制度，科学设定低保标准。完善分类低保对象，规范低保救助程序，扩大低保资金来源，加大低保政策配套衔接，实现救助标准科学化、救助程序规范化、救助管理网络化、救助对象动态化，建立起

比较完善的城乡低保制度，切实保障困难群体的基本生活。加强低保与就业、扶贫政策的有机衔接，将城乡低保对象优先纳入就业和扶贫服务范围，在就业登记、职业培训、税费减免、贷款担保等方面，提供切实可行的优惠措施。二是建立健全专项救助制度。一方面从健全制度、完善机制、扩大范围、规范程序入手，建立健全城乡一体化的基本医疗救助制度。实现救助与保险相衔接、救助与合作医疗相衔接、专项救助与临时救助相衔接、政府救助与慈善等社会救助项目相衔接，有效缓解低收入群体的医疗困难。另一方面要扩大住房救助范围，进一步深化廉租房制度，积极探索有效、灵活多样的救助方式，多渠道筹措资金，拓宽廉租房供应渠道，增加廉租配租人员名额，使更多的城乡低收入家庭受益。

5. 加快发展城乡社会福利事业

一是大力推进社区居家养老服务模式，基本形成老年人家庭自我照料、社区居家养老服务为一体的养老服务格局。进一步完善为老年人提供生活照料、安全援助、精神慰藉、医疗保健等服务的社区网络，增加家庭病床和社区家庭保健医生数量，积极发展老年护理。完善社区老年人文化、体育和教育设施，努力实现老有所学、老有所养、老有所依、老有所乐。二是大力推进养老服务社会化改革，大力推行养老服务机构“公办民营”改革试点。通过招标、招聘或委托经营等方式，将政府办养老服务机构的所有权与经营权分离，充分引入市场竞争机制。鼓励、引导、支持社会力量兴办养老服务机构，进一步制定和落实社会力量兴办养老服务机构的各项优惠扶持政策，条件成熟的市县（区）可探索以股份合作制方式开办养老服务机构。三是促进残疾人事业发展。健全残疾人社会救助制度，重点解决重残无保人员的基本医疗和最低生活保障。积极开发残疾人就业岗位，发展残疾人技能培训，多渠道、多层次、多形式促进残疾人就业。优先为符合条件的残疾人落实城市廉租住房和农村危旧房屋改造政策，加大对贫困残疾人家庭开展劳动生产项目、资金、实用技术等方面的扶持力度。利用社区资源开展适合残疾人需求的服务项目，使残疾人得到就近、便捷的优质服务。

（三）不断完善社会保障管理与服务体系

1. 加快建立社会保障“一卡通”工程

加快社会保险征缴模式和经办方式的改革，实施基本养老、医疗、失业、工伤、生育保险、社会救助、社会优抚等社会保障“一卡通”工程，适应多种用工形式和多种经济成分协调发展需要。进一步完善、落实民营企业和灵活就业人员参加社会保险办法，使劳动者都能够享受平等、公平的社会保障待遇。

2. 进一步加强社保基金的监督与管理

按照“决策、执行、监督相互协调又相互制约”的原则，着力加强制度建设，把依法管理、严格监督、透明运行贯穿于各类社会保障基金运作的全过程与各个环节。建立社保基金监督管理委员会，逐渐形成行政监督、专门监督、社会监督、内部监督相结合的监督体系。严格按照国家规定，制定实施社保基金财务管理办法，将社保基金纳入财政专户，严格实行收支两条线管理，确保社保基金的安全。建立各项社保基金支付、监督、检查、审计机制，严格审核社保待遇享受人员的资格，堵塞社保基金支付漏洞，保证社保基金安全运行。

3. 加强社会救助、社会福利、低保工作的管理与服务

继续做好救灾物资、资金、慈善款物的登记、保管、造册、发放工作，切实将党的关怀落实到城乡弱势群体。社会救助的对象、享受低保人员的名单必须张榜公布，防止暗箱操作。杜绝救助、救灾款物的私分、贪污及偏亲厚友等腐败行为。

4. 加快建立城乡社会保障制度的相互衔接机制

城乡社会保障制度的衔接，要体现城乡保险关系转移的双向性，基金划转要体现劳动者缴费的连续性。要从制度上将被征地农民“农转非”后纳入城镇社会保障范围之内，建立城乡社会保障制度的合理衔接机制，制定“农转非”后与城镇居民基本养老、医疗、最低生活保障制度的衔接办法，认真贯彻落实国务院关于农民工社会保障关系的异地转移接续制度。

（四）加快社会保障的信息化建设

1. 进一步完善宁夏社会保障信息系统

自治区社会保障事业管理局要负责全区社会保障信息系统的建设和管理，承担指导市县级信息系统建设的任务，组织制定信息系统总体实施方案、信息交换标准、规范管理制度和技术标准。在现有政府信息网络大平台的基础上，完成自治区级各业务信息系统的横向网络连接及自治区到市级纵向骨干网络建设，实现各业务信息系统间跨部门、跨地区信息共享和信息交换。组织制定宁夏社会保障卡建设规划管理办法，对全区社会保障卡实行统一规划、实施和管理。实现社会保障业务处理微机化、基金管理网络化、数据管理系统化、网络管理智能化、宏观监管实时化、咨询服务多媒体化。

2. 建立覆盖城乡统一的宁夏社保基本信息数据库

围绕社会保障事业的重点工作和发展方向，全面实现各项社会保障业务领域的信息化，并通过系统整合和信息共享，为各项社会保障业务之间的协同办理及跨地区协作提供技术支持。尽快建立全区统一的社保公共管理服务平台，建立覆盖宁夏城乡的社保基本信息数据库。尽快完成区、市、县数据中心机房建设，逐渐形成搭建统一信息平台、各项社保业务协同办理的工作机制，逐步实现从网络管理中心到数据管理中心，再到决策支持中心的功能扩展，实现基本信息数据在地级以上城市数据中心的集中管理。通过数据整合，建立统一的个人、单位和机构基本信息库，实现地级以上城市范围的数据集中，最终实现“同人同城同库”。建立政务大厅服务和网上服务互为补充、集成多种接入方式和服务手段，实现信息共享、互联互通、交换查询的社会保障信息化公共服务平台。加快社保基层信息平台建设，在城镇社区居委会和乡镇村委会建立社保服务室，在街道办事处和乡镇建立社保服务站，在县社保局建立社保服务中心。逐步实现社保业务在街道社区与农村乡镇的统一管理和服务，尽可能将服务功能通过网络延伸到街道社区和农村乡镇。

3. 实现社会保障业务之间跨地区、跨部门的有机衔接与转移接续

通过搭建统一的社会保障信息平台，实现社会保障各项业务之间的有机衔接和协同办理，基本形成一体化的、面向社会的、集多种接入方式的社会保障公共服务系统和管理体系。逐步实现社会保障业务之间跨地区跨部门的有

机衔接与转移接续。积极探索城乡居民社保关系的异地转移接续制度。通过现代信息网络技术，实现退休职工基本养老、基本医疗保险“两地通”，搭建农村居民养老保险关系异地转移接续的技术平台。

（五）加大财政投入，确保社会保障事业的发展

1. 加大公共财政对社会保障事业发展的投入力度

公共财政要重点对养老保险制度改革、提高养老保障待遇以及社会救助等方面进行保障，确保对社会保障事业发展密切相关的经费投入。

2. 广辟多元化筹资渠道

一是积极争取中央财政投入。争取中央加大财政转移支付，以保证最低限度的基础社会保险金和社会救助的专项投入。二是建立经常性的地方财政投入机制。在完善现有财政投入制度的基础上，充分运用税收和财政支出，将个人所得税、消费税以及娱乐业营业税的一定比例用于社会保障，确保社会保障的需要。三是变现国有资产，充实社保基金。通过减持国有股、变现国有资产，逐步解决社会保障欠账问题。四是采用“费+税”的复合筹资形式。以社会保险税方式筹集企业、雇主缴纳的用于社会统筹的资金，以社会保险费的方式筹集个人缴纳的进入个人账户的资金。

3. 做好社会保障基金的预算编制与保值增值

一是编制社会保障预算。结合我区实际，实行“板块式”社会保险预算模式，即在政府公共预算之外，单独编制社会保障预算，用一般性税收安排的社会保障性支出继续在政府公共预算中编列、反映。二是确保社保基金保值增值。在保证资金安全的前提下，适当拓宽社保基金的投资渠道，增强社保基金保值增值能力。三是加强社保基金管理委员会对社保基金的监督管理，对社保基金征缴、投资运营以及拨付使用等全过程进行监督检查。

4. 切实防范与控制社保基金风险

一是综合运用各种财政税收政策，促进企业提高经济效益，提高劳动者收入水平，增强个人的自我保障能力，改善企业财务经营状况，提高社保基金的缴付水平，增加社保基金收入。二是进一步调整财政支出结构。优化支出存量结构，用好财政支出增量，集中财力向社会保障倾斜，逐步将社会保障支出占财政支出的比重由现在的10%左右提高到15%~20%。三是积极大胆探

索社保基金社会化运作机制。多方筹集社保基金，逐步做大做实社保基金规模，不断提高社保基金抗风险能力。四是建立社保基金风险预警机制。加强社保基金运营过程中的管理、监督，杜绝社保基金的挤占、挪用和空账运行。建立社保基金运营过程中的风险预警机制，增强社保基金的抗风险能力。

（六）进一步完善社会保障政策法规体系

1. 进一步加强党委和政府对社保发展的统筹协调能力

党委和政府要将社会保障工作放在经济社会发展突出的战略位置，将社会保障纳入本地区国民经济和社会发展规划之中，真正做到社会保障工作的政策、责任、资金、措施四到位。加强社会保障工作的组织领导和协调，建立和完善对相关部门的监督考核。要从维护人民群众的根本利益、保障民生的大局出发，充分发挥各职能部门的优势，共同推进社会保障体系建设，促进社会保障事业的健康发展。

2. 不断提高利用中央政策加快宁夏社会保障事业发展的能力

认真贯彻落实国务院《关于进一步促进宁夏经济社会发展的若干意见》，充分利用中央对宁夏的政策倾斜与资金扶持，合理使用中央财政转移支付和中央预算内投资，加快建立覆盖宁夏城乡居民的社会保障体系。

3. 建立和完善具有宁夏地方特色的社会保障法规体系

要研究制定具有宁夏特色的城乡社会保障的具体实施办法，突出民族地方特色，发挥民族自治优势。在已经出台地方性政策法规的基础上，积极探索制定和完善《宁夏城乡居民基本养老保险条例》、《宁夏城乡社会救助条例》、《宁夏城乡居民最低生活保障条例》等地方性法规。逐步建立健全能够充分反映宁夏经济社会发展和广大人民群众利益、具有宁夏地方特色的社会保障政策法规体系。

4. 完善社会保障政策法规的传播和咨询服务网络

坚持正确的舆论导向，不断加大社会保障的宣传力度，动员全社会关心、理解、支持社会保障事业。通过有计划的电台、电视台、网络、报刊等媒体宣传，充分发挥电话、网站、服务网点、宣传栏、宣传手册的作用。完善适应市场经济体制和城乡居民特点的政策法规咨询、传播网络，进一步加大社会保障政策法规的宣传，使社会保障政策法规家喻户晓、人人皆知。

（七）加强社会保障事业管理及服务系统的能力建设

1. 充实社保经办机构工作人员

在过去的几年里，社保经办机构服务全区范围内城镇职工养老、医疗、失业、工伤、生育保险的人数不到100万人，而现在，城镇职工、城镇居民以及农民工参加养老、医疗、失业、工伤保险的人数大幅度增加。随着新农保制度在全区范围的全覆盖，参保农民达300万人左右。因此，必须尽快充实社保经办机构工作人员，才能扎扎实实做好社会保障工作。

2. 尽快解决社保经办机构的办公场地和基本设备问题

社保经办机构的办公场地不足、办公设备落后、软硬件老化、信息化建设滞后的问题，已严重制约了宁夏社保工作的发展。因此，党委、政府应该按照人力资源和社会保障部的要求，投入一定资金，解决社保经办机构办公场地、办公设备、软硬件设施更新问题，尽快建立覆盖全区城乡统一的社保基本信息数据库，实现社会保障的基本信息化。

3. 建立和完善社保系统干部队伍的教育培训制度

建立科学、规范、有效的继续教育和培训制度，对社保系统的干部队伍开展政治理论培训、上岗资格培训和业务能力提高培训。安排落实必要的培训经费，依靠高校、党校、职业技术院校和其他职业培训机构，每三年对在岗在编的社保系统干部队伍进行系统的教育培训，造就一支政治靠得住、业务素质高、工作能力强、作风过硬的勤政、廉洁、务实、高效的社会保障干部人才队伍。

4. 及时补充社会保障、社会工作专业的大学毕业生

宁夏社保工作队伍中部分人员年龄偏大、知识老化，大部分工作人员没有接受过系统的社会保障理论和基础知识培训。因此，除了亟须对他们进行培训、补课以外，还必须补充大量的社会学、社会保障、社会工作专业的大学毕业生，作为社保队伍的新鲜血液，使社会保障事业实现可持续发展。

第八章　贵州省农村社会保障反贫困研究

贵州是多民族聚居区，也是我国最贫困的省份之一。贵州省统计年鉴显示，2012 年全省共计 3484 万人口中，有 1780 万人生活在扶贫重点县，比例超过 50%；与此同时，如此多的人口和广阔的地域创造的生产总值仅占贵州全省 GDP 总额的 35.1%。与其他贫困地区一样，贵州的贫困主要是农村贫困。贵州全省 2012 年农村贫困人口有 923 万人，农村贫困发生率为 26.8%，其中扶贫开发重点县农村贫困人口接近 720 万人，贫困发生率则高达 33.8%。为此，本章将主要分析贵州省农村贫困情况。

传统社会保障最初以慈善的面目出现，而现代社会保障制度则以起源于德国的社会保险制度为标志，社会保障的反贫困功能也主要以社会救助和社会保险为抓手实现。为研究贵州社会保障的反贫困功能，本章先简要介绍贵州农村社会保障的发展情况，然后再从医疗、养老和社会救助等不同内容层次分析其减贫效应。

一、贵州省贫困历史及现状

从贫困发生率、贫困深度和贫困脆弱性等角度来看，贵州农村贫困呈现出以下特点。

（一）减贫效果明显，但贫困发生率仍然较高，贫困人口绝对数量大

除了贫困发生率之外，衡量贫困水平还有两个重要指标，分别为贫困深度

和贫困强度[①]。由于2011年国家大幅上调贫困线，贵州省从当年起贫困发生率出现明显上升。有学者将此因素考虑进去并计算贫困深度和强度指数两个指标，发现贵州省21世纪以来的农村减贫效果依然十分显著，如表8–1所示。

表8–1　2001~2012年贵州省贫困状况

年份	贫困线（元）	FGT指数			年份	贫困线（元）	FGT指数		
		H	PG	SPG			H	PG	SPG
2001	872	26.67	7.06	2.62	2007	1067	17.64	4.18	1.35
2002	869	31.65	10.75	5.16	2008	1196	15.50	4.18	1.56
2003	882	28.86	9.05	3.99	2009	1196	13.06	3.21	1.09
2004	924	22.17	5.84	2.14	2010	1274	11.07	2.53	0.79
2005	944	22.59	6.41	2.50	2011	1330	6.89	1.33	0.35
2006	958	18.16	4.51	1.56	2012	1388	4.04	0.52	0.09

资料来源：侯石安，谢玲.贵州农村贫困程度及其影响因素分析——基于2001~2012年贵州农村FGT贫困指数的多维测度［J］.贵州社会科学，2014（7）：122–126.

（二）贵州省内不同县市农村居民收入出现一定程度的分化

从贵州省内来看，贫困发生率最高的十个县全部位于黔东南、黔西南和黔南三个民族自治州。其中，黔西南州晴隆县2012年贫困发生率高达49.4%，农村贫困人口近14.5万人，如表8–2所示。观察农村居民人均纯收入最高的和最低的10个县（区）的数据可知（见图8–1），排名前10位的县（区）的农民人均纯收入中位值为9136元，而排名后10位的县（区）的相应数值是4354元，前者是后者的两倍还多。在与国定贫困线2300元的距离上，排名后10位的县（区）的农村居民人均纯收入离国定贫困线也更近。

表8–2　2012年贵州省贫困发生率最高的十个县（市）基本情况

地区	贫困发生率	农村贫困人口（万人）	GDP（亿元）	年末总人口（万人）	所在市（州）
贵州全省	26.8	923			—
晴隆县	49.4	14.49	31.6	24.7	黔西南
麻江县	46.7	9.43	21.85	16.6	黔东南

① 根据侯石安、谢玲文章中的描述，FGT指数是一个多维的贫困测算方式，公式中不同参数取值下FGT分别表示贫困发生率、贫困深度指数和贫困强度指数。其中，贫困深度指数反映了所有贫困人口收入与贫困线差距的平均水平；贫困强度为平均每个贫困人口的实际收入水平与贫困线差距的平方和，也成为加权的贫困缺口率。加权贫困率越高，说明贫困群体中有越多人的收入远离贫困线，贫困状况越恶化。

续表

地区	贫困发生率	农村贫困人口（万人）	GDP（亿元）	年末总人口（万人）	所在市（州）
三都县	44.7	15.44	27.91	28.85	黔南
罗甸县	43.3	13.61	33.99	25	黔南
丹寨县	42.3	6.44	15.22	12.2	黔东南
三穗县	42.2	8.35	20.69	15.53	黔东南
黄平县	41.7	13.58	25.66	26.21	黔东南
榕江县	41.6	13.94	29.75	28.63	黔东南
册亨县	41.5	9.47	18.97	19.1	黔西南
锦屏县	41.2	8.7	21.12	15.34	黔东南

资料来源：贵州统计年鉴（2013）。

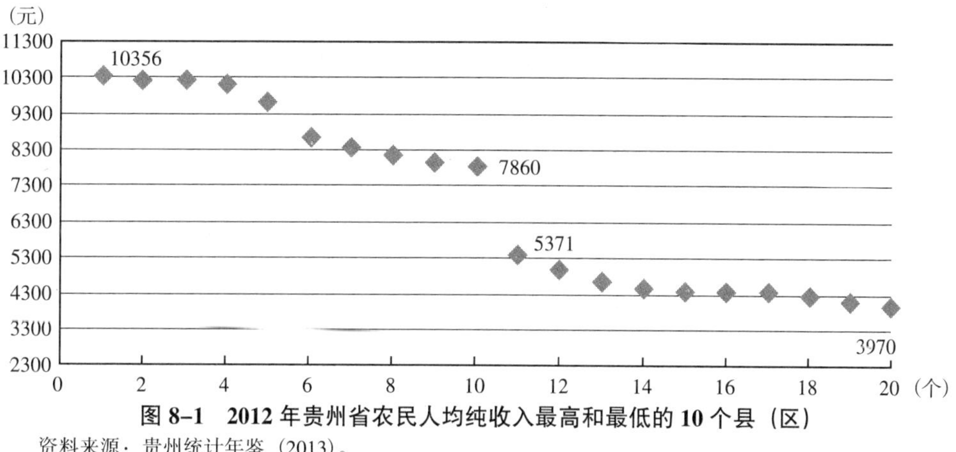

图 8-1　2012 年贵州省农民人均纯收入最高和最低的 10 个县（区）

资料来源：贵州统计年鉴（2013）。

（三）农村人口除了身处现实的贫困之外，还面临较高的贫困脆弱性

如果说贫困发生率代表着宏观层面的贫困程度，那么贫困脆弱性则表示着微观层面未来的贫困预期，显示了（现在可能不处于贫困水平的）家庭暴露于贫困风险因素的概率和抵抗贫困风险的能力。许多学者根据不同但权威的调查数据对贵州省农村家庭户的脆弱性进行了评估，得出结论认为贵州农户的贫困脆弱性较高。如叶初升等根据 CHNS 历年调查数据比较贵州、湖北、黑龙江等 8 个省份样本户的脆弱性水平，发现随着时间推进，贵州省样本户的脆弱性水平由 1996 年的 0.4718 下降到 2008 年的 0.2092，但始终处于 8 个省份

中的比较高的水平①。李丽等对不同家庭脆弱程度的识别和比较同样具有政策指导意义，她们指出具有“当前贫困”、“65岁以上组”、“农村家庭”和“受教育程度低”中一项或多项特征的家庭脆弱程度相对较高②。换句话说，未受过教育的、户主老龄程度高的农村贫困家庭最容易遭遇贫困且深陷其中。这在一定程度上解释了贵州省贫困地区、贫困人群分布的固着性。

二、贵州省农村医疗保障与反贫困

因大额医疗支出或者疾病导致劳动力丧失而引致的收入贫困是常见的后天贫困原因，医疗保障的减贫功能主要通过“基本医保+大病保险+医疗救助”的模式实现。

（一）贵州省农村医疗保障制度安排

1. 新型农村合作医疗

2003年末，贵州省在息烽、赤水、平坝、凯里、独山、普安、纳雍、铜仁8个县（市）开始新型农村合作医疗制度的试点工作，随后逐年增加。到2007年，贵州省全部88个县都已经实行新农合，参合率在2012年达到98%，人均筹资也从2007年的50元上升到了2012年的290元。2012年参合农民达3112.21万人，当年筹资额已达到90.25亿元（见表8-3）。

2. 大病保险

2013年起贵阳市、毕节市和黔西南州作为首批试点市（州）启动大病医疗保险工作，铜仁和六盘水虽为非试点城市，但也开始大病医疗保险运行。《贵州省开展城乡居民大病保险工作实施方案（试行）》（以下简称《方案》）规定，经基本医疗保险报销后，个人年度累计负担的合规医疗费用超过大病保

① 叶初升，赵锐，李慧. 经济转型中的贫困脆弱性：测度，分解与比较——中俄经济转型绩效的一种微观评价［J］. 经济社会体制比较，2014（1）：103-114.

② 李丽，白雪梅. 我国城乡居民家庭贫困脆弱性的测度与分解——基于CHNS微观数据的实证研究［J］. 数量经济技术经济研究，2010（8）：61-73.

表 8-3　贵州省新农合覆盖率与贫困率（2007~2012 年）

主要指标	2007 年	2008 年	2009 年	2010 年	2011 年	2012 年
开展新农合县（市、区、特区）数（个）	88	88	88	88	88	88
参加新农合人数（万人）	2608.93	2831.87	2912.38	3029.17	3074.80	3112.21
当年筹资总额（亿元）	12.63	25.15	30.13	44.35	68.73	90.25
人均筹资（元）	50	90	100	140	230	290
当年基金支出（亿元）	8.11	16.21	30.78	37.12	52.25	85.75
补偿受益人次（万人次）	1314.90	1874.61	3573.96	3949.88	4408.91	4890.82
参合率（%）	84.9	92.1	94.3	96.3	97.1	98.0
贫困率（%）	17.64	15.5	13.06	11.07	6.89	4.04

资料来源：历年贵州统计年鉴。

险起付标准的，纳入大病保险，对发生的合规医疗费用实际支付比例不低于50%;《方案》同时明确，筹资标准上，贵州省大病保险人均筹资标准原则上不低于城镇居民基本医疗保险（简称城镇居民医保）、新型农村合作医疗（简称新农合）人均筹资总额的 5%。五地筹资和报销基本规定如表 8-4 所示。

表 8-4　贵州省试点市（州）大病保险相关标准

地区	筹资标准	起付线	封顶线	报销比例
贵阳	16.5 元/人/年	5000	无	50%~70%
毕节①	16.5 元/人/年	4000	无	54%~90%
黔西南②	16.5 元/人/年	5000	140000 和 160000	50%~75%
铜仁③	新农合基金总额的 9%	6000	无	50%
六盘水	28 元/人/年	5000	100000	70%④

资料来源：人年均纯收入数据来自 2013 年各市州统计公报，报销比例等其他数据来自各市州相关文件，WHO 标准灾难性医疗支出水平根据各市州农村居民恩格尔系数等相关数据计算而得。

对大病保险报销后农民自付的费用，贵阳市规定若超过 5000 元，可享受大病二次补偿。六盘水市则规定，一次医药费用在 5000 元（含 5000 元）以上

① 2013 年毕节市大病保险人均筹资标准为每年 20 元，其中 16.5 元提供给商业保险公司进行大病补偿，3.5 元作为大病保险调节基金。

② 黔西南州规定，大病保险筹资原则上不低于人均筹资总额的 5%，大病保险报销封顶线根据农民参保新农合时自愿选择缴费金额的不同分为 14 万元、16 万元两档。

③ 铜仁市规定，大病保险筹资总额中，重大疾病保险基金占 88%，风险调节基金占 12%；大病保险包括大病补充保险和重特大疾病保险两个部分，参合群众年度内因重特大疾病住院治疗当次医疗总费用 10 万元（含 10 万元）以上的按 80%比例补偿（不受诊疗和药品目录限制），封顶线 40 万元。

④ 六盘水市具体的赔付规定是：对达到理赔条件的合规住院医疗费用扣除 1000 元后按 70%赔付率进行赔付（年度内多次理赔的只扣除 1 次）。

的患病参合农民，政策内减免后剩余需农民自付的费用还可享受到承保机构的大病补充险报销，报销率为70%，两者叠加，农民患重病所花的医药费用，报销率可达到80%以上。铜仁市新农合大病保险的起付线是10万元，补偿比例为80%，该补偿不受医疗机构级别、性质、药品和诊疗目录等限制，补偿金额不封顶。如果参合农民经济困难，经本人申请、经合管机构同意后，可实行医疗费用预付制。

3. 医疗救助

2004年4月，贵州省民政厅、省卫生厅、省财政厅联合下发《贵州省农村医疗救助实施方案》，要求在全省范围内全面建立实施农村医疗救助制度，并确定12个县（市）作为农村医疗救助示范县，以点带面全面启动农村医疗救助工作。目前，全省88个县（市、区）全面建立了城乡医疗救助制度，“政府主导，民政部门牵头，部门协作，社会参与”的医疗救助管理体制已基本成型。

医疗救助的主要内容是资助参合参保、门诊救助和住院救助，其中住院救助对缓解收入贫困的意义最为重大。关于住院救助，贵州省民政厅规定，医疗救助对象住院治疗发生的符合基本医疗保险药品目录、诊疗项目目录和医疗服务设施目录的医疗费用，先由新型农村合作医疗报销后，其个人自付部分再分类按比例予以住院医疗救助。住院救助比例不得低于年救助封顶线内个人自付部分的40%，年救助封顶线原则上不得低于1万元；医疗救助范围中的前三类对象（农村五保对象、城市“三无”对象和20世纪60年代初精简退职老职工），年救助封顶线原则上不低于3万元；城乡医疗救助不限病种，不设起付线。但是各市、州都设置了不同的医疗救助封顶线，如黔东南州规定，普通疾病住院救助封顶线为2万~3万元，重特大疾病住院救助封顶线为3万~5万元。贵州省最近几年的医疗救助基本执行情况如表8-5所示。

表8-5 贵州省农村医疗救助情况（2009~2012年）

年份	支出（万元）	人均资助（元）	人次小计（人）	医疗救助人次（人）	资助参合人次（人）	支出（万元）	人均资助（元）
2009	3821.9	1145.5	2507537	307344	2200193	16978.4	552.4
2010	6498.9	839.5	4797496	789671	4007825	34258	433.8
2011	11790.7	805.0	5368685	859133	4509552	66053.2	768.8
2012	12478.6	2247.2	5428431	386433	5041998	66977.4	1733.2

资料来源：贵州统计年鉴（2013）。

区别于城乡医疗救助的不限病种，2012年6月，贵州省选取5个试点县（市、区）开展重特大疾病医疗救助，开始“对象”与“病种”相结合的救助方式。救助病种先从医疗费用高、社会影响大的城市儿童急性淋巴细胞白血病、儿童急性早幼粒细胞白血病、儿童先天性房间隔缺损、儿童先天性室间隔缺损、儿童先天性动脉导管未闭、儿童先天性肺动脉瓣狭窄及城乡妇女宫颈癌、乳腺癌、重度精神病等病种起步，并随医疗救助基金总量的增加稳步推进，扩大病种范围，提高住院自付部分报销比例等。重特大疾病医疗救助对象为城乡低保对象、农村五保对象、城市“三无”人员、重度残疾人、贫困大学生、低收入家庭中患重特大疾病人员、20世纪60年代精减退职老职工等及其他患有重特大疾病难以自付医疗费用且家庭贫困的人员。2014年，重特大疾病医疗救助的试点县（市、区）扩大为9个，每个州选择一个试点地区。

（二）贵州省农村医疗保障制度减贫效应分析

1. 贵州省农户的医疗需求与医疗负担

由于缺乏贵州省贫困户和非贫困户参加新农合等主要农村医疗保障制度的情况统计，本章对贵州省农村医保制度对农户的减贫效果分析将主要从农户的医疗需求和医疗负担展开。

第四次卫生服务调查数据显示，2008年三个贵州调查县（湄潭县、玉屏县和施秉县）分别有53.3%、42.4%和35.3%的贫困户或低保户因病致贫（见表8-6）。从第四次卫生服务调查数据中还可以看出，经济困难仍然是阻止贵州省参合居民接受必要的治疗尤其是住院治疗的重要因素。

表8-6　第四次卫生服务调查农户致贫原因（贵州调查点）

地区	调查总户数	参合农户需住院未住院比例（%）	贫困/低保户比例（%）	致贫原因（%）		
				自然条件差	因病致贫	劳动力少
湄潭县	600	28.3	7.8	—	53.3	40
玉屏县	600	27.6	11.7	4.5	42.4	25.8
施秉县[①]	600	13.3	15.3	21.5	35.3	32.9

资料来源：第四次卫生服务调查统计数据。

① 施秉县在此次调查中被归类为“四类农村”，湄潭县和玉屏县则为“三类农村”。

调查当时，湄潭、玉屏和施秉三地样本户的医保报销实际报销比例分别为30.7%、33.2%和45.8%（见表8-7），高额的自负费用以及交通、误工等费用对于农户来说仍是不小的负担。也就是说，直到2008年，当地新农合的减贫作用并不显著，农民必须在一定程度上牺牲自己的健康水平来避免医疗支出。第四次卫生服务调查发布的数据并没有对调查点城乡居民医疗卫生支出占生活支出的比例分开描述，但贵州统计年鉴的数据显示城镇居民医疗保健费用占生活支出的比重2008年以来逐年呈下降趋势，而农村居民该数据逐年增长，且在2010年超过城镇居民（见表8-8）。从这个层面讲，农村居民医疗负担逐渐加重，对新农合的报销比例提出了更高的需求。

表8-7　第四次卫生服务调查贵州调查点参合农户医疗负担情况

地区	参合率（%）	次均住院医疗费用（元）	次均其他费用（元）	次均报销费用（元）	获报销参合人口费用报销比例（%）
湄潭县	96	2792	465	746	30.7
玉屏县	92	2296	303	738	33.2
施秉县	91	1734	217	535	45.8

资料来源：第四次卫生服务调查统计数据。

表8-8　2008~2012年贵州省城乡居民卫生支出变化情况

主要指标	2008年	2009年	2010年	2011年	2012年
人均卫生费用（元）	—	729	947	1221	1580
城镇居民医疗保健费用占生活支出比例（%）	5.6	5.9	5.4	5.1	5.2
农村居民医疗保健费用占生活支出比例（%）	4.5	5.5	6.2	7.1	7.2
乡村人口占常住人口比例（%）	0.71	0.70	0.66	0.65	0.64

资料来源：贵州统计年鉴（2013）。

2. 贵州省医疗保障制度减贫作用

新农合政策报销比和实际报销比增长快，减轻了参合户的医疗负担。贵州省近年来卫生事业投入的情况以及新农合的建设情况显示，贵州省新农合在覆盖率和政策范围内的报销比上都取得了显著的进步。2013年，贵州省新农合政策范围内的报销比例已达75%。根据贵州省卫生厅关于2013年全省新型农村合作医疗工作情况的报告，贵州省参合农民受益范围呈上升趋势，统筹基金报销封顶线从2009年的5万元提高到2013年的12万元以上，实际住院

费用补偿比例从 53.3%提升到 67.64%，2012 年居全国第一。截至 2012 年底，贵州省 20 个重大疾病共补偿受益 5.21 万人次，新农合基金补偿 2.19 亿元（占当年筹资总额的 2.4%）。

新农合对农户的减贫作用是多方面的，直接来说可以减少农户在医疗方面的支出，间接而言则可通过提高农户医疗可及性改善农户的健康状况，从而增加其人力资本，还可通过减少农民医疗费用的直接支付从而平滑消费、增加投资，进而提高收入。齐良书使用 2003~2006 年覆盖全国 30 个省区的微观面板数据，评估了新农合的减贫、增收和再分配效果，结果表明新农合在农户层面上具有显著的降低贫困发生概率的效果，而且在省区层面上显著降低了贫困率①。

3. 医疗救助扩大救助范围，有利于减少医疗支出型贫困

贵州省医疗救助反贫困功能的一个重大进步在于将低收入人群和支出型贫困家庭纳入医疗救助范畴。从上述制度规定中我们可以看出，城乡医疗救助和重特大疾病医疗救助的对象都是遭遇重特大疾病或者大额医疗支出中家庭经济本来就很困难的那一部分，是一种选择再选择之后的福利供应。但是对于位于低保线边缘的群体甚至是一般收入家庭来说，重大疾病带来的巨额医疗支出同样可能将其带入贫困的深渊。为此，贵州省民政厅于 2014 年下发《关于认真解决当前医疗救助工作存在问题的通知》，其中指出，要合理设置低收入家庭和支出型贫困家庭医疗救助条件，进一步明确医疗救助范围；对低收入家庭中的大病患者实施医疗救助的认定条件，可设置为当地低保标准的 1.5~2 倍；对支出型贫困家庭中的大病患者实施医疗救助的认定条件，可设置为因病造成家庭基本生活困难且个人负担医疗费用超过其家庭前 12 个月总收入的 50%以上。收入略高于低保标准的低收入家庭和支出型家庭纳入医疗救助对象范围，很好地解决了边缘群体的医疗困难问题，分散了他们的因病致贫风险。

4. 大病保险起付线偏高，封顶线设置不合宜

贵州省规定的大病保险起付标准“以各市（州）统计部门公布的上一年度城镇居民年人均可支配收入、农村居民年人均纯收入为判定标准，具体金额

① 齐良书. 新型农村合作医疗的减贫、增收和再分配效果研究［J］. 数量经济技术经济研究，2011（8）.

由各市（州）确定”。大病保险的主要目的是避免灾难性医疗支出，而国际通行的灾难性医疗支出标准为占家庭非食品消费高于40%的标准。从表8-9可以看出，目前实行了该制度的5个市、州的报销比例、起付线和止付额的规定都不一致。比照年人均纯收入标准，黔西南、铜仁和六盘水的起付线都偏高；若比照WHO标准的灾难性卫生支出来看，5个市州规定的起付线远远高于农村居民家庭平均能够承受的水平。尽管把农村地区居民恩格尔系数偏高这一因素考虑在内，当前贵州省试点各地的大病保险救助水平还是偏低。

表8-9　贵州省各地大病保险起付线与农村居民人均收入

地区	起付线（元）	2013农村人年均纯收入（元）	WHO标准灾难性医疗支出水平（元）
贵阳	5000	9592	1261.6
毕节	4000	5645	1045.6
黔西南	5000	5360	—
铜仁	6000	5397	968.8
六盘水	5000	5934	1075.2

资料来源：人年均纯收入数据来自2013年各市州统计公报，大病保险起付线来自各市州相关文件，WHO标准灾难性医疗支出水平根据各市州农村居民恩格尔系数等相关数据计算而得。

根据中国卫生统计年鉴（2013），2012年贵州省人均住院费用为5596.9元；而贵州省公布的新农合实际报销比例为67.64%，计算下来参合者自付的人均住院费用为1181元，远低于贵州各地市目前设立的大病保险起付线，却接近WHO标准的灾难性医疗支出水平。也就是说，大部分普通贵州农户，如果不符合低保户等医疗救助条件，发生的住院费用经新农合报销后的自付水平不在大病保险报销范围内，需由自己承担，而这个负担显然会危及家庭生活水平。世界卫生组织在界定灾难性卫生支出时，以家庭生活支出中非食品消费支出的比例作为参照标准，可以推出不同收入水平农村家庭的生活支出构成不同，因而灾难性医疗支出水平也不同。在这一背景下，对所有农村家庭实行同样起付标准的大病保险，可能造成结果不公平。

高梦滔和姚洋（2005）基于中国8个省份共计1354个农户跨度15年的面板数据测算了大病冲击对于农户长期收入的影响及其持续的时间。他们的研究发现，健康风险冲击对中低收入农户的影响最为严重，这种影响对农户人

均纯收入的负面影响时间可长达12年，患病户人均纯收入平均因此降低5%[①]。与此同时，解垩（2008）根据中国健康与营养调查（CHNS）1989~2006年的数据，发现城乡家庭中最穷的群体其医疗费用超过收入的比例增加，医疗保险对减少收入不平等只起到微弱作用；调查年限内的医疗保险补偿后，城乡患病家庭的贫困并没有减少，医疗保险在减贫上的作用很小[②]。可见，从短期和总体而言，新农合是最基本的保障手段；而从长期贫困的角度出发，医疗保障中的大病保险和医疗救助是更重要的减贫工具。正如某些学者研究所示，按照灾难性支出的止损原则，大病保险的报销封顶线并不合理[③]。

三、贵州省农村养老保障与反贫困

历次人口普查数据显示，贵州已逐渐进入人口老龄化社会。第六次人口普查数据显示，贵州省65岁以上农村老年人口占农村总人口的比例已达9.49%，其中27%的农村老年人依靠自己的劳动收入生活（见图8-2）。年过65岁依然要在农村从事生产劳动无疑会加重老人们的身心负担，更何况这种收入还具有不稳定性和低水平性。因此，对于贵州省已进入老龄阶段的农村居民来说，新农保和老年津贴是政府最稳定的经济保障安排，而且两者都具有非缴费性和非选择性。

贵州省新农保从2009年开始启动，第一批试点县（市）有10个，第二批11个，第三批新增52个，2011年实现国家扶贫开发重点县新农保全覆盖。2014年，贵州省政府出台《贵州省城乡居民基本养老保险实施办法》的通知，正式启动城乡居民基本养老保险的整合工作。由于整合后的居民基本养老保险尚在起始阶段，因此，本章接下来将主要分析老年津贴[④]的减贫效应。

---

① 高梦滔，姚洋. 健康风险冲击对农户收入的影响［J］. 经济研究，2005，12：15-25.

② 解垩. 医疗保险与城乡反贫困：1989~2006［J］. 财经研究，2008（12）.

③ 仇雨霖，黄国武. 大病保险运行机制研究：基于国内外的经验［J］. 中州学刊，2014（1）：61-66.

④ 无论是贵州省还是全国其他地区，发放给老年人的补贴目前还没有统一的称谓，包括“老年津贴”、“老龄补贴”、“老年生活补助”、“高龄补贴”等多种称呼方式，为了行文方便，除非特别说明，现将为60岁以上老人提供的此类补贴统称为“老年津贴”。

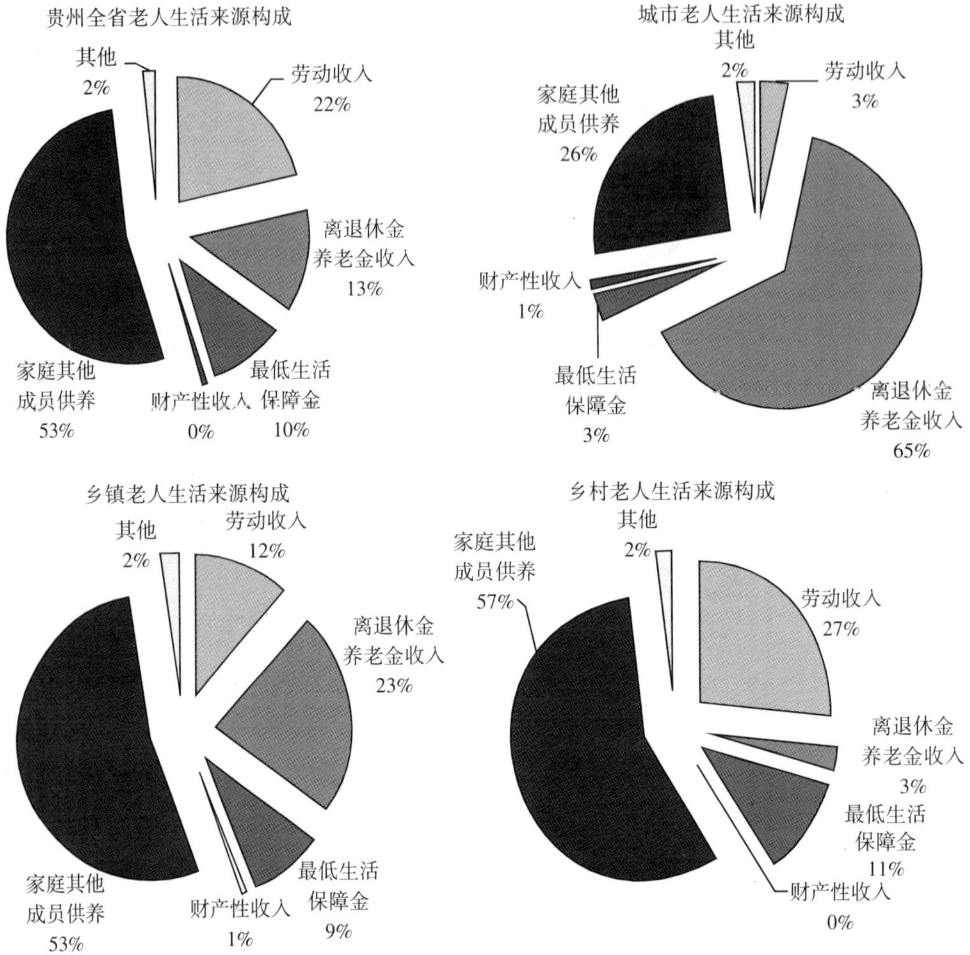

图 8-2 贵州省不同居住地区老年人生活来源构成

资料来源：根据第六次人口普查相关数据计算而得。

（一）贵州省的老年津贴制度发展现状及其减贫效应

贵州省从 2006 年起为全省百岁以上老年人发放高龄补贴，标准为每年每人 500 元，在随后的几年里，老年补贴的发放标准和年龄范围在不同县市发生了不同变化。截至 2014 年 5 月，贵州省统一的 80 岁高龄补贴制度尚未建立。但是，贵阳、毕节、铜仁 3 个市建立了市（州）级层面 80 岁高龄补贴制度；全省有 31 个县（市、区）建立了 80 岁以上高龄老人补贴制度，人均年补助标准 200~1800 元不等；74 个县（市、区）建立了县级层面百岁高龄补贴制度，人均年补助标准 500~4800 元不等[①]。

表 8-10 显示的是已实行市（州）级统筹的 5 个地区和 2012 年 10 个贫困发生率最高的县（市）的老年津贴发放情况。从表中可以看出，10 个贫困发生率最高的县只有黔东南的锦屏县、麻江县和黔西南的晴隆县和黔南的三都县、罗甸县实行了老年津贴制度，其中晴隆县只面向 100 岁以上老人发放津贴。由此可见，这些贫困程度较高的县的老年津贴制度发展尚处于未起步或低水平的阶段。

表 8-10　贵州省老年津贴发放情况（截至 2012 年）

	地区（县/市/区数量）	80~89 岁（元/月）	90~99 岁（元/月）	100 岁及以上（元/月）	农村居民年人均纯收入（元）	老年津贴/人均纯收入
省级	贵州（88）	—	—	100	4753	0.25
市（州）级层面	贵阳市（10）	60	100	200	8488	0.08~0.28
	毕节市（8）	50	100	200	4926	0.12~0.49
	铜仁市（10）	50	100	300	4673	0.13~0.77
	黔南州（12）	—	50~100[②]	200	5445	0.11~0.44
	六盘水市（4）	—	100	200	5182	0.23~0.46
县（市）级层面	罗甸县[③]（黔南）	60	100	200	5371	0.13~0.45
	丹寨县（黔东南）	—	—	—	4359	—
	三穗县（黔东南）	—	—	—	4642	—
	黄平县（黔东南）	—	—	—	4349	—
	榕江县（黔东南）	—	—	—	4348	—
	册亨县（黔西南）	—	—	—	3970	—
	锦屏县（黔东南）	—	100	200	4255	0.28~0.56
	麻江县（黔东南）	—	50	50	4422	0.14
	晴隆县（黔西南）	—	—	100[④]	4088	0.29
	三都县（黔南）	—	50~100	200	4962	0.24~0.48

资料来源：各地老年津贴标准来自相应政府网站，农村居民人均纯收入来自贵州省统计年鉴（2013），老年津贴/人均纯收入依基础数据计算而得。

① 贵阳毕节铜仁建立 80 岁高龄补贴制度［N］. 贵州都市报，2014-5-21.

② 黔南州规定，非财政供养的 90~94 周岁的老年人，每人每年发给 600 元高龄老人长寿生活补贴；95~99 周岁的老年人，每人每年发给 1200 元的高龄老人长寿生活补贴；100 周岁以上（含 100 周岁）的老年人，每人每年发给 2400 元的高龄老人长寿生活补贴。

③ 罗甸县规定，80~89 周岁老年人每人每月发放生活补助费 60 元，90~99 岁老年人由原来每人每月 60 元提高到 100 元，100 岁以上老人每人每月发放 200 元。同时，百岁老人病故的，一次性补助安葬费 1200~1500 元。参加新型农村合作医疗和城镇居民基本医疗保险的 80 岁以上老人，因病住院治疗并符合补助规定范围内的，除自付部分费用外，县民政还给予资助，即 80~99 岁的老人民政救助资金给予 30%的补助，100 岁以上的老人民政医疗救助资金给予全额支付。

④ 晴隆县规定，100 岁及以上高龄的老人同时被纳入低保。

除了表 8-10 中的州、市、县之外，有些县（市）根据自身的经济社会发展水平实行了个性化的老年津贴制度。其中值得一提的是，黔东南州首府凯里市在 2011 年成为全国第一个为 60 岁以上居民发放老龄补贴的县（市），2013 年 7 月起，凯里市老龄补贴发放标准提升为：已满 60 周岁未满 70 周岁的，每人每月由 100 元调整为 110 元；已满 70 周岁未满 80 周岁的，每人每月由 120 元调整为 132 元；已满 80 周岁未满 100 周岁的，每人每月由 150 元调整为 165 元；年满 100 周岁及以上的，每人每月由 200 元调整为 220 元。

老年津贴的减贫功能不仅是个人意义上的，还可以是家庭意义上的。从表 8-10 中可以看出，对高龄老人而言，老年津贴对个人纯收入的替代率至少达 10%，最多可以达到将近 80%。国家统计年鉴（2013）的数据显示，贵州省 2012 年人均纯收入中转移性收入为 454.53 元，这也就意味着享受老年津贴的老年人获得的转移性收入高于家庭平均水平。考虑到农村老年人的消费率较低，所以这部分老年人甚至可以将自己的养老金用于支持家庭其他成员或者购买必要的养老服务，从而减轻整个家庭的经济负担。

（二）对贵州省老年津贴制度减贫效应的简要评价

作为“零支柱”的养老金制度，老年津贴的非缴费性、非选择性和现金补助的形式使得它具备了收入缓解的功能。在新农保尚未普及而且养老金水平较低的情况下，老年津贴对老年人经济贫困压力的缓释作用更加明显。由于许多老年人没有工资或者劳务收入，要从收入鉴定的渠道来甄别出其中的贫困者无疑是一件行政成本高且社会效益低的事情，因此对老年人发放无差别的养老金是消除老年贫困的良策之一。但是当前贵州省的老年津贴制度显然还处于初级阶段，存在以下一些问题：

1. 省级层面的 80 岁以上高龄补贴制度尚未建立，存在“老年津贴悖论”

黔东南州黄平县尚无统一的老年津贴制度，但是对低保户中 60 周岁以上老人、重病重残人员、在校学生、计生纯女户、独生子女户、单亲家庭，每人每季增发 131 元。也就是说，只有低保线以下的 60 岁以上老人享有某种程度的补贴，而毗邻的凯里市则实行了面向本市户籍的、年满 60 岁的城乡老人的老龄补贴制度。同在一个省甚至一个州（市）内的老年人享受到的政策性养老金差别如此之大，不仅会拉大实际上的收入差距，还会造成落后地区老

年人心理上的不公平感。由于贵州尚未实行省级层面的老年津贴制度，因此各县市依据自身的经济社会发展水平尤其是财政水平决定是否以及如何发放老年津贴。这样一来，很有可能形成这样一个“老年津贴悖论”，即越穷的地方越不可能发放老年津贴，本来就贫困的老年人相对于发达地方老年人收入更加短缺。

2. 老年津贴有着较高的替代率，可能挤压新农保参保率，进而影响老年保障体系建设

根据新出台的《贵州省城乡居民基本养老保险实施办法》，当前新农保的缴费标准为每人每年 100~2000 元 13 个档次，政府补贴额度每月 30~90 元不等，发放金额由基础养老金和个人账户养老金组成，支付终身。基础养老金按国家确定的标准支付。个人账户养老金每人每月标准按个人账户全部储存额除以 139 计发。

如表 8-11 所示，当不考虑标准上涨等因素时，13 个缴费档次下，每个缴费满 15 年符合领取新农保资格的农村居民，每个月将领到 69~280.5 元不等的新农保保险金，也就是相当于农村居民的“退休工资”。考虑到农村老年人的缴费能力和新农保基础养老金的吸引力，缴费多集中于 100 元/年这个档次，因而发放标准也多集中于 69.0 元/年这个档次。从已经发放的老年津贴额度来看，随着 80 岁以上高龄津贴制度在各地逐渐普及，发放额度低同时还需要缴费的新农保将相形失色。

表 8-11　2013 年贵州省城乡居民养老保险缴费、政府补贴和养老金发放标准

缴费标准（元/年）	100，200，300，400	500，600，700，800，900	1000，1200，1500，2000
政府补贴（元/月）	30	60	90
发放标准（个人账户）（元/月）	14.0，24.8，35.6，46.4	60.4，71.2，82.0，92.8，103.6	117.6，139.2，171.6，225.5
发放标准（个人账户+基础养老金）（元/月）	69.0，79.8，90.6，101.4	115.4，126.2，137，147.8，158.6	172.6，194.2，226.6，280.5

资料来源：缴费标准和政府补贴额度根据《贵州省城乡居民基本养老保险实施办法》的规定整理，发放标准依据其中的发放办法计算而得。

同时，考虑新农保与高龄津贴制度之间的关系，尽管很难厘清新农保参保率的影响因素，但是在老年保障体系框架内，缴费型和非缴费型政策工具的应用应相互配合，在缴费标准、发放标准及其上调幅度上结合其他经济社会

因素进行精算，然后确定起始发放额度。总的来说，对于 80 岁以上老人而言，已经实行老年津贴制度的市（州）或县（市）当前的养老金水平基本上与农村低保持平或高于每月 55 元的发放标准。虽然它对于老年人年人均纯收入的替代率还不足以高到让人担心富贵病的程度，但是考虑到福利刚性、人口老龄化增速和地方财政能力，应突出新农保在老年保障方面的基础性地位，逐渐提高新农保的保障水平；而更具地方性的老年津贴制度应大胆开展，但应谨慎地计算发放水平及其变动幅度。

3. 某些地区老年津贴发放对象仍然具有选择性

一般来说，老年津贴的发放对象只要满足年龄和户籍（有的地方把长期居住的外地户籍老人也纳入）条件即可享受相应养老金。但是，在贵州省已发放老年津贴的县（市）中，一些选择对象的政策实践依然存在，如锦屏县规定的发放对象是有锦屏常住户籍的老年人，领取职工养老保险和财政供养的人员除外。这是当地为了减轻财务负担做出的决策，但是这样的安排无疑又削弱了老年津贴的普惠性本质，同时也加大了政策对象甄别成本。

四、贵州省农村社会救助与反贫困

相对于社会保险和社会福利反贫困功能的预防性，社会救助是直接、专门向困难群体提供现金和服务支持的社会保障项目，更具事后补救的特点。本章对于社会救助的反贫困效应分析主要论述农村最低生活保障制度。

（一）贵州省农村低保制度安排

贵州省政府于 2007 年 5 月下发《关于全面建立实施农村居民最低生活保障制度的意见》，明确从当年 7 月 1 日起在全省范围内全面建立和实施农村居民最低生活保障制度，这意味着贵州全省当年所有年均收入在 693 元以下的农村绝对贫困人口被纳入低保保障范畴。

到 2013 年底，贵州全省共有农村低保对象 223.6 万户、477 万人，各地认真开展低保核查工作，低保人数比 2012 年减少 35.9 万人，降低 7%。全年共

发放农村低保资金 61.2 亿元，比 2012 年增加 3.6 亿元，增长 6.4%。2011~2013 年贵州 9 个市、州的农村低保标准如图 8-3 所示。

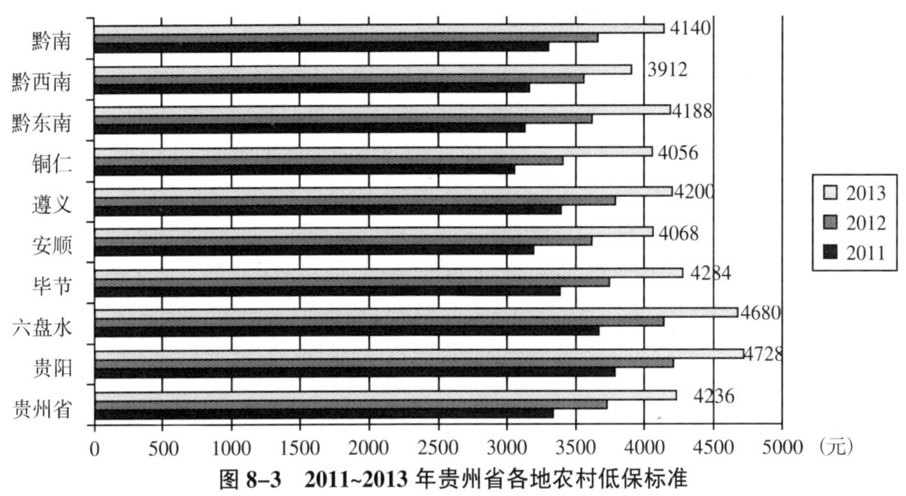

图 8-3　2011~2013 年贵州省各地农村低保标准

资料来源：相关年份各市州国民经济和社会发展统计公报。

（二）贵州省农村低保制度的减贫效应分析

考察一个地区的农村低保减贫效果有三个通行的评价指标，分别为农村低保救助力度系数、农村低保生活救助系数和农村低保覆盖率①。

表 8-12 中的数据指出了贵州省近几年的农村低保制度减贫效果。从覆盖率来看，贵州省农村低保对象人口占农村总人口的比例始终远远高于 5%这一应保尽保的覆盖率，其中，从 2010 年起，贵州省的农村低保覆盖率超过 20%。这也在一定程度上说明了贵州省较重的低保负担。

低保救助力度系数主要从低保金保障受助者生活力度的角度来考察低保的减贫效果。根据国际贫困线标准，低保金能达到当地居民人均收入的 50%时，低保金能满足受助群体的基本生活需求。从表 8-12 可以看出，2010~2012 年，贵州省农村低保救助力度系数在 0.4 徘徊，始终未达到 0.5，也就是说低保救助金保障低保群体基本生活需要的能力还未达到。另根据国际经验，低保生

① 低保救助力度系数=当年人均名义低保标准/上一年度人均收入；低保生活救助系数=当年人均低保标准/上一年度人均食品消费支出；低保覆盖率=年度享受低保救助的总人数/年度总人口。

活救助系数达到 0.65 时，低保救助金能保证低保群体的食品支出水平[①]。可以看出，贵州省农村低保生活救助系数从 2010 年起能够满足此要求，即低保金全部用于食品消费时刚刚能够达到当地农村居民平均食品消费水平。

表 8-12　2007~2012 年贵州省农村低保制度实施情况及其评估

贵州农村	2007 年	2008 年	2009 年	2010 年	2011 年	2012 年
总人口[②]（万人）	2606.3	2549.2	2479.8	2302.8	2256.2	2215.5
居民人均纯收入（元）	2374.0	2796.9	3005.4	3471.9	4145.4	4753.0
低保支出总额（万元）	51744	155292	242342	317458	549880	575593
低保人数（万人）	256.4	323.3	324.0	534.7	530.9	513.0
人均年低保支出（农低保名义标准）（元）	201.8	480.3	748.0	593.7	1035.8	1122.0
年人均生活消费性支出（元）	1913.5	2165.7	2422.0	2852.5	3455.8	3901.7
人均食品消费支出（元）	998.4	1119.6	1093.9	1319.4	1646.5	1740.6
低保评估						
低保救助力度系数	—	—	—	0.4	0.4	0.4
低保生活救助系数	—	—	—	1.2	1.1	1.0
低保覆盖率（%）	9.8	12.7	13.1	23.2	23.5	23.2

资料来源：低保救助力度系数、生活救助系数和覆盖率依据公式计算而得，其他数据均来自贵州统计年鉴（2013）。

2004 年 3 月，贵州省民政厅发布《关于对城市低保对象中的特殊困难人员实施分类救助工作的通知》，规定对“无生活来源、无劳动能力、无法定赡养人、抚养人或者扶养人为城市低保对象”等 10 类低保对象和特困低保家庭增发 10%~30%低保金，也就是对低保对象实行分类救助。在北京和大连等发达城市，从 2009 年起也陆续开展了对农村低保对象的分类救助，可以获得额外低保金的人群包括“享受农村低保待遇的 70 岁以上老年人、16 周岁以下的未成年人和因患病等原因暂时丧失或大部分丧失劳动能力的农村低保对象”等。但是贵州省并没有对农村低保对象进行分类救助，这也就意味着对农村低保对象中的老年人、未成年人以及重病患者家庭的特殊照顾没有法制保障。

---

① 王增文. 农村最低生活保障制度的济贫效果实证分析——基于中国 31 个省市自治区的农村低保状况比较的研究［J］. 贵州社会科学，2009（12）.

② 统计口径为常住人口（半年口径）。

综上可以看出，贵州省农村低保现处于一个“广覆盖低水平”的阶段。无论是从低保金支出总额还是人均低保支出来看，贵州省为救助农村中生活极度困难群体付出了持续较高的经济代价。但是，由于需要救助群体庞大，低保覆盖率居高不下，因此农村低保的救助力度系数和低保生活救助系数依然处于一个比较低的水平，也就是说，低保金对贫困农户的救助力度依然不足。

五、贵州省农村社会保障反贫困的对策建议

从本章第一部分对贵州省贫困历史和现状的描述可以看出，贵州的贫困单靠社会保障难以让贫困者尤其是赤贫者和长期贫困者的生活转轨。在反贫困方面，尚处于中低保障水平的社会保障提供的资金收入的“止损”、“减支”功能远大于“增收”功能。评估贵州农村社会保障的反贫困效应不能忽视其农村贫困和农村社会保障发展两个方面的特殊性。由于前者的现存论述相对较多，下文主要描述贵州农村社会保障发展面临的特殊性，同时结合前文对贵州省农村社会保障反贫困效应的分析提出从反贫困视角出发的、完善贵州社会保障的对策思考。

（一）贵州农村社会保障及反贫困作用的特殊性

1. 地方财政能力普遍偏低而且差距大，社会保障支出水平受到明显的约束

社会保障水平的提升首先依赖于社会保障支出持续、稳定的增长。贵州省经济水平长期落后，地方财政力量较薄弱，社会保障水平受到财政收入水平的制约。

以大病保险为例，筹资水平偏低是贵州省当前大病保险制度存在的一个突出问题。国务院医改办 2011 年对全国 1 亿人口样本数据的测算预测，全国大病平均发生率是 0.3%，按照 50%的实际报销比例，大病保险的平均筹资水平应在 45 元左右[①]，但即便是较为发达的贵阳市，筹资水平都低于既定政策目

① 陈文辉等. 我国城乡居民大病保险发展模式研究［M］. 北京：中国经济出版社，2013.

标。筹资水平低对困难户的影响是间接的，它直接影响的主要是商业保险企业的积极性问题，但是低筹资与广范围、高保障的矛盾问题不解决，制度可持续性就存在问题，反贫困功能的发挥将受到不言而喻的影响。

2. 贵州省农村社会保障体系尚未定型，其反贫困功能发挥仍受转型之忧

社会保障体系面临的新变化首先是保障对象的复杂化。随着新型城镇化建设进程加快，贵州省出现了一些新型贫困或者新的贫困脆弱性，如农民生产生活方式发生变化带来更多样的意外伤害、疾病风险以及新型城镇化过程中失地农民生计风险等，失地农民、农村留守老人和儿童等特殊群体的生活保障必须纳入政策范畴，亟须新的制度建设和原有保障水平提升。

贵州农村社会保障体系的另一个重大转型在于其与城市社会保障体系的整合以及随之而来的统筹层次的上升。贵州城乡居民养老保障体系整合已经起步，居民医疗保障体系一体化也在讨论之中，原有的保障标准、服务提供方式、各级财政负担情况、基金运行状况等面临整合。在新的筹资方式、保障标准和财政保障水平之下，如何避免农村居民对城市居民、低收入群体对高收入群体的社会保障“逆向补偿”问题，需要周密的统筹安排。

（二）从反贫困视角出发，完善贵州社会保障的对策思考

1. 健康保障方面应继续提高大病保险的支付水平，减少医疗灾难性支出

目前贵州省各地对于农户的疾病和医疗支出风险建立起了“新农保+大病保险+医疗救助”的基本保障模式，但还是存在保障水平偏低的问题。仍以大病保险为例，影响大病保险受助对象支付水平的一个要素是报销封顶线。黔西南州和六盘水市规定了最高支付限额可能出于减轻基金支付压力的考虑，但是在市、州级统筹的前提下，发生超大额医疗费用的人员比例将随着费用增加而减少，这部分支出占大病保险基金总量的比例也将减小。因此，在制度设计之初，就应该从公平性出发取消大病保险支付封顶线。同时，大病保险是“特惠型”保障制度，兼具保险的二次补偿和社会救助对象的选择原则。因此，要全面考察疾病风险给农村家庭带来的各类经济损失而不仅是医疗支出，从而依据家庭可支配收入和支出状况来衡量一个患病家庭承担大病风险的能力，计算大病保险分类、分层的补偿标准，减少医疗灾难性支出。

2. 养老保障方面，建立省级高龄津贴制度、提高新农保保障水平是当务之急

没有退休工资、新农保保障水平低、更易遭受疾病困扰、家庭支持逐渐弱化，这一系列因素导致农村老人成为最易陷入收入贫困境地而无法凭借自己的力量走出困境的群体。由于新农保作为基本保险，是全国一盘棋的统筹安排，各省相对可以自主设计的余地较小，老年救助又仅限于极端贫困的老年人，因此建立省级层面的高龄津贴制度就成为减少老年贫困的一个相对务实又高效的选择。考虑到当前贵州省内各地称谓不一、标准不一、对象不一的老年人补贴政策继续存在，将加大未来统一执行的行政成本，同时结合宁夏和青海同为西部民族省份的经验来看，首先建立贵州省级层面的 80 岁以上老人高龄津贴制度相对可行。

3. 在社会救助方面，提高低保救助水平和瞄准度依然是实现其反贫困功能的工作要点

从上文可以看出，贵州省低于低保标准的农村人口规模过大，因此低保覆盖率较高，但是低保救助水平尤其是救助力度系数依然较低，加大对当地贫困人口的财政扶持力度，逐渐提高低保水平仍然不可松懈。同时，在财政能力约束下提高社会救助的瞄准度是提高救助效率的另一选择，主要方法包括开展对农村低保对象的分类救助。低保救助的分类标准有很多种，基本要求为从低保对象的实际需求和发展能力出发，重点区分有无劳动能力和社会支持的多寡等因素，让一部分有能力的低保对象或者暂时陷入贫困的低保对象通过发展性的低保扶持走出困境。

第九章　云南省农村最低生活保障反贫困研究

云南省地处我国西南边陲，在国内从西到东分别与西藏自治区、四川省、贵州省、广西壮族自治区毗邻。同时，云南共有陆地边境线4061公里，从西至南，分别与缅甸、老挝、越南3个国家接壤，并与泰国、印度、孟加拉、柬埔寨等国相邻，属于我国通向中南亚和南亚地区的重要陆上通道和通商口岸。从行政区划来看，《云南省统计年鉴2013》的数据显示，云南省的民族自治州数量占云南地市州总数的50%；而在129个县市区中，民族自治县个数占总县市区个数的22.5%。据第六次人口普查统计，云南省2010年的总人口为4601.6万人，其中汉族占66.7%，少数民族共1534万人，占总人口数的比例为33.3%。云南三分之一的人口为少数民族，该比重在民族八省区之中排第七位①。云南是我国民族类别最多的省份，除汉族以外，云南有25个世居少数民族，人口数均在5000人以上。云南是我国西部民族八省区之一，也是我国西部大开发战略和农村扶贫开发行动实施的重点省份。云南省地处我国西南边疆，具有农村贫困程度深、经济社会发展水平偏低、少数民族分布广等多种特点，使得其在国家安全、边疆稳定、农村反贫、民族政策等学术研究领域中备受重视。

① 依据2010年第六次人口普查数据，民族八省区中其他七个省份的少数民族人口比重分别是：西藏自治区92%，新疆维吾尔自治区59.82%，青海省47.02%，广西壮族自治区42.45%，贵州省36.07%，宁夏回族自治区35.23%，内蒙古自治区20.47%。

一、云南省贫困状况

（一）贫困发生率

西部民族地区一直是我国扶贫攻坚的主要战场，云南作为西部民族地区省份之一，是一个集边疆、民族、贫困、山区等特点为一体的省份。从贫困县的数量来看，有国家扶贫开发重点县73个（另有7个省重点扶贫县），占全国总数的12.3%，居全国首位。从贫困人口数量来看，国家统计局依照2011年人均2300元的农村贫困线测算出2011年末云南省贫困人口为1014万人，居全国第二[①]。国务院扶贫办主任刘永富代表国务院向全国人大常委会报告“农村扶贫开发工作情况”时指出，到2012年底，中国各省份中，贫困发生率超过20%的有云南、西藏、甘肃、贵州、新疆、青海等少数民族比例较高的省区[②]。国家民委也指出，2013年民族八省区农村贫困人口占乡村人口的比重为17.1%，民族八省区贫困面较大，西南少数民族地区的扶贫开发任务仍然繁重[③]。从云南省的贫困发生率变化来看，云南省贫困发生率长期处于高位波动状态（见表9-1）。

笔者在云南调研收集的资料整理显示，按照国家扶贫新标准，截至2011年，普洱市有贫困人口88.52万人，贫困发生率达42.1%[④]。2012年，按照2300元的贫困标准，怒江州有贫困人口31.29万人（785元以下深度贫困人口

① 新华网云南频道. 云南：贫困人口数量居全国第二［EB/OL］. http：//www.yn.xinhuanet.com/newscenter/2013-01/21/c_132116537.htm.

② 财新网. 扶贫办主任：中国仍有近1亿贫困人口［EB/OL］. http：//china.caixin.com/2013-12-26/100622165.htm.

③ 国家民委. 2013年民族八省区农村贫困人口比上年减少559万人［EB/OL］. http：//www.seac.gov.cn/art/2014/4/21/art_3_203179.html.

④ 普洱市人民政府扶贫开发办公室. 普洱市人民政府扶贫开发办公室关于给予批准执行《普洱市农村扶贫开发新十年行动计划（2011~2020年）》的请示（普扶办发［2013］109号）［Z］. 2013-11-12.

表 9–1 云南贫困发生率及贫困人口数

年份	2000	2006	2011	2014	2015
贫困发生率（%）	29.6	18.7	27.1	15.5	12.7
贫困人口占总人口比重（%）	23.7	15.0	21.9	12.2	9.9
贫困人口（万人）	1005	670.8	1014	574	471

注：2000 年和 2006 年的贫困发生率及 2006 年的贫困人口数据摘自：丁忠兰. 云南民族地区扶贫模式研究［M］. 北京：中国农业科学技术出版社，2012.

2011 年和 2014 年贫困发生率数据来源于：中国新闻网. 云南省贫困发生率已降至 15.49%［EB/OL］. http：//www.chinanews.com/df/2015/08-25/7488212.shtml.

2015 年贫困人口数据依据：和讯网. 云南 2015 年实现减贫 103 万人减贫率达 17.9%［EB/OL］. http：//news.hexun.com/2016-02-23/182380619.html.

5.89 万人），贫困发生率达 71.1%[①]。2012 年，红河州农村贫困人口 103.81 万人，居全省第二位，农村贫困发生率 28.8%[②]。楚雄州的武定县 2013 年的贫困发生率则高达 90%[③]。

除了农村贫困发生率高之外，云南省广泛分布于农村边远地区的人口较少民族、“直过区”民族和跨境民族的贫困率则更高，是云南省扶贫攻坚和社会救助的重点帮扶对象。以人口较少民族为例，据相关部门统计，2010 年，云南 395 个人口较少民族聚居建制村的农民人均纯收入仅为 2293.5 元，人均有粮 406.1 公斤[④]。当年 395 个建制村中，有贫困人口 26 万人，贫困发生率为 34.3%，高于全省民族地区（9.5%）24.8 个百分点，高于全省（8.6%）25.7 个百分点[⑤]。从具体的人口较少民族来看，傈僳族是云南省 4 个特困民族之一，96%以上的独龙族、90%以上的怒族、89%以上的普米族群众处于贫困状态，白族支系“拉玛人”、“勒墨人”，景颇族支系“茶山人”整体处于深度贫困状态[⑥]。2011 年，拉祜族群众人均纯收入达到 1190 元[⑦]。有学者对龙陵县龙山镇

① 怒江州人民政府. 关于请求对怒江州边疆民族团结示范州工作给予重点支持的汇报材料［Z］. 2013-1-3.

② 红河州扶贫办. 打好扶贫攻坚战促进边疆民族地区发展——红河州扶贫办 2013 年扶贫工作情况汇报［Z］. 2014-1-14.

③ 中共武定县委县政府. 全国推进民族团结进步示范县建设 建设美丽和谐新武定［Z］. 2014-1-16.

④ 云南帮扶人口较少民族跨越发展. 国家民族事务委员会网站［EB/OL］. http：//www.seac.gov.cn/art/2014/9/23/art_8012_214860.html.

⑤ 杜琼. 云南人口较少民族自我发展能力提升问题研究［J］. 云南行政学院学报，2013（5）.

⑥ 胡荣才. 怒江州扶贫开发工作情况介绍［Z］. 2014-1-15.

⑦ 张红文，达顿怀. 关于如何加快对金平拉祜族群体综合扶贫开发的调研报告［Z］. 2014-1-14.

的阿昌族的调查表明，阿昌族家庭年均总收入分布在100~999元的比例高达68.1%[①]。超过96%的独龙族，以及超过90%的怒族仍然处于贫困状态，而基诺族和布朗族聚居的55个建制村的贫困发生率为26.7%[②]。受历史、自然环境、地理位置、民族文化等多重因素的影响，人口较少民族往往居住在偏远的农村山区或边境地区，这些群体与外界的交流相对较少，多维持本民族原生态的生活方式，再加上受市场经济和现代化影响的程度偏弱，因而缺乏较强的自我发展能力，陷入绝对贫困的概率更大，抵御经济贫困的能力较低，贫困发生率往往远高于全省水平。

（二）贫困人口分布

总的来看，云南省的贫困人口主要部分在云南西部、西北部、东南部、东北部地区，而且主要分布在一些少数民族聚居区、民族自治地方、边疆地区和高寒山区或革命老区[③]。总体而言，云南贫困人口的分布呈现区域性、民族性、特殊性特征。

贫困人口分布的区域性表现为：贫困人口主要居于高寒山区、深山区、石山区、石漠化区、干热河谷和远离城镇、交通干线等地区，分布面广，涉及全省16个州市。从具体的行政区域的分布来看，云南农村贫困人口主要分布在国家级重点扶贫县和省级重点扶贫县中。《中国农村扶贫开发纲要（2011~2020年）》把六盘山区等11个连片特困地区和西藏及四川、云南、甘肃、青海四省藏区，新疆南疆三地作为扶贫攻坚的主战场。全国14个集中连片特困地区中，涉及云南省的分别为六盘山区、乌蒙山区、滇桂黔石漠化区、滇西边境山区。在这4个连片特困地区中，云南省有91个片区县，占129个县总数的70.5%，居全国第1位。2012年，91个片区县农民人均纯收入低于全省平均水平7.6%，低于全国平均水平37.4%[④]。近三年来，云南省91个片区县的贫困发生率由2011年的32.2%降至2013年的20.8%。此外，2013年，云南省在4个连片特困地区的91个片区县之外，增加了2个重点县。到2013年

---

① 李韧，黄自能. 云南人口较少民族阿昌族生活质量调查分析［J］. 学术探索，2014（7）.
② 杜琼. 云南人口较少民族自我发展能力提升问题研究［J］. 云南行政学院学报，2013（5）.
③ 周紫林. 云南国家级贫困县贫困难题破解研究［M］. 昆明：云南大学出版社，2009.
④ 韩斌. 基于自我发展能力的云南扶贫开发之思考［J］. 新西部，2013（21）.

底，还有贫困人口 661 万人，居全国第 2 位[①]。

贫困人口的民族性表现为：贫困人口呈现民族集中、整体集中的连片状态，特别是远离交通、城镇带动和资源开发有限的深度贫困民族聚居乡村，其贫困程度呈现民族整体性、整村性甚至整乡连片的群体性。从分布于 4 个连片特困地区的少数民族比例来看，乌蒙山片区等 4 个连片特困地区中有少数民族人口 1058 万人，占全省少数民族的 74.4%，8 个人口较少民族基本集中在这 4 个片区内[②]。

贫困人口分布的特殊性表现为：聚集于革命老区、民族“直过区”、沿边战区和沿江自然保护区的深度贫困人口，其贫困程度深，不仅受特殊自然地理环境的制约，而且受社会发育程度、历史政策沿革的影响，带有极强的政治特殊性。云南有 16 个少数民族沿国境线而居，贫困发生率达 45.2%；还有 12 个“直过”民族基本处于整体贫困状态。其中地理分布区域集中明显，金沙江、澜沧江、怒江三江沿线深度贫困人口 68.35 万人，占规划区内深度贫困人口的 44.56%，边境县深度贫困人口 36.45 万人，占规划区内深度贫困人口的 23.76%[③]。

此外，云南省人口较少民族、“直过区”民族和沿边跨境少数民族等特殊困难群体和特殊区域贫困问题突出。

（三）农村贫困致因

云南的贫困地区普遍具有贫困面广、贫困程度深、脱贫难度大、返贫现象突出等特点，特别是民族地区，由于历史、自然等原因，贫困人口多，贫困发生率高，深度贫困问题突出，扶贫任务更加艰巨[④]。总体而言，导致云南农村贫困问题严重的原因主要包括自然生态环境恶劣、经济社会发展起点低、人力资源科学文化素质不高、基础设施建设落后、产业结构不合理、市场发育程度低、民族文化传统观念等方面。

---

① 云南省人民政府扶贫开发办公室在 2014 年扶贫日新闻发布会上发出向贫困宣战的倡议书［EB/OL］. 云南扶贫开发网，http：//www.ynfp.cn/news_show.asp? newsid=721.

② 云南贫困县数量居全国之首——6 月底将启动两片区扶贫攻坚［N］. 昆明日报，2012-3-23（A02）.

③ 云南省政府扶贫领导小组办公室. 云南省深度贫困群体扶贫攻坚调研报告［R］. 2014-1-6.

④ 丁忠兰. 云南民族地区扶贫模式研究［M］. 北京：中国农业科学技术出版社，2012.

1. 自然环境制约生存条件的改善

第一，云南省大部分地区处于低纬度高海拔的地理环境之中，而且云南位于云贵高原，山地、高原约占全省国土总面积的94%。由于省内地形、地貌和地理环境等的复杂性和多样化，云南省的各类自然资源在不同季节和地域的分配十分不均衡，多数地区的生态环境十分脆弱，不利于少数民族的生存生产。为此，云南省划分出了若干个贫困类型区，如横断山高寒贫困类型区、乌蒙山冷凉贫困类型区、滇东南岩溶贫困类型区、哀牢山类型区、滇中红层山区贫困类型区等。第二，受制于自然生态环境的脆弱性，云南大部分农村地区的人均耕地面积十分有限，直接制约民族地区和少数民族生活水平的提高。第三，许多少数民族乡村位于高寒地区、山区和半山区，脆弱的生态环境使得云南农村地区往往十分容易遭受自然灾害的侵袭。在频发的自然灾害的种类中，地震、泥石流、山体滑坡、干旱、洪涝是云南农村民族地区最为常见的自然灾害。对此，云南有个说法是"无灾不成年"。据媒体报道，2001~2012 年，云南省共发生地质灾害 17258 起，近 10 年平均每年发生自然灾害 1000 多起。云南省国土资源厅有关资料显示，云南省 129 个县都有成灾记录[①]。第四，脆弱的生态环境同样也给各个少数民族与外界的交流造成了交通上的障碍。

2. 人力资源素质偏低制约内生发展动力的形成

第六次人口普查资料显示，2010 年，云南省乡村文盲人口占 15 岁及以上乡村人口的比重为 9.41%，比全国高出 2.15 个百分点；云南文盲人口占 15 岁及以上人口比重为 7.6%，比全国高出 2.72 个百分点[②]。根据第六次人口普查的统计（见表 9-2），云南省乡村人口中的男性和女性未上学人口占 6 岁以上人口的比重远远超过全国水平、北京等发达省份的水平，以及内蒙古、广西等其他民族地区省份的水平。云南省乡村人口的主要文化程度为小学，而文化程度为初中、高中和大专及以上的乡村人口占 6 岁以上人口的比重则远远低于全国平均和发达省份水平，也远低于其他民族地区省份的水平。由此可

① 云南省近 10 年平均每年发生自然灾害 1 千多起　年投 20 亿防治地质灾害［EB/OL］. 云南网，http://society.yunnan.cn/html/2014-07/07/content_3274534.htm.

② 田东林，桑启启，杨颖. 云南农村人力资源开发分析［J］. 当代经济，2012（2）.

以看出，云南省农村人口的受教育程度普遍不高，难以使农村劳动力获得知识积累、技能开发等方面的提升，偏低的人力资源水平进而会影响农村地区经济社会内生发展动力的形成。以笔者参与调研的贡山县为例，贡山县人均受教育年限为6.87年，低于云南省平均水平（7.6年），也低于怒江州平均水平（7.2年）①。红河州边境三县中，绿春县的人均受教育年限仅为6.2年，金平县则仅为6.3年，河口县仅为7.86年②。

表9-2　云南乡村各文化程度人口数占6岁以上人口数比重及地区比较（2010年）

	未上学		小学文化程度		初中文化程度		高中文化程度		大专及以上文化程度	
	男	女	男	女	男	女	男	女	男	女
全国	2.10	5.14	18.01	20.05	24.83	20.08	4.78	2.94	1.18	0.88
北京	1.34	3.61	8.74	9.21	28.58	22.12	9.95	8.15	4.13	4.16
内蒙古	2.35	4.94	17.90	19.30	25.55	18.58	4.99	2.99	1.85	1.57
广西	1.28	3.65	20.55	22.37	25.46	19.30	3.86	2.05	0.85	0.62
贵州	3.68	9.57	25.26	24.89	19.05	12.44	2.42	1.30	0.94	0.46
云南	3.18	6.60	28.41	27.61	16.82	11.01	2.74	1.79	1.08	0.77
西藏	16.68	22.90	24.97	19.30	6.90	4.69	1.29	1.04	1.29	0.94
青海	6.80	12.12	25.14	24.36	15.81	9.59	2.84	1.72	0.99	0.63
宁夏	3.31	7.39	20.40	22.25	21.49	15.34	4.39	2.95	1.45	1.04
新疆	1.62	2.16	20.81	20.71	24.45	20.82	3.51	2.82	1.63	1.46

资料来源：笔者依据《中国人口与就业统计年鉴》（2011）整理计算而得。

人力资源素质偏低的情况在人口较少民族中表现得更为突出。云南省8个人口较少民族中有6个民族属于“直过民族”，社会发育晚，人口素质整体偏低。如普洱市澜沧县的拉祜族，至2009年末，人均受教育年限仅为4.7年③。而红河州金平县拉祜族文盲人数有5276人，占拉祜族总人口的71%，个别村还存在文盲村和适龄儿童零入学的状况④。农村贫困监测住户抽样调查显示，深度贫困地区儿童失学率高达8.4%，其中因经济困难原因不能继续上学的达

① 贡山县统计局. 关于云南省民族团结进步边疆繁荣稳定示范建设课题的座谈会发言材料［Z］. 2014-1-12.

② 红河州发改委. 红河州2011年“兴边富民工程”工作总结［Z］. 2012-2-19.

③ 澜沧县推进拉祜族聚居区综合扶贫工作［EB/OL］. 新华网，http：//www.yn.xinhuanet.com/puer/2014-04/16/c_133266609.htm.

④ 张红文，达顿怀. 关于如何加快对金平拉祜族群体综合扶贫开发的调研报告［Z］. 2014-1-14.

到46.3%。成人文盲、半文盲率为29.6%。只有6.1%的劳动力接受过专业技术培训，劳动力转移率仅为0.6%。由于文化程度过低，这些社会成员在生产生活方面的知识与技能提升方面十分不足。许多人口较少民族的生产生活依旧沿用传统模式，难以掌握先进的生产技术，劳动生产率低下，无法适应工业化和现代化发展。

3. 民族文化和传统观念阻碍了少数民族的现代化进程参与

云南农村地区少数民族的民族文化、传统观念、生活习俗等与现代化进程存在一定程度上的冲突。由于世居在高寒地区、山区、峡谷等脆弱的生态环境之中，许多少数民族文化中的原始共产主义生活理念及方式依然普遍。具体表现在"一家宰猪，全村过年"、"'一杯酒，一塘火'就是最大的满足"、"有肉大家吃，有酒大家喝，谁家有就吃谁家"等，这些观念虽是维系民族共同体的纽带，在相当长的历史时期发挥了重要的作用，但这种观念与市场经济的发展和现代化建设的推进存在明显的冲突，表现出了诸多的不适应性。少数民族在传统文化和观念的影响下，一方面生活贫困，另一方面"吃在酒上，穿在银上，用在鬼上"的消费观念又造成很大的浪费，导致少数民族家庭无法形成财富积累的观念，从而在应对自然灾害、疾病、年老等方面的致贫风险时缺乏有效的抵御能力。上述这些来自民族文化、观念上的影响，直接导致了家庭的经济功能无法完全发挥。简单的劳作方式以及缺乏财富积累和市场流动观念，使得家庭生活质量难以改变，并容易陷入长期的贫困循环之中。此外，由于少数民族社会成员在语言、风俗、观念、文化、心理等方面和汉族社会成员存在较大差异，少数民族社会成员往往不太愿意主动参与到市场经济活动和现代化进程中来，从而也就难以分享市场经济和现代化进程所带来的诸多经济福利和生活水平的提高。

4. 单一的产业机构导致了地区经济发展驱动力的不足

以深度贫困地区为例，深度贫困地区生产资源贫乏，基本还处于"靠天吃饭"的传统农业阶段，耕作粗放，收成微薄，基本没有积累，自我发展能力弱，抵御自然灾害的能力十分脆弱。人均纯收入低于785元，不足全省平均水平的1/4，只是全国的15.3%。产业结构单一，95.4%的劳动力仍然从事农业

生产，农户家庭收入的3/4以上来源于农业[①]。但是，受脆弱的生态环境的影响，云南农村地区的农业发展大多面临着极大的风险。在以农业为主要产业的单一产业结构下，农村居民的收入以及地方财政收入往往容易遭受自然灾害等因素带来的波动性风险。笔者从云南西双版纳州、怒江州、普洱市、楚雄州等地收集的资料均表明，农业生产基础设施薄弱，投入不到位，农作物管理水平低下，农业抵御自然灾害的能力依然较差，农业生产“靠天吃饭”的现状没有得到根本改变，改善农业基本生产条件的问题长期存在。除了经济结构单一之外，政府财政自给率低、投入力度不足则进一步弱化了农村地区经济发展驱动力的形成。经济发展缺乏驱动力，贫困地区则在市场经济竞争中往往处于不利地位，在获取资金、人才、技术等生产要素的过程中更加容易被边缘化，最终导致地区贫富差距拉大。

5. 基础设施及社会事业发展滞后限制了农村居民发展能力的提升

基础设施是社会成员日常使用频率最高、直接影响当地居民生活质量和社会福利水平的重要公共服务类项目之一。云南农村，尤其是边境地区和连片特困地区，由于地质地貌复杂、政府财政收入紧张等因素的影响，基础设施建设进程往往落后于其他地区。云南省扶贫办2011年10月组织的专题调研数据显示，云南省深度贫困地区水利化程度仅为14.4%，饮水困难的人口比重达37.9%，有35.8%的自然村没有通公路，出行基本依靠人背马驮，90.3%的自然村没有硬化路面，2418个自然村7.51万农户不通电，32.87万农户住房困难、人畜混居。有5.69万户共22.16万人丧失生存条件，需要易地搬迁，建制村卫生室未达标率高达60.63%，村寨环境脏、乱、差问题突出[②]。笔者在怒江州调研时收集的资料也表明，怒江州作为全省基础设施最差的州市级行政区，是全省唯一的“四无”州市，农村至今还有1458个自然村未通公路，“过溜上学、人背马驮”仍然是部分地区的主要出行和运输方式，水利程度仅为29%[③]。云南农村地区的各民族社会成员由于基础设施建设滞后情形的制约，他们在获得安全的饮水、便利的交通、稳定的电能、公共卫生设施等方面资源的可及性低，在个人发展和家庭发展能力的提升方面受到多方面阻碍，从而实际

①② 云南省政府扶贫领导小组办公室. 云南省深度贫困群体扶贫攻坚调研报告［Z］. 2014-1-6.
③ 胡荣才. 怒江州扶贫开发工作情况介绍［Z］. 2014-1-15.

上面临着除经济贫困之外的多维贫困现状。这也正是阿玛蒂亚·森所强调的“能力贫困”观点所指出的自由发展能力受限的现象。

二、云南省农村最低生活保障反贫困的基础性角色及成效

云南省作为我国西南民族地区省份，贫困发生率和贫困程度排在整个西部地区省份中的前列，同时，农村人口比重远远高于城镇人口比重，社会发育程度低，产业结构单一且以第一产业为主，使得社会保险制度在该省分散风险和缓解贫困方面的作用十分有限。就目前我国社会保障制度的整体水平来看，社会福利制度的发展仍然滞后于社会保险制度和社会救助制度，社会福利制度的作用空间同样较为狭小。我国的社会救助制度的特点是，以最低生活保障制度为核心、各项专项社会救助项目共同作用解决公民的贫困问题。此外，由于少数民族社会成员构成了农村最低生活保障制度的重要政策对象，该项制度的实施还关系到国家认同、民族关系和边境地区稳定等重大问题。因此，可以说，特殊的制度运行环境和社会保障制度体系的总体发展水平的合力作用导致了农村最低生活保障制度在云南社会保障制度中的重要性“兜底”角色。

（一）云南省农村最低生活保障反贫困基础性角色的成因

1. 云南省社会保险制度发展不足

云南省少数民族地区的产业结构特点总体表现为第一产业过大，第二产业过小，第三产业质量不高，重工业过重，轻工业过轻。单就农业结构来讲，种植业比重过大，非种植业比重过轻，甚至仅有单一的、落后的种植业[①]。国家统计局公布的《中华人民共和国2012年国民经济和社会发展统计公报》数据

① 谢和均，王定俭．少数民族地区新型农村养老保险模式选择——来自云南省的实证研究［J］．云南行政学院学报，2011（5）．

显示，2012 年全国三次产业结构比例为 10.09：45.31：44.60。云南省 2012 年全省的三次结构比例则为 16.05：42.87：41.08，第一产业结构比重远高于全国平均水平。

云南省各区县三次产业结构中以第一产业比重较高的特点，同样在就业人员比重构成上得到了反映。笔者依据云南省 2010 年第六次人口普查数据整理计算发现，除了经济发展水平较高的 9 个区市之外，其余 120 个县市从事农、林、牧、渔业的就业人口占总就业人口比重均在 40%以上。由此可以看出，云南省就业人口的就业行业主要是农业，这也就意味着大部分劳动就业人员在目前情况下只能参加城乡居民社会养老保险制度以分散其退休后的经济贫困风险。而且，这种就业特点意味着云南省广大城乡劳动者还无法像城镇职工一样普遍参加工伤保险、生育保险和失业保险等社会保险项目，再加上目前城乡居民社会养老保险制度的缴费主体仅为政府和农民，筹资水平较低，也决定了云南省城乡广大劳动者的社会保险待遇在相当长的一段时期内处于偏低水平。此外，养老保险制度在实践中存在的扭曲执行等负面因素的影响，城乡广大劳动者依靠社会保险项目来化解贫困风险的可能性不大。

事实上，从历年参加城镇职工基本养老保险参保人数占总人数的比重也可以发现社会保险制度在云南省等西部民族省份缓解城乡劳动者经济贫困的作用空间并不大。本文选取了 2001 年、2005 年和 2012 年的《中国劳动统计年鉴》中社会保障部分的统计数据，经整理计算发现，云南省城镇职工基本养老保险参保人数占总人数的比重在上述三个年份分别为 5.67%、5.81%和 7.82%，分别在当年各地区排名中处于第 29 位、第 30 位和第 31 位，处于全国末尾位置（见表 9-3）。

表 9-3 全国各地区城镇职工基本养老保险参保人数占总人数比重

序号	2001 年		2005 年		2012 年	
1	上海	40.98	上海	43.92	上海	59.53
2	北京	30.75	北京	33.81	北京	58.31
3	天津	28.03	天津	29.56	浙江	39.86
4	辽宁	24.38	辽宁	28.28	广东	38.08
5	黑龙江	18.17	黑龙江	20.13	辽宁	36.66
6	广东	15.69	广东	19.54	天津	34.70
7	吉林	14.46	浙江	19.28	江苏	30.65

续表

序号	2001 年		2005 年		2012 年	
8	新疆	13.77	江苏	17.73	黑龙江	26.42
9	海南	13.59	吉林	16.79	重庆	24.34
10	浙江	12.91	新疆	15.03	海南	24.15
11	内蒙古	12.20	海南	14.60	吉林	22.99
12	江苏	12.07	内蒙古	14.10	全国	22.47
13	山东	11.31	山东	14.08	山东	21.30
14	山西	11.17	湖北	14.08	新疆	20.55
15	全国	11.11	全国	13.37	宁夏	20.28
16	湖北	10.82	福建	11.52	湖北	20.27
17	宁夏	10.28	山西	11.43	福建	20.18
18	青海	9.92	湖南	11.36	四川	20.00
19	河北	9.57	宁夏	11.33	内蒙古	18.95
20	重庆	9.55	青海	11.05	山西	17.96
21	陕西	9.46	重庆	10.37	陕西	17.15
22	湖南	9.15	河北	10.33	湖南	15.79
23	江西	7.85	陕西	10.19	江西	15.71
24	河南	7.71	四川	9.66	河北	15.44
25	甘肃	7.47	江西	8.99	青海	15.01
26	四川	7.11	河南	8.68	河南	13.51
27	安徽	7.06	甘肃	7.75	安徽	13.09
28	福建	7.02	安徽	7.71	广西	10.95
29	云南	5.67	广西	6.19	甘肃	10.76
30	广西	5.20	云南	5.81	贵州	8.88
31	贵州	4.19	贵州	4.92	云南	7.82
32	西藏	2.69	西藏	2.75	西藏	4.32

资料来源：根据《中国劳动统计年鉴》(2013) 和《中国统计年鉴》(2002、2006、2013) 数据整理计算得到。

从 2012 年的情况来看，民族 8 省区的城镇职工基本养老保险参保人数占总人数的比重均低于全国水平，新疆和内蒙古等发展水平相对较高的民族省份在近年来的城镇职工养老保险制度发展步伐上相对落后了，而西南民族省份的上述比重则依然处于全国最低水平，其中云南排在倒数第二位，仅比西藏高出 3.5 个百分点。

从整个云南省的城乡居民社会养老保险的建制情况来看，2009 年云南在 16 个县市启动新农保试点。云南省新型农村社会养老保险的初始实施时间是

2009 年 12 月 1 日，城镇居民社会养老保险则是于 2011 年 7 月 1 日开始实施。云南省人力资源和社会保障厅发布的《2013 年云南省人力资源和社会保障事业发展统计公报》数据显示，2013 年末云南农村社会养老保险参保人数为 2084.06 万人，其中参加新型农村社会养老保险的人数为 2023 万人。参加城镇居民社会养老保险的人数为 126.20 万人，全年领取城镇居民社会养老保险待遇的人数为 29.62 万人。全年领取农村社会养老金的人数为 414.41 万人，农村社会养老保险资金收入 138.82 亿元，资金支出 47.65 亿元[①]。云南省正式全面实施城乡居民社会养老保险制度是在 2014 年 6 月 1 日。

从云南省的实际来看，老年人的收入将越来越多地依赖于社会保障体系。云南民族地区各县的农业人口比重大多在 80%以上，新型农村养老保险政策需要覆盖的人数众多，该项制度在缓解云南农村地区农民的经济贫困风险方面的压力很大[②]。从当前城乡居民社会养老保险的待遇水平来看，待遇过低的问题一直是诸多学者评价该项制度的一个焦点，过低的养老金待遇在缓解农村老年人经济贫困和满足养老需要方面很难发挥作用。

2. 云南省社会福利制度发展不足

在我国，社会福利制度实践中主要包括老年人福利、儿童福利、残疾人福利与妇女福利等，也包括其他如高龄津贴和福利性服务。就目前中国的社会福利制度内容而言，它是老年人、儿童、残疾人、妇女等群体实现共享国家经济社会发展成果的重要途径之一。[③] 但是，受观念、立法、财政、管理体制机制等多方面因素的影响，我国的社会福利事业发展整体滞后，覆盖人群主要包括老年人、残疾人、妇女儿童等人群，属于“选择性”的社会福利制度。社会福利制度在社会保障事业发展中的滞后既是我国的国情，也是我国大多数省份面临的共同问题。社会福利制度的实施往往遵循“属地管理”原则，因而社会福利制度的财政投入更多地需要有赖于云南省地方财政能力。然而受制于经济发展水平，云南省各级政府用于社会福利事业的财政支出十分有

① 数读 2013 年云南省人力资源和社会保障事业发展统计公报［EB/OL］. 云南网，http：//yn.yunnan.cn/html/2014-07/21/content_3294389_2.htm.

② 谢和均，王定俭. 少数民族地区新型农村养老保险模式选择——来自云南省的实证研究［J］. 云南行政学院学报，2011（5）.

③ 郑功成. 中国社会福利改革与发展战略：从照顾弱者到普惠全民［J］. 中国人民大学学报，2011（2）.

限，再加上社会福利制度立法不完善等因素的影响，使得需要政府财政大力支撑的社会福利事业仍然面临严重不足的问题。

（二）云南省农村最低生活保障的反贫困成效

云南省早在20世纪90年代末就建立了农村最低生活保障制度的试点。1998年，云南省在江川县、弥勒县开展了建立农村最低生活保障制度的试点工作。1999年，玉溪市1区8县全面推开农村最低生活保障[①]。在同一时期，云南其他州（市）则普遍通过实施定期定量和临时救济相结合的救助形式帮扶农村贫困成员及家庭。在国务院发布通知之后，云南省政府决定从2007年起在全省全面建立和实施农村最低生活保障制度。该规定从全面建立和实施农村最低生活保障制度的重要意义、保障对象和保障标准的确定、农村家庭收入的核实、农村最低生活保障工作政策和工作流程、资金筹集与发放、资金监管、职责划分等方面对全省各地开展农村最低生活保障制度的工作进行了原则性的规定。

1. 农村最低生活保障标准水平

根据民政部的统计数据，云南省农村最低生活保障标准从2009年的人均每月66.1元增至2013年的152.4元，5年时间内，农村最低生活保障标准增长幅度超过一倍，标准提升速度较快。农村最低生活保障标准占全国平均水平的比重也由2009年的65.6%增至2011年的85.5%，但从2011年开始，这一比重呈现逐年下降的趋势。受国家贫困线在2011年提至2300元的影响，云南省2011年的农村最低生活保障平均标准同比增长率高达60.8%。农村最低生活保障的平均支出水平由2009年的60元提至2012年99.5元，云南省农村低保的平均支出水平基本与全国平均水平持平（见表9-4）。

从2012年云南省与其他民族省区的农村最低生活保障标准的对比来看（见表9-5），云南省农村最低生活保障待遇标准处于民族八省区中的中间水平。以2008年第四季度的农村最低生活保障平均标准为例，云南省省级农村最低生活保障平均标准从每人每年681元增至2014年第三季度的每人每年2092元，2008年第四季度至2014年的省级农村最低生活保障平均标准年均增

① 普艳杰，李克艳. 云南农村弱势群体社会救助体系建立的模式选择［J］. 群文天地，2012（3）.

表 9-4　云南省农村最低生活保障平均标准与平均支出水平

年份	平均低保标准（元/人/月）	平均低保标准同比增长率（%）	平均低保标准占全国比重（%）	平均支出水平（元/人/月）	平均支出水平同比增长率（%）	平均支出水平占全国比重（%）
2009	66.1	—	65.6	60.0	—	90.8
2010	76.1	15.1	65.0	71.0	18.3	95.9
2011	122.4	60.8	85.5	97.3	37.0	91.7
2012	139.7	14.1	81.1	99.5	2.3	95.7
2013	152.4	9.1	79.2	—	—	—

资料来源：2009 年数据来自：云南全省农村低保对象在 2009 年基础上新增 40 万人［EB/OL］. 商务部网站，http：//www.mofcom.gov.cn/aarticle/difang/yunnan/201102/20110207393844.html.

2010~2012 年数据来自《中国民政统计年鉴》（2011~2013）。

2013 年数据依据民政部公布的“2013 年一至四季度各省社会服务统计数据”取平均值计算而得。

表 9-5　云南省 2008~2014 年农村最低生活保障省级平均标准增长情况

地区	2008 年四季度（元）	2014 年三季度（元）	2009 年同比增长（%）	2010 年同比增长（%）	2011 年同比增长（%）	2012 年同比增长（%）	2013 年同比增长（%）	2014 年同比增长（%）	2008~2014 年年均增长率（%）
内蒙古	896	3618	62.3	34.1	22.4	21.8	17.5	6.0	22.1
广西	615	2014	64.9	14.4	5.7	12.2	44.9	1.0	18.5
贵州	713	2094	25.6	43.1	13.0	12.3	12.7	14.2	16.6
云南	681	2092	21.2	10.6	61.0	14.1	16.5	7.1	17.4
西藏	312	2165	139.0	3.4	25.6	65.3	23.8	9.3	31.9
青海	877	2213	14.4	35.2	7.3	36.8	5.0	5.9	14.1
宁夏	584	2215	26.6	14.7	35.1	20.3	48.0	8.7	21.0
新疆	684	1952	34.7	1.4	16.7	41.6	16.9	8.2	16.2

资料来源：依据民政部官方网站“统计数据”一栏中的“低保数据—统计季报”整理计算得到，http：//cws.mca.gov.cn/article/tjjb/。

长率为 17.4%。与民族八省区省份相比，年均增长率处于中等水平。从历年同比增长情况来看，各个地区的省级农村最低生活保障平均标准变化很大。云南省农村最低生活保障制度省级平均标准 2011 年的同比增长率达到 61%，并在民族八省区中居最高增长幅度，而云南省其余各个年份的同比增长率水平均处于偏低水平。

再从农村最低生活保障标准占农民人均纯收入比重来看（见表 9-6），云南农村最低生活保障标准占农民人均纯收入的比重为 30.9%，高出全国平均水平和西藏、新疆、广西和宁夏四个自治区。从农村最低生活保障年平均支出水平占农民人均纯收入的比重来看，民族八省区的该指标值均高于全国平均水平，云南则仅低于内蒙古和青海两个省区，该指标值达到 22.1%。与民族省区的横向比较结果表明，云南省农村最低生活保障制度标准在西部民族省区中处于中等水平。

表 9-6　2012 年民族八省区农村最低生活保障标准与支出水平比较

地区	农民人均纯收入（元）	平均低保标准（元/人/年）	平均低保标准占全国比重（%）	低保标准占农民人均纯收入比重（%）	平均支出水平（元/人/年）	平均支出水平占全国比重（%）	平均支出水平占农民人均纯收入比重（%）
内蒙古	7611	2906	140.6	38.2	1976	158.4	26.0
青海	5364	1990	96.3	37.1	1573	126.0	29.3
贵州	4753	1627	78.7	34.2	982	78.7	20.7
云南	5417	1676	81.1	30.9	1195	95.7	22.1
西藏	5719	1600	77.4	28.0	1148	92.0	20.1
全国	7917	2068	100.0	26.1	1248	100.0	15.8
新疆	6394	1544	74.7	24.1	1307	104.7	20.4
广西	6008	1375	66.5	22.9	1012	81.1	16.8
宁夏	6180	1377	66.6	22.3	1333	106.9	21.6

资料来源：《中国民政统计年鉴》（2013），其中"农民人均纯收入"依据"中国经济与社会发展统计数据库"整理而得（http：//tongji.cnki.net/kns55/Dig/dig.aspx）。

2. 农村最低生活保障制度保障人数

云南省农村最低生活保障制度保障人数从 2007 年的 250.2 万人增至 2013 年的 466.5 万人，年均增长率为 9.31%。受"应保尽保"政策目标的影响，云南农村最低生活保障制度 2008 年的保障人数同比增长率达到了 23.11%（见图 9-1）。2008 年，云南省民政厅将边境地区、人口较少民族分布地区、藏区作为农村最低生活保障制度扩面的主要地区。同年，33 个特殊县新增农村最低生活保障人数 42.96 万人，占当年云南省最低生活保障制度新增人数的 60%①。但总体而言，云南省农村最低生活保障人数增长幅度呈下降趋势。

① 浦超，何璐璐. 云南在人口较少民族聚居地区全面覆盖农村低保［EB/OL］. http：//www.yn.xinhuanet.com/newscenter/2009-05/15/content_16537203.htm.

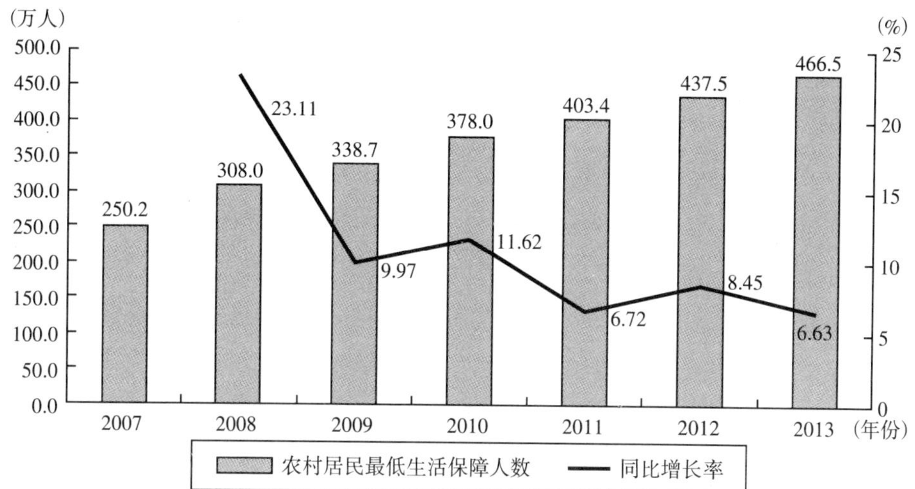

图 9-1　2007~2013 年云南省历年农村最低生活保障制度保障人数

资料来源：《云南省统计年鉴》(2008~2013)，2013 年的数据来自《2013 年云南省国民经济和社会发展统计公报》。

从云南省农村最低生活保障制度受助人员的构成来看（见表 9-7），女性、老年人、未成年、残疾人四类受助人群的合计占比呈缓慢上升趋势，从 2007 年的 73.5%上升至 2013 年的 81.7%，这也意味着农村最低生活保障制度人群瞄准范围越来越趋向于农村更易遭受贫困的群体。从具体的受助人员构成来看，农村最低生活保障受助人群中残疾人的比例持续下降，由 2007 年的 9.1%下降至 2013 年 5.7%。受助者为老年人的比例则总体呈上升趋势，由 2007 年

表 9-7　2007~2013 年云南省农村最低生活保障人数及构成

年份	农村最低生活保障人数（人）	各类受助人群占总受助人数比重（%）				四类受助人群总数占农村最低生活保障人数比重（%）
		女性	老年人	未成年人	残疾人	
2007	2501478	29.8	20.9	13.7	9.1	73.5
2008	3079465	28.3	23.2	11.4	9.0	71.9
2009	3386583	27.7	30.4	11.0	8.3	77.4
2010	3779985	29.2	31.4	11.0	7.7	79.3
2011	4033733	29.7	31.2	11.1	7.3	79.3
2012	4375101	33.7	28.7	12.3	6.0	80.7
2013	4665000	34.0	29.2	12.7	5.7	81.7

资料来源：《中国民政统计年鉴》(2008~2013)，其中 2013~2014 年的数据依据民政部官方网站公布的季度数据进行采取算数平均计算的方法整理而得。

的20.9%增至2013年的29.2%，意味着有将近1/3的农村最低生活保障对象为老年人。此外，女性受助对象比例也在上升，2013年的女性受助人数占农村最低生活保障总受助人数比重超过1/3。

从农村最低生活保障制度保障人数占农村人口的比重来看（见表9-8），从2007年的8.1%增至2013年16.7%，呈现出逐年上升的趋势。并且，同期水平均高于全国平均水平。由此表明，相比全国平均水平而言，云南农村最低生活保障制度的覆盖范围更大①。与其他西部民族地区省份相比，在农村最低生活保障人数占农村人口数比重的年均增长率方面，云南省低于广西和贵州，但高于西藏、青海和宁夏。由于西南地区民族省份的农村贫困问题更为严重，因而农村最低生活保障救助的人数相对较多，这也使得农村最低生活保障制度的保障人数占农村人口的比重呈现出西南民族地区高于西北民族地区的现象。

表9-8　2007~2013年民族八省区农村最低生活保障人数占农村人口数比重

年份	全国	内蒙古	广西	贵州	云南	西藏	青海	宁夏	新疆
2007	5.0	7.4	6.0	9.8	8.1	10.1	10.4	7.0	10.2
2008	6.1	9.5	6.1	12.7	10.1	10.1	10.5	8.1	10.1
2009	6.9	10.4	9.2	13.1	11.2	10.1	11.7	9.1	10.0
2010	7.8	10.4	6.8	23.2	12.5	9.8	6.7	9.9	10.5
2011	8.1	10.8	12.0	23.5	13.8	9.8	13.1	11.8	10.8
2012	8.3	11.7	12.6	23.2	15.5	13.8	13.3	11.4	10.9
2013	8.6	—	13.3	21.9	16.7	13.8	13.6	12.2	—
2007~2013年均增长率	8.1	—	12.0	12.2	10.9	4.6	3.9	8.3	—

资料来源：依据《中国统计年鉴》（2008~2013）、《中国民政统计年鉴》（2008~2013），以及相关省份的2013年国民经济与社会发展统计公报数据计算而得。

3. 农村最低生活保障制度资金投入

云南省农村最低生活保障计划支出资金额度从2007年全面建立该项制度以来持续增长，从2007年的92981.7万元增至2012年的321894.2万元（见表9-9）。云南省农村最低生活保障资金支出占全国的比重在5%~7%波动。2007~2012年，云南省农村最低生活保障计划支出资金占本省的地方财政支出

① 由于无法收集各省相应年份的农村贫困人口数，因此此处用农业人口数作为代替。

比重则基本在 1%的水平上变动，但是由于绝对贫困人数多，需要进行最低生活保障救助的人数也多。因此，云南农村最低生活保障计划支出资金占地方财政支出比重均高于同期的全国水平，2007~2012 年，云南省计划用于农村最低生活保障的资金占地方财政支出的比重分别是全国水平比重的 2.8 倍、2.5 倍、2.7 倍、2.7 倍、2.2 倍、2.3 倍。

表 9-9　2007~2012 年云南省农村最低生活保障资金全年计划支出情况

年份	云南农村最低生活保障全年计划支出（万元）	云南农村最低生活保障全年计划支出资金占全国比重（%）	云南农村最低生活保障计划支出资金占地方财政支出比重（%）	全国农村最低生活保障计划支出占全国财政支出比重（%）
2007	92981.7	6.35	0.82	0.29
2008	156569.3	5.78	1.06	0.43
2009	238941.9	6.84	1.22	0.46
2010	316857.7	6.95	1.39	0.51
2011	316860.6	5.79	1.08	0.50
2012	321894.2	6.46	0.90	0.40

资料来源：依据《中国民政统计年鉴》（2008~2013）以及《中国统计年鉴》（2008~2013）的数据整理计算得到。

与全国其他省份的横向比较则同样表明，云南省的农村最低生活保障计划支出在全国的所占份额处于前列。以 2012 年的数据比较为例，云南省农村最低生活保障 2012 年的资金投入规模位列全国第三，仅次于西南民族地区的贵州省（见图 9-2）。同时，云南省农村最低生活保障计划支出资金占全国的份

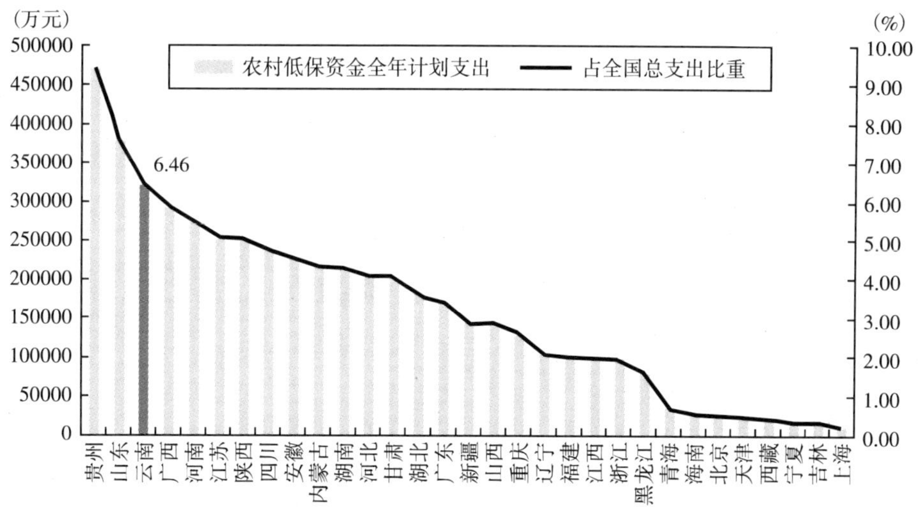

图 9-2　云南省 2012 年农村低保资金全年计划支出与其他省份比较

资料来源：《中国民政统计年鉴》（2013）。

额也远远高于其他大部分省份。究其原因，这既与云南省的农村贫困问题十分严重有关（实际上，我国西南地区是我国农村贫困问题最为严重的地区），也与地方财政能力密切相关。

与民族八省区的农村最低生活保障资金投入情况相比，云南省的财政投入资金绝对数额在民族八省区中较高，仅次于贵州省。在农村最低生活保障资金计划支出占地方财政支出比重的水平比较中也表现出了相似的特点。但是，从2007年全面建立农村最低生活保障制度以来，至2012年，云南省农村最低生活保障资金计划支出占地方财政支出比重的年均增长率却低于其他地区。云南省支出比重年均增长率水平基本与全国持平，但是却低于除宁夏之外的其他民族省区，尤其与同为西南地区的广西和贵州存在较大差距（见表9-10）。

表9-10 2007~2012年民族八省区农村低保资金全年计划支出额及其占地方财政支出比重

地区	2007年		2010年		2012年		2007~2012年年均增长率（%）
	支出（亿元）	比重（%）	支出（亿元）	比重（%）	支出（亿元）	比重（%）	
全国	146.5	0.38	456.1	0.62	498.1	0.46	22.63
内蒙古	3.7	0.34	14.8	0.65	21.7	0.63	34.59
广西	3.8	0.38	19.4	0.97	29.2	0.98	40.55
贵州	9.6	1.20	42.8	2.61	47.0	1.71	30.38
云南	9.3	0.82	31.7	1.39	32.2	0.90	22.99
西藏	0.6	0.22	1.3	0.24	2.4	0.27	25.91
青海	1.0	0.35	3.3	0.44	3.6	0.31	23.51
宁夏	1.0	0.40	2.0	0.36	1.7	0.19	9.40
新疆	1.9	0.23	11.8	0.69	14.6	0.47	40.91

资料来源：依据《中国民政统计年鉴》（2007、2010~2013）以及民族八省区的相关年份统计年鉴整理计算得到。

三、云南省农村最低生活保障反贫困存在的问题

对云南省农村最低生活保障制度发展现状的梳理表明，云南省农村最低生活保障制度由于受贫困问题、地方财政能力以及其他一些决策因素等的影响，一方面面临很重的救助任务或压力，而另一方面却存在省内各个地方救助人

数、实际资金支出水平以及保障标准等方面的差异。

（一）农村最低生活保障制度保障水平地区差异大

基于统计数据的可及性，本章节对云南省农村最低生活保障制度保障水平进行州、市之间的比较，各区、县间的比较，以及各个州、市内部区县间的比较。农村最低生活保障救助力度系数的原理在于通过剔除各地经济水平的差异性来考察最低生活保障待遇的保障水平。其结果可以看作某省份政府对农村最低生活保障对象的实质救助强度，系数值越大，意味着政府对农村最低生活保障对象的救助力度越大，反之亦然[①]。根据朱俊生等提出的计算方法，救助力度系数包括名义救助力度系数（系数Ⅰ）和实际救助力度系数（系数Ⅱ）。

名义救助力度系数（系数Ⅰ）的表达式为 $\delta_t=\frac{A_t}{I_t}$，其中 δ_t 表示最低生活保障救助力度系数，A_t 表示第 t 期农村最低生活保障待遇标准，I_t 表示第 t 期农村居民人均纯收入。

实际救助力度系数（系数Ⅱ）的表达式为 $\delta_t^0=\frac{A_t^0}{I_t^0}$，其中 δ_t^0 表示最低生活保障救助力度系数，A_t^0 表示第 t 期农村最低生活保障支出水平，I_t^0 表示第 t 期农村居民人均纯收入。

本章节选择实际救助力度系数Ⅱ的计算办法，来观测云南省农村最低生活保障制度的实际保障水平。

1. 各市、州农村最低生活保障制度保障水平差异

2012 年，云南省各个州、市的农村最低生活保障制度救助力度系数的计算结果如表 9-11 所示。计算出的系数结果表明，边境地区的市、州以及连片特困地区市、州的农村最低生活保障制度救助力度系数相对较高，怒江州（边境地区州）、昭通市（连片特困地区市）的救助力度系数分别接近 0.4 和 0.3。换言之，农村最低生活保障待遇人均支出水平占当地农村农民人均纯收入的比重约为 40%和 30%，待遇替代率水平相对较高。其他还有 56.2%的市、

① 王增文. 农村最低生活保障制度的济贫效果实证分析——基于中国 31 个省市自治区的农村低保状况比较的研究［J］. 贵州社会科学，2009（12）.

州的农村最低生活保障救助力度系数处于 0.2 左右（0.2031~0.2303），待遇替代率水平围绕在 20%左右波动。然而，也有 31.2%的市、州救助力度系数水平低于 0.2。

表 9-11　2012 年云南省各市、州农村最低生活保障制度救助力度系数

地区	人均农村低保支出水平（元）	农村居民人均纯收入（元）	农村最低生活保障生活救助力度系数
怒江州	1083	2773	0.3905
昭通市	1093	3897	0.2804
楚雄州	1248	5418	0.2303
文山州	1068	4643	0.2300
临沧市	1185	5158	0.2298
德宏州	1091	4763	0.2290
丽江市	1162	5094	0.2282
迪庆州	1020	4769	0.2139
普洱市	1057	5020	0.2105
大理州	1191	5689	0.2094
云南省	1115	5417	0.2059
保山市	1083	5331	0.2031
红河州	1069	5468	0.1954
西双版纳州	1141	6174	0.1849
曲靖市	1087	5950	0.1826
昆明市	1415	8040	0.1760
全国	1393	7917	0.1759
玉溪市	1187	7628	0.1555
标准差	96.6205	1258.0598	0.0535
均值	1136	5363	0.2218
离散系数	0.0850	0.2346	0.2413

注："年人均农村低保支出水平"的计算方法是：对民政部公布的低保数据"统计月报"和"统计季报"中统计的每个月份的"农村最低生活保障支出水平"取算术平均值，再将算术平均值乘以 12，算出"年人均农村低保支出水平"。

资料来源：依据《云南省统计年鉴》（2013）和中国民政部官方网站的"统计数据"中公布的"低保数据"整理计算得到。

2. 各区、县农村最低生活保障制度保障水平差异

从云南省各个区县的农村最低生活保障救助力度系数来看（见表 9-12），各个县之间的地区差异很大。所选的云南省 2012 年 127 个县的农村最低生活保障制度救助力度系数范围为 0.0993~0.4912。换言之，2012 年云南省各个县

的人均农村最低生活保障支出水平占当地农村人均纯收入比重的波动范围为9.93%至49.12%。127个县中，有81个县的农村最低生活保障救助力度系数高于云南省平均水平，有24个县的系数值则处于云南省平均水平与国家平均水平之间，还有22个县的农村最低生活保障救助力度系数则低于全国平均水平。

表 9-12　2012 年云南省农村最低生活保障制度救助力度系数排名

排序	地区	人均农村最低生活保障支出水平（元）	农村最低生活保障生活救助力度系数	排序	地区	人均农村最低生活保障支出水平（元）	农村最低生活保障生活救助力度系数
1	贡山独龙族怒族自治县	1085	0.4912	27	牟定县	1380	0.2876
2	福贡县	1082	0.4854	28	巧家县	1091	0.2871
3	屏边苗族自治县	1098	0.3697	29	永善县	1092	0.2846
4	兰坪白族普米族自治县	1083	0.3591	30	会泽县	1122	0.2814
5	剑川县	1397	0.3586	31	大姚县	1392	0.2809
6	绿春县	1076	0.3546	32	墨江哈尼族自治县	1093	0.2788
7	泸水县	1083	0.3499	33	绥江县	1092	0.2751
8	红河县	1083	0.3492	34	盐津县	1092	0.2750
9	澜沧拉祜族自治县	1056	0.3418	35	威信县	1092	0.2749
10	沧源佤族自治县	1553	0.3349	36	江城哈尼族彝族自治县	1092	0.2720
11	宁蒗彝族自治县	1161	0.3294	37	永仁县	1270	0.2710
12	元阳县	1093	0.3198	38	南涧彝族自治县	1156	0.2695
13	武定县	1469	0.3189	39	安宁市	2493	0.2665
14	西盟佤族自治县	1001	0.3181	40	呈贡区	2776	0.2615
15	鹤庆县	1606	0.3090	41	西畴县	1104	0.2597
16	石屏县	1537	0.3057	42	禄劝彝族苗族自治县	1184	0.2583
17	大关县	1089	0.3044	43	巍山彝族回族自治县	1064	0.2559
18	梁河县	1119	0.3039	44	陇川县	1045	0.2496
19	瑞丽市	1677	0.3003	45	弥渡县	1115	0.2473
20	洱源县	1515	0.2997	46	富宁县	1142	0.2459
21	鲁甸县	1092	0.2993	47	麻栗坡县	1092	0.2442
22	河口瑶族自治县	1411	0.2965	48	镇康县	1126	0.2428
23	镇雄县	1092	0.2922	49	昭阳区	1092	0.2427
24	彝良县	1093	0.2917	50	施甸县	1092	0.2413
25	金平苗族瑶族傣族自治县	907	0.2915	51	南华县	1203	0.2409
26	云龙县	1119	0.2879	52	镇沅彝族哈尼族拉祜族自治县	1100	0.2386

续表

排序	地区	人均农村最低生活保障支出水平（元）	农村最低生活保障生活救助力度系数	排序	地区	人均农村最低生活保障支出水平（元）	农村最低生活保障生活救助力度系数
53	永平县	1185	0.2381	85	德钦县	1031	0.2008
54	水富县	1136	0.2363	86	凤庆县	1065	0.2004
55	临翔区	1193	0.2361	87	师宗县	1098	0.1995
56	马关县	1109	0.2352	88	香格里拉县	961	0.1974
57	砚山县	1107	0.2345	89	景谷傣族彝族自治县	1092	0.1972
58	孟连傣族拉祜族佤族自治县	920	0.2325	90	宣威市	1087	0.1957
59	云县	1290	0.2315	91	潞西市	950	0.1949
60	龙陵县	1092	0.2302	92	弥勒县	1108	0.1947
61	维西傈僳族自治县	1062	0.2294	93	沾益县	1313	0.1946
62	姚安县	1190	0.2280	94	蒙自市	1106	0.1914
63	泸西县	1101	0.2279	95	思茅区	1079	0.1911
64	晋宁县	2036	0.2247	96	耿马傣族佤族自治县	1044	0.1908
65	永胜县	1090	0.2243	97	建水县	1089	0.1905
66	双江拉祜族佤族布朗族	1064	0.2243	98	隆阳区	1070	0.1899
67	易门县	1536	0.2225	99	罗平县	1255	0.1878
68	寻甸回族彝族自治县	1050	0.2216	100	禄丰县	1163	0.1867
69	宁洱哈尼族彝族自治县	1092	0.2178	101	盈江县	1046	0.1855
70	景东彝族自治县	1092	0.2174	102	富民县	1535	0.1835
71	古城区	1817	0.2163	103	双柏县	852	0.1835
72	永德县	1072	0.2151	104	富源县	1088	0.1825
73	勐海县	1191	0.2147	105	澄江县	1410	0.1769
74	楚雄市	1301	0.2147		全国	1393	0.1759
75	漾濞彝族自治县	1087	0.2145	106	元江哈尼族彝族傣族自治县	1195	0.1753
76	广南县	945	0.2135	107	腾冲县	1073	0.1753
77	勐腊县	1076	0.2125	108	华宁县	1334	0.1753
78	五华区	2118	0.2065	109	宾川县	1028	0.1730
79	玉龙纳西族自治县	1092	0.2064	110	华坪县	1059	0.1726
80	马龙县	1108	0.2063	111	大理市	1326	0.1720
81	昌宁县	1102	0.2062	112	元谋县	1066	0.1634
	云南省	1115	0.2059	113	峨山彝族自治县	1064	0.1517
82	嵩明县	1604	0.2046	114	祥云县	855	0.1491
83	丘北县	929	0.2035	115	景洪市	1122	0.1481
84	文山市	1092	0.2018	116	新平彝族傣族自治县	981	0.1472

续表

排序	地区	人均农村最低生活保障支出水平（元）	农村最低生活保障生活救助力度系数	排序	地区	人均农村最低生活保障支出水平（元）	农村最低生活保障生活救助力度系数
117	个旧市	1135	0.1428	123	麒麟区	1038	0.1279
118	石林彝族自治县	1209	0.1428	124	通海县	1081	0.1196
119	红塔区	1287	0.1419	125	西山区	1306	0.1121
120	开远市	1066	0.1402	126	官渡区	1199	0.1004
121	宜良县	1169	0.1369	127	陆良县	701	0.0993
122	江川县	972	0.1339				

注：①由于盘龙区和东川区的统计数据偏差很大，有存疑之处，因此未放入表中进行计算和排序。②“年人均农村低保支出水平”的计算方法是：对民政部公布的低保数据“统计月报”和“统计季报”中统计的每个月份的“农村最低生活保障支出水平”取算术平均值，再将算术平均值乘以12，算出“年人均农村低保支出水平”。

资料来源：依据《云南省统计年鉴》（2013）和中国民政部官方网站的“统计数据”中公布的“低保数据”整理计算得到。

3. 各市、州内部区、县间农村最低生活保障制度保障水平差异

各个市、州内的各区、县间的农村最低生活保障制度救助力度系数的离散系数差异很大，离散系数值分布在0.0842~0.3142。其中，农村最低生活保障制度救助力度系数的离散系数在0.3以上的有昆明市和红河州，而在0.1以下的分别有昭通市、文山州和迪庆州。再以云南省边境市、州为例，红河州的农村最低生活保障制度救助力度系数的离散系数高达0.3142，为全省最高，而同属于边境地区的文山州、保山市、怒江州、临沧市的救助力度系数的离散系数分别仅为0.0924、0.1314、0.1836和0.1888。此外，同属边境市、州的普洱市、西双版纳州、德宏州的救助力度系数的离散系数则为0.2024、0.1971和0.2272。可以发现，边境地区各市、州内各个县之间的农村最低生活保障制度保障水平差异也十分明显。其余8个非边境市、州内各区、县的农村最低生活保障制度保障水平同样也存在明显差异，如表9-13所示。

（二）农村最低生活保障资金自我筹集难度大

云南省大部分区、县的农村最低生活保障资金自我筹集难度很大。本文选取了2012年民政部公布的12月云南省各区、县农村最低生活保障累计支出额数据，以及当年各区、县地方财政公共财政预算收入的数据进行对比发现，

表 9-13　2012 年云南省各市、州内各个县的农村最低生活保障救助力度系数的差异情况

地区	农村最低生活保障制度救助力度系数			人均农村最低生活保障支出水平			人均 GDP 离散系数	农村人均纯收入离散系数
	最小值	最大值	离散系数	最小值（元）	最大值（元）	离散系数		
昆明市	0.1004	0.2665	0.3016	1050	2776	0.3530	0.6258	0.2645
曲靖市	0.0993	0.2814	0.2738	701	1313	0.1565	0.5545	0.1955
玉溪市	0.1196	0.2225	0.1911	972	1536	0.1643	0.8858	0.1215
保山市	0.1753	0.2413	0.1314	1070	1102	0.0122	0.1513	0.1238
昭通市	0.2363	0.3044	0.0776	1089	1136	0.0122	0.7348	0.0940
丽江市	0.1726	0.3294	0.2570	1059	1817	0.2592	0,5671	0.3203
普洱市	0.1911	0.3418	0.2024	920	1100	0.0547	0.4114	0.2080
临沧市	0.1908	0.3349	0.1888	1044	1553	0.1476	0.1812	0.0735
楚雄州	0.1634	0.3189	0.2163	852	1469	0.1458	0.4565	0.1370
红河州	0.1402	0.3697	0.3142	907	1537	0.1406	0.6419	0.3499
文山州	0.2018	0.2597	0.0924	929	1142	0.0756	0.5148	0.0742
西双版纳州	0.1481	0.2147	0.1971	1076	1191	0.0512	0.1590	0.2198
大理州	0.1491	0.3586	0.2526	855	1606	0.1796	0.4332	0.2135
德宏州	0.1855	0.3039	0.2272	950	1677	0.2493	0.2889	0.1793
怒江州	0.3499	0.4912	0.1836	1082	1085	0.0012	0.2848	0.1836
迪庆州	0.1974	0.2294	0.0842	961	1062	0.0509	0.4530	0.0522

有 118 个（占 91.5%）区、县的农村最低生活保障支出占地方公共财政预算收入比重高于全国水平。其中比重在 30%以上的有 23 个区、县，占 17.8%；比重在 10%以上的区、县有 60 个，占 46.5%。就全国平均水平而言，仅需拿出 1.13%的地方公共财政预算收入就能满足当年的农村最低生活保障制度资金需求。实际上，这些地方往往需要把主要的资金用于基础设施建设、发展经济等各个方面，完全依靠地方财政收入来支撑农村最低生活保障制度的资金需求是不可能的事情。拿出 10%的公共财政预算收入用于农村最低生活保障制度的发展显然是地方政府无法承担的。

从农村最低生活保障支出占地方公共财政预算收入比重较高的区、县特点来看，这些县绝大多数是国家级贫困县；并且比重在 40%以上的区、县中，有 58.3%的县同时还属于边境县和民族自治县。以福贡县和西盟佤族自治县为例，2012 年两县的地方公共财政预算收入仅为 4700 万元和 4500 万元，但是民政部官方网站公布的最低生活保障数据统计季报显示，2012 年两县农村最低生活保障全年累计支出分别达到了4814.5万元和4130.9万元。如果完全依靠自身公共财政预算收入来支撑农村最低生活保障制度，则意味着这两个县其他经济社会发展的资金使用将陷入停滞，如福贡县，就算把公共财政预算收入全部用于最低生活保障待遇的发放，还是存在资金缺口。

导致县级政府存在农村最低生活保障资金自我筹集难度大的主要原因在于地区经济发展水平不足，从而直接导致县级政府的财政收入能力较低。就农村最低生活保障资金的筹集而言，县级政府自我筹集能力差不仅表现为自我财政收入增加能力欠缺，还表现为我国财政税收结构影响了县级政府财政收入的自留程度。此外，中央政府在农村最低生活保障制度财政资金的责任分担机制中的欠合理性也加剧了县级政府的资金筹集难度。就云南省各个区、县的经济社会发育程度而言，寄希望于通过社会筹资的渠道来减轻政府筹资难度的可能性很小。此外，受制于地区经济社会发展的整体状态，政府利用社会筹资、慈善捐款的可能性也十分有限。

（三）农村最低生活保障制度管理运行能力不足

1. 待遇社会化发放渠道窄

云南农村金融服务体系并不发达，不利于农村最低生活保障制度待遇的社会化发放。这一方面体现为云南农村银行、信用社等机构数量有限，另一方面则表现为金融机构不愿意承担农村低保金的发放任务。因此，由于云南省农村地区社会救助待遇递送渠道的不通畅，不仅增加了受助群体和个人获取社会救助待遇的成本，而且影响着这些救助待遇缓贫作用的有效发挥。

2. 管理经办队伍薄弱

一方面，现有从事农村最低生活保障制度管理和经办的人员偏少，另一方面，现有从事管理经办业务的工作人员的专业素质相对不足。从2012年云南省城乡最低生活保障救助人数与县级民政部门和乡镇街道民政助理员总人数的比重来看，云南省达到了1001∶1。这意味着，1个县级以下的民政行政机构工作人员或民政助理员需要服务和管理1001个城乡最低生活保障制度的受助对象。这是在宽口径下进行的统计，如果仅计算负责城乡最低生活保障制度的行政机构人员和民政助理员人数，那么这个比例会更大。与全国相比，云南省的工作人员与救助人员比例远远高于全国平均水平（589∶1）。此外，云南地处西部地区，基础设施较为落后，特别是少数民族聚居地区的村道、县道等的公路交通设施网络表现出了整体规模不足、道路质量偏低、路网密度偏低等问题。便利的交通是提升农村居民获得公平的发展机会和提升自我发展能力的重要途径，属于阿玛蒂亚·森提出的"能力集"中的重要内容之一。但是云南省大多数农村地区的居民外出极为不便，便利交通的可及性很差，这也进一步增加了云南省农村最低生活保障制度的管理经办工作的难度。

3. 管理机制规范性不足

农村最低生活保障制度管理规范性不足的问题，在云南省农村地区需要格外注意，包括监督力度不够、入户抽查核实不科学、审批机关不认真履行职责等。在一定程度上，云南省农村最低生活保障制度的管理规范化既缺乏管理实施者方面的动力，也缺乏农村居民的动力。最低生活保障财政资金的责任分担状况也弱化了该项制度管理走向规范化。由于专业性不够和信息不对称，更加重了云南省农村最低生活保障制度走向规范化的难度。

（四）云南省农村最低生活保障反贫困的特殊挑战

制度运行环境差异往往会导致制度在运行中面临的问题和产生的效果存在差异，云南省的特殊省情则让农村最低生活保障制度在该省的反贫困中需要面临与其他省份不同的特殊问题和压力。云南省农村最低生活保障制度运行的制度环境问题包括贫困问题十分严重、农村社会发育程度较低、农村以少数民族为主、属于边境省份、同一民族跨境居住等。概括而言，云南省农村最低生活保障制度反贫困面临着以下特殊挑战：农村少数民族多生多育、跨境通婚、境外势力对农村最低生活保障制度缓贫作用空间的挤占。

四、提升云南省农村最低生活保障反贫困效果的建议

（一）合理确定保障标准，提升制度保障水平与公平性

就云南省农村地区而言，制定合理的农村最低生活保障标准需要从以下几个方面入手：第一，在制度理念上需要实现从“重覆盖、轻待遇”向“重覆盖和重待遇相结合”转变。第二，在制定保障标准时充分考虑少数民族饮食结构和基本生活消费的民族特色，在计算食物贫困线和非食物贫困线的过程中体现云南省少数民族的上述差异。第三，在标准制定和调整的具体方法上，建议参考“M-Y”最低生活保障标准确定法。该方法在马丁法的基础上进行了修正与改进，采用改进的计算办法分别对食物线和非食物线进行计算与调整，很好地兼顾了贫困的“绝对内核”和“相对价值”。

（二）完善财政责任分担机制，确保制度良性运行

总体上看，由于资金供给的不足，云南省农村最低生活保障制度在“应保尽保”和实际保障水平方面都不高。解决当前云南省农村最低生活保障制度发展过程中面临的财政不足问题，中央政府需要在促进地区间横向公平的角度依据“因素法”等办法合理确定对云南省农村最低生活保障制度的财政分担比例。从财政供给的层面逐步消除云南省农村最低生活保障制度保障水平存在的过大差异和不公平问题。因此，建立一套合理的财政责任分担机制，以摆脱之前的灵活性很强的不稳定筹资办法，是当务之急。

（三）加强专业人才队伍建设，逐步实现制度管理规范化

对于云南省农村最低生活保障制度运行面临的专业人才队伍薄弱的问题，解决思路如下：第一，要建立合理的从事农村最低生活保障制度管理运行工作人员的工资激励机制。第二，加强工作人员在关键管理环节的技能培训，

提升管理的专业化水平。加强专业化水平培训对于云南省农村地区尤其重要。在实践中，农村最低生活保障制度的资格审查、调查、待遇发放等工作大多由政府工作人员完成，这些政府工作人员中很多来自不同民族，他们工作的公平性会直接影响申请者及农村居民对农村最低生活保障制度的评价。第三，完善农村最低生活保障制度救助待遇的递送渠道。在制度管理和运行上，更加注重提升制度的公平性和待遇递送能力建设。建议协调有关部门，加强培养民族地区基层社会救助工作人员，让既熟悉民族语言、民族文化，又能准确把握、严格执行社会救助政策的高素质人员扎根基层开展社会救助工作，更好地落实救助政策，服务民族地区困难群众。

（四）加强专项救助制度建设，减轻农村低保制度缓贫负担

云南省农村因病致贫的现象较为严重，而这一类致贫风险实际上可以通过专项救助制度的完善得以化解，从而避免因病致贫等的贫困者陷入绝对贫困，进而施加压力于农村最低生活保障制度。建议在制定合理的农村最低生活保障线的基础上，参考美国依据基准贫困线制定多条相对贫困线的办法，按照贫困线标准的120%、150%、180%甚至200%的参数划定享受专项救助的资格线，使得家庭人均收入虽在农村最低生活保障标准之上，但却极易因病致贫、因病返贫的相对贫困人员可以申请专项救助制度的帮扶，从而使得最低生活保障制度保障对象的动态管理机制成为可能，提高制度运行的效率。

（五）畅通农村低保制度与农村扶贫开发政策衔接

农村最低生活保障制度与农村扶贫开发政策的衔接在云南省显得尤其重要，在畅通两项制度的衔接方面：①正确认识两项制度在反贫困行动中的角色和职能；②实现两项制度的有效衔接，还需要完善农村社会救助体系中的专项救助项目，以此来化解因参与扶贫开发政策而陷入暂时性贫困人员的致贫风险，从而减少有劳动能力的扶贫开发政策参与者陷入绝对贫困的可能性，缓解最低生活保障制度的救助压力；③在实际工作中，民政部门和扶贫部门在贫困者的动态贫困信息、统计数据等方面实现工作机制上的衔接，通过信息资源共享实现两项制度的动态管理，减少重复救助或遗漏救助等现象的存在。

（六）增强人口政策反贫困基础性作用，提升家庭自我发展能力

由于人及家庭作为整个经济社会发展过程中的重要参与主体，人口与家庭的结构、功能等因素往往影响着其他社会政策在反贫困方面效果的实现程度。从这个意义上讲，人口政策的反贫困效果在整个反贫困行动和战略中具有基础性和根本性作用。具体而言，促进人口政策发挥缓解家庭经济性贫困作用，可以采取以下措施：第一，人口政策在实际运行方面应当加强宣传，更加突出和明晰人口政策在促进人口发展与经济社会发展相协调方面的目标，逐步树立民族地区少数民族家庭对人口政策的正确认识。第二，政府应加大对参与人口政策反贫困行动的家庭的扶助力度，并创新扶助方式。从提升家庭发展能力的视角加强人口政策资金式帮扶和个性化服务式帮扶相结合，提升人口政策的反贫困效果。第三，加强人口政策与其他社会政策在反贫困作用、角色和资源方面的衔接与整合。

（七）完善国籍户籍管理办法，落实贫困跨境婚姻家庭的低保申请资格

跨境婚姻对农村最低生活保障制度带来的挑战就在于这些家庭中的外来女性及组建家庭后生育的子女有无资格申请社会救助以及参加或者享受其他的社会保障政策。破解这一问题的关键环节在于积极引导这些家庭完成国籍和户籍资格的确认，而解决这一问题的思路应当包括两个方面：一方面是对边境跨境婚姻的国籍管理办法进行改善，另一方面则是对已经属于事实婚姻的跨境婚姻家庭社会保障权益的赋予进行规范。

（八）增强地方政府财政增收能力，提升保障资金自筹水平

地方政府的财政能力，尤其是用于社会保障事业的财政资金不足，是制约农村最低生活保障制度反贫困成效的主要问题。只有提升地方财政增收能力，实现事权与财权的相匹配，才能调动地方政府在农村最低生活保障制度管理中的积极性和主动性。要实现这一目标，最关键的是要建立科学合理的矿产资源和自然资源市场定价机制，使云南省在输出各类资源中，能够通过市场机制获得相应的经济收益。

第十章　青海省农村社会保障反贫困研究

回顾中国反贫困事业走过的历程，经济发展是消除贫困的重要途径，中国各级政府主导的以扶贫开发为手段的农村反贫困卓有成效。但是，在现有扶贫制度的帮扶下，能够脱贫的是具备劳动能力且具有开发条件的贫困地区的贫困农民。目前，剩余的农村贫困人口中有相当一部分是因各种原因失去了劳动能力的人，他们很难依靠扶贫开发或劳动收入摆脱贫困。另外，20 世纪 90 年代后，中国经历教育和医疗服务体系的市场化改革，农民因病和因教育费用支出致贫或返贫的问题日益突出，从而导致 20 世纪 90 年代后期以来农村减贫速度呈现出减缓的趋势①。针对农村贫困问题的新变化，从 21 世纪初开始，中央及地方政府加大了对农村社会保障的制度建设和资金投入，由政府全面主导的中国农村社会保障建设进入了新的阶段，新型农村合作医疗制度、农村最低生活保障制度、新型农村社会养老保险制度基本建立起来，使得具有中国特色的农村社会保障框架初步形成。但相对于中国经济高速增长，相对于中国城市社会保障发展，中国农村社会保障事业总体仍相对滞后，尤其是中国西部民族地区，不仅经济欠发展、社会发育程度低，社会保障发展也相对滞后。青海是青藏高原生态安全屏障的重要组成部分，受到国内外的广泛关注。由于特殊的地理、历史原因，青海农村社会、经济发展缓慢，社会保障发展滞后，贫困问题仍然较为突出。从当前减贫工作的实践来看，除了经济发展之外，建立健全社会保障体系也是有利于减少贫困的重要措施。本章考察青海农村的贫困和社会保障状况，探讨社会保障对减贫的作用，具有重要的理论和实践意义。

---

① 王延中. 中国社会保障发展报告（2012）[M]. 北京：社会科学文献出版社，2012.

一、青海省基本情况及贫困状况

（一）青海省基本情况

青海省位于青藏高原，平均海拔3000米以上，海拔高度在3000米以上的面积占72%，空气含氧量仅为海平面的60%~70%，区域气候寒冷，年平均气温为-5~8℃。土地面积71.75万平方公里，仅次于新疆、西藏、内蒙古三个自治区，居全国第四位，其中平地占30.1%，丘陵占18.7%，山地占51.2%。全省耕地面积54.27万公顷，占全省土地面积的0.76%；可利用牧草地面积4033.33万公顷，占56.2%；林地面积266.67万公顷，占3.71%；园地面积0.74万公顷；未利用地2766.67万公顷。青海是我国干旱半干旱地区，年降水量300~400毫米，个别地区仅有17毫米。这种生态环境导致：一方面，森林覆盖率小，虽然草原面积大但生物生长量和生产率极其低下，植被简单且易被破坏；另一方面，可耕土地比重很低，只有1.12%，相当于全国平均水平的1/10，很多地区不适宜农业开发，更不适宜发展工业与第三产业，这在很大程度上制约了青海省经济发展。

青海省的自然灾害频发，是中国受自然灾害面积最大的省份之一，也是受灾人口和经济损失比重最高的地区之一，其遭遇的自然灾害主要包括干旱、雪灾、冰雹、霜冻、洪涝、低温、病虫害和鼠害等。仅2004年，青海省受各种自然灾害影响的人口就达到231万人，占全省总人口的42.9%，远远高于全国平均水平（约10%）；作物受灾面积174.3万亩，占作物总面积的36.8%，明显高于全国平均水平（约1/4）；自然灾害直接造成的经济损失达11.51亿元，占当年地区生产总值比重的2.47%，占2004年新增地区生产总值比重的15.24%，这也不同程度地高于全国的平均比重[①]。

2013年，青海省总人口578万人，占全国的0.42%，其中，少数民族

① 胡鞍钢. 青海省情与青海发展［J］. 攀登，2010（2）.

271.45 万人，占全省总人口的 46.98%，位居全国第三。民族区域自治面积比例高达 98%[①]。

青海省地大物博、资源富集，在目前已探明的 129 种矿产资源当中，有 54 种储量居全国前十位，有 23 种储量居全国前三位，有 9 种储量居全国首位，潜在价值达 17.25 万亿元。

2000~2013 年，青海省 GDP 从 264 亿元增长到 2101 亿元（见表 10-1），年均增长 12.49%（见图 10-1），占民族八省区的比重从 3.01%上升到 3.24%，占全国的比重从 0.27%上升到 0.37%。从图 10-1 可以看出，2000~2013 年，青海经济增长速度不仅高于全国平均水平 2.54 个百分点，还高于民族八省区平均水平 0.01 个百分点。在民族八省区中，青海经济增长速度除了低于内蒙古外，高于其他六个民族省区。虽然青海经济发展保持较快增速，但由于起点低，2013 年 GDP 在全国 31 个省区的排序仍处于第 30 位。

表 10-1　2000~2013 年青海、民族八省区及全国 GDP

单位：亿元

年份	全国	内蒙古	广西	西藏	宁夏	新疆	云南	贵州	青海	八省区
2000	99215	1539	2080	118	295	1364	2011	1030	264	8700
2001	109655	1714	2279	139	337	1492	2138	1133	300	9533
2002	120333	1941	2524	162	377	1613	2313	1243	341	10513
2003	135823	2388	2821	185	445	1886	2556	1426	390	12099
2004	159878	3041	3434	220	537	2209	3082	1678	466	14667
2005	184937	3905	3984	249	613	2604	3463	2005	543	17366
2006	216314	4944	4746	291	726	3045	3988	2339	649	20728
2007	265810	6423	5823	341	919	3523	4773	2884	797	25484
2008	314045	8496	7021	395	1204	4183	5692	3562	1019	31571
2009	340903	9740	7759	441	1353	4277	6170	3913	1081	34735
2010	401513	11672	9570	507	1690	5437	7224	4602	1350	42053
2011	473104	14360	11721	606	2102	6610	8893	5702	1670	51664
2012	519470	15881	13035	701	2341	7505	10309	6852	1894	58519
2013	568845	16832	14378	808	2565	8360	11721	8007	2101	64772

资料来源：2000~2012 年数据来自国家统计局网站"国家数据"，2013 年数据来自《中国统计摘要》(2014)。

① 青海统计年鉴（2014）。

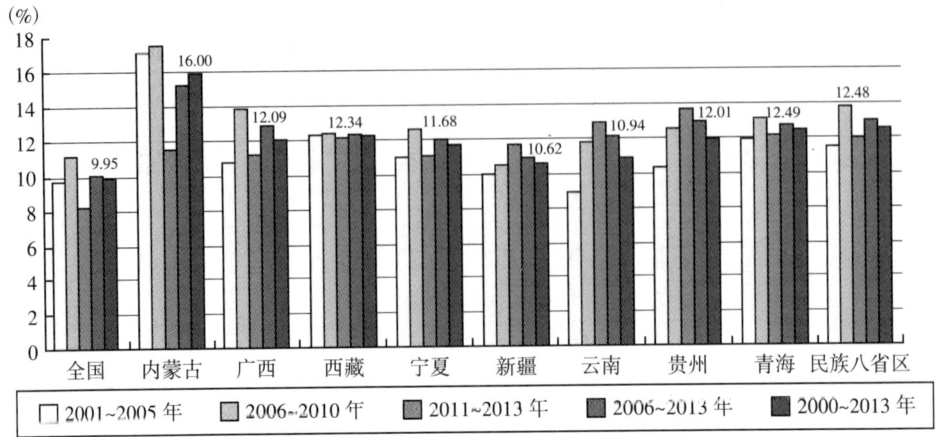

图 10-1 青海及民族八省区、全国 GDP 增速

资料来源：2001~2012 年数据来自国家统计局网站"国家数据"，2013 年数据来自《中国统计摘要》(2014)。

随着经济的快速发展，青海城乡居民收入水平大大提高。2000~2013 年，青海城镇居民人均可支配收入从 5170 元增长到 19499 元（见表 10-2），年均增长 6.91%（见表 10-4），不及全国平均增幅（9.36%），也不及民族八省区的增幅（8.47%），占民族八省区的比重从 92.17%波动下降到 86.13%，占全国的比重从 82.32%波动下降到 72.34%。同期，青海农村居民人均纯收入从 1490.5 元增长到 6196.4 元（见表 10-3），年均增长 7.57%，不及全国平均增幅（8.81%），也不及民族八省区平均增幅（8.72%），占民族八省区的比重从 91.23%波动上升到 94.43%，占全国的比重从 66.14%波动上升到 69.65%。显然，2000~2013 年，虽然青海城乡居民收入得到增长，但增速相对较低，城乡居民收入水平相对也较低。

随着收入的平稳增长，青海城乡居民生活水平大大提高。2000~2013 年，青海城镇居民家庭恩格尔系数从 40.88%波动下降到 35.28%（见表 10-5），其中，有 5 年的时间低于全国平均水平，自 2006 年后均高于全国平均水平。同期，青海农村居民家庭恩格尔系数从 57.89%波动下降到 30.89%，其中，有 7 年时间高于全国平均水平，自 2008 年后低于全国平均水平。显然，2000~2003 年，青海城乡居民的生活水平提高，贫困程度降低。按照联合国根据恩格尔系数确定的划分贫富的标准，青海城镇居民整体上从小康阶段进入富裕阶段，

青海农村居民整体上从勉强度日阶段进入富裕阶段①。

表 10-2 青海、民族八省区及全国城镇居民人均可支配收入

单位：元

年份	全国	内蒙古	广西	西藏	宁夏	新疆	云南	贵州	青海	八省区
2000	6280	5129	5834	7426	4912	5645	6325	5122	5170	5610
2001	6860	5536	6666	7869	5544	6390	6798	5452	5854	6184
2002	7703	6051	7315	8079	6067	6900	7241	5944	6171	6707
2003	8472	7013	7785	8766	6531	7174	7644	6569	6745	7264
2004	9422	8123	8690	9167	7218	7503	8871	7322	7320	8161
2005	10493	9137	9287	9431	8094	7990	9266	8151	8058	8826
2006	11760	10358	9899	8941	9177	8871	10070	9117	9000	9706
2007	13786	12378	12200	11131	10859	10313	11496	10678	10276	11499
2008	15781	14433	14146	12482	12932	11432	13250	11759	11640	13185
2009	17175	15849	15452	13544	14025	12258	14424	12863	12692	14388
2010	19109	17698	17064	14981	15345	13644	16065	14143	13855	15895
2011	21810	20408	18854	16196	17579	15514	18576	16495	15603	18117
2012	24565	23150	21243	18028	19831	17921	21075	18701	17566	20545
2013	26955	25497	23305	20023	21833	19874	23236	20667	19499	22638

资料来源：2000~2012 年数据来自国家统计局网站“国家数据”，2013 年数据来自《中国统计摘要》(2014)。

表 10-3 青海、民族八省区及全国农村居民人均纯收入

单位：元

年份	全国	内蒙古	广西	西藏	宁夏	新疆	云南	贵州	青海	八省区
2000	2253.4	2038.2	1864.5	1330.8	1724.3	1618.1	1478.6	1374.2	1490.5	1633.7
2001	2366.4	1973.4	1944.3	1404	1823.1	1710.4	1533.7	1411.7	1557.3	1683.8
2002	2475.6	2086	2012.6	1462.3	1917.4	1863.3	1608.6	1489.9	1668.9	1770.2
2003	2622.2	2267.7	2094.5	1690.8	2043.3	2106.2	1697.1	1564.7	1794.1	1881.7

① 恩格尔系数作为衡量一个国家、一个地区或一个家庭富裕程度的重要指标，已经被很多研究所证实。如果一个家庭的恩格尔系数越高，其用于购买食物的开支就越大，其生活的贫困程度就较大；而恩格尔系数越低，则表明一个家庭用于食物方面的开支就越低，其生活的富裕程度就较高。美国学者奥珊斯基(Orshansky) 在研究了美国家庭的食物支出占其总支出的比重之后，绘制了一条适用于美国社会的恩格尔曲线。她在这条曲线上发现了一个恩格尔系数为 0.30 的转折点，并认为该转折点以上的家庭，就是贫困家庭。在奥珊斯基之后，恩格尔系数法被更加广泛地应用于测量一个家庭的贫困或富裕程度。目前，联合国根据恩格尔系数确定了一个划分贫富的标准，该标准为：恩格尔系数 0.30 以下为最富裕阶层，0.30~0.40 为富裕阶层，0.40~0.50 为小康阶层，0.50~0.60 为勉强度日阶层，0.60 以上为绝对贫困阶层。参见李培林，张翼. 阶级阶层的消费分层［EB/OL］. 中国社会科学院社会学网，http：//www.sociology.cass.cn/shxs/xpxz/t20030916_1044.htm.

续表

年份	全国	内蒙古	广西	西藏	宁夏	新疆	云南	贵州	青海	八省区
2004	2936.4	2606.4	2305.2	1861.3	2320.1	2244.9	1864.2	1721.6	1957.7	2074
2005	3254.9	2988.9	2494.7	2077.9	2508.9	2482.2	2041.8	1877	2151.5	2272.4
2006	3587	3341.9	2770.5	2435	2760.1	2737.3	2250.5	1984.6	2358.4	2504.2
2007	4140.4	3953.1	3224.1	2788.2	3180.8	3183	2634.1	2374	2683.8	2935.3
2008	4760.6	4656.2	3690.3	3175.8	3681.4	3502.9	3102.6	2796.9	3061.2	3397.5
2009	5153.2	4937.8	3980.4	3531.7	4048.3	3883.1	3369.3	3005.4	3346.2	3676.9
2010	5919	5529.6	4543.4	4138.7	4674.9	4642.7	3952	3471.9	3862.7	4251.3
2011	6977.3	6641.6	5231.3	4904.3	5410	5442.2	4722	4145.4	4608.5	5017.3
2012	7917	7611	6008	5719	6180	6394	5417	4753	5364	5778.5
2013	8895.9	8595.7	6790.9	6578.2	6931	7296.5	6141.3	5434	6196.4	6561.9

资料来源：2000~2012 年数据来自国家统计局网站“国家数据”，2013 年数据来自《中国统计摘要》(2014)。

表 10-4　2001~2013 年民族地区城乡居民人均收入年均增长情况

单位：%

	2001~2005 年（“十五”时期）		2006~2010 年（“十一五”时期）		2011~2013 年		2006~2013 年		2001~2013 年	
	城镇	农村	城镇	农村	城镇	农村	城镇	农村	城镇	农村
全国	9.62	5.74	9.72	8.86	8.33	10.47	9.19	9.46	9.36	8.81
内蒙古	10.94	5.21	11.12	9.44	8.53	11.75	10.14	10.30	10.45	9.04
广西	7.99	4.61	9.58	9.09	7.04	9.92	8.62	9.40	8.38	8.19
西藏	3.99	8.03	6.68	11.27	5.82	12.32	6.36	11.67	5.44	11.15
宁夏	8.96	5.81	9.57	8.05	8.40	9.32	9.13	8.52	9.06	8.12
新疆	5.92	6.69	7.73	7.68	8.72	10.60	8.10	8.76	7.26	8.65
云南	6.59	4.80	7.88	10.29	9.02	12.13	8.31	10.98	7.64	9.31
贵州	8.38	4.41	8.19	8.85	9.65	12.33	8.74	10.14	8.60	8.58
青海	7.42	4.45	6.11	6.47	7.38	12.14	6.59	8.56	6.91	7.57
民族八省区	7.99	4.99	9.00	9.17	8.37	11.28	8.76	9.95	8.47	8.72

注：此表中城镇居民人均收入是指城镇居民人均可支配收入，农村居民人均收入是指农村居民人均纯收入。

资料来源：2001~2012 年数据来自国家统计局网站“国家数据”，2013 年数据来自《中国统计摘要》(2014)。

表 10-5　青海及全国城乡恩格尔系数

单位：%

年份	城镇		农村	
	青海	全国	青海	全国
2000	40.88	39.4	57.89	49.1
2001	38.10	38.2	52.37	47.7
2002	35.66	37.7	48.9	46.2
2003	36.79	37.1	49.07	45.6
2004	35.70	37.7	48.52	47.2
2005	36.31	36.7	45.13	45.5
2006	36.24	35.8	44.16	43
2007	37.32	36.3	44.36	43.1
2008	40.42	37.9	43.64	43.7
2009	40.39	36.5	38.05	41
2010	39.37	35.7	39.57	41.1
2011	38.89	36.3	37.83	40.4
2012	37.80	36.2	34.8	39.3
2013	35.28	35.0	30.89	37.7

资料来源：《青海统计年鉴》(2014)、《中国统计摘要》(2014)。

相对于全国，青海省城乡居民的贫困人口规模大。2013 年，全国城镇居民享受最低生活保障的有 20642000 人，占城镇人口的 2.82%；农村居民享受最低生活保障的有 53880000 人，占农村人口的 8.56%。同年，青海城镇居民享受最低生活保障 225153 人，占城镇人口的 8.03%，比全国的相应比例高 5.21 个百分点；农村居民享受最低生活保障的有 402865 人，占农村人口的 13.54%，比全国的相应比例高 4.98 个百分点①。

综上所述，青海省是地域大省、人口小省、资源富省、经济穷省、贫困大省②。“地域大”，但自然生态环境十分脆弱，灾害频繁；“人口小”，但少数民族人口比例高；“资源富”，但在现有生态、环境条件制约下很难开发；“经济穷”，表现在虽然经济发展速度较高，但经济发展起点低，经济总量小；“贫困大”，不仅表现为贫困面广、贫困程度深、贫困强度大、难脱贫，还表现为贫困脆弱性强，返贫情况严重。纵向看，青海经济大幅增长，人民生活水平

① 资料来源：青海统计年鉴（2014）；中华人民共和国民政部. 中国民政统计年鉴（2014）[M]. 中国统计出版社，2014.

② 强卫接受重点网络媒体青海行采访 [N]. 西宁晚报，2007-09-27.

不断提升，贫困程度有所降低；但横向看，青海省的经济发展水平不仅处于全国的末端（第30位），也处于民族八省区的末端（第7位），是全国贫困问题最严峻的省区之一。

（二）青海省贫困及扶贫开发

相对于城镇，青海省农村贫困更加突出。下面我们主要分析青海农村的贫困状况。

1978年以来，经过五个阶段的扶贫，中国的反贫困取得了举世瞩目的成就。与此同时，青海农村经过这五个阶段的扶贫，贫困地区经济社会发展迅速，贫困人口大幅降低[①]。

第一，1986~1993年，也就是在全国扶贫的第二个阶段，在中央的统一部署下，青海省有组织、有计划地开展了大规模的扶贫开发工作。按国家原定温饱标准，全省贫困人口从1986年的68.15万减少到1992年的23.9万[②]。第二，1994~2000年，也就是扶贫第三阶段，青海省委、省政府认真贯彻《国家八七扶贫攻坚计划》，按国家原定解决温饱的标准，全省累计有55.23万人解决了温饱问题[③]。第三，2001~2010年，也就是扶贫第四阶段，国务院印发了《中国农村扶贫开发纲要（2001~2010年）》，扶贫开发工作进入了一个新阶段。在这一阶段，青海省通过整村推进扶贫、连片开发扶贫、易地扶贫搬迁、特困地区综合治理、雨露计划扶贫、产业化扶贫、大扶贫等有效扶贫模式的实施，扶贫工作取得了可喜的成绩。按照2000年的扶贫标准，青海省贫困人口由2000年的197.6万[④]，减少到2010年的50.62万人。其中，“十一五”期间减少68.7万人，年均减少贫困人口13.74万人。贫困发生率从35.86%下降到14%。另外，青海省25个扶贫开发重点县农牧民人均纯收入从2005年底的1990元增加到2010年的3490元，年均增长10%以上，略高于全国平均增长

---

① 中国式扶贫进入第五阶段：主攻14片区，最难的是跨省协调［N］. 东方早报，2012-7-5. 国务院新闻办公室. 中国的农村扶贫开发［Z］. 北京，2011.

② 童成荣. 青海扶贫工作的回顾与展望［J］. 青海社会科学，1999（1）.

③ 童成荣. 青海扶贫工作的回顾与展望［J］. 青海社会科学，1999（1）. 宋秀岩. 创新思路真抓实干、全面推进新阶段扶贫开发工作——在全省扶贫开发工作会议上的讲话［EB/OL］. 青海省扶贫开发信息网，2004-2-10.

④ 青海省扶贫开发局正式成立［N］. 西海农民报，2009-4-24.

水平。[①] 第四，2011 年起，青海扶贫开发开启第五个阶段。按照《青海省“十二五”扶贫开发规划》，青海省以连片特困地区为主战场，大力推进专项扶贫、行业扶贫、社会扶贫、援青扶贫“四位一体”的大扶贫格局，加快扶贫方式转变，继续积极探索整村推进、易地搬迁、产业扶贫、创新机制等扶贫形式，走出了一条具有青海特色的扶贫开发道路。2011~2012 年，争取落实中央和省级财政扶贫资金 22.8 亿元，这是青海省历史上投入专项财政扶贫资金最多的两年。按照新的扶贫标准，两年累计减少贫困人口 42.7 万人，创历史新高。到 2012 年底，贫困地区农牧民人均纯收入达到 5364 元，比 2011 年增长 16.4%[②]。

虽然青海省反贫困工作卓有成效，但由于其特殊的省情，目前，在扶贫开发从解决温饱为主要任务的阶段转入巩固温饱成果、加快脱贫致富、改善生态环境、提高发展能力、缩小发展差距的新阶段。在经济、社会结构调整加快的双重背景下，制约青海农村脱贫的深层次矛盾依然存在，新旧矛盾叠加交织，增加了青海农村扶贫开发工作的难度，贫困问题依然严峻：①青海省农村贫困人口规模大，按照新的国家扶贫标准（2300 元，2010 年不变价），2013 年贫困人口 73.6 万人[③]，贫困发生率 24.73%，比同期全国贫困发生率高 11.63 个百分点[④]。②贫困脆弱性强，返贫情况严重。贫困脆弱性表现在，一方面，贫困人口集中分布在自然条件恶劣的边远地区，贫困群体自身拥有的资产——土地、人力资源质量较差，以致很难在现有资产水平上迅速提高收入和积累，从而改变贫困状况；另一方面，贫困人口所享受的公共资源包括社会保障不足，导致贫困人口抗风险能力较低。因此他们在受到疾病、自然灾害以及家庭需要大的开支（如红白喜事、孩子上大学等）时很容易重新返回贫困状态[⑤]。青海贫困人口主要集中在东部干旱山区和藏区，生态环境恶劣，自然灾害频繁，基础设施落后，生产生活条件差，扶贫开发的难度增大、

① 青海省人民政府办公厅：《青海省“十二五”扶贫开发规划》。

② 青海省人民政府办公厅：《青海省“十二五”扶贫开发规划》。
子宜，孙世成. 青海省扶贫开发已形成“四位一体”大扶贫格局［N］. 青海日报，2013-5-22.

③ 青海藏区累计减少 17.64 万贫困人口［EB/OL］. 中国青年网，2014-10-16.

④ 根据《中国民政统计年鉴》（2014）中的数据计算得出。

⑤ 朱德云. 我国贫困群体社会救助的经济学分析［M］. 上海：上海三联书店，2009.

成本高。据统计，因灾、因病、因市场变化等原因，青海农村贫困返贫率较高，正常年景返贫率13%，灾年达25%，重灾年高达50%~60%，如玉树地震灾害，导致返贫率高达71%。③少数民族贫困人口比重大。由于少数民族集中居住在东部干旱山区和藏区，而青海贫困人口主要集中在东部干旱山区和藏区，因此青海省少数民族贫困人口比重大。④转变扶贫开发方式的难度大。由于自然、环境、历史、社会等多种原因，青海农村贫困地区农牧业组织化、集约化、产业化程度低，生产经营方式滞后、竞争力低，特别是龙头企业规模小、带动能力弱，农畜产品加工转化率低，严重制约着扶贫开发方式的转变。⑤收入差距较大，相对贫困现象凸显。目前，青海省城乡、区域、不同社会群体发展差距扩大趋势尚未得到有效控制。2013年，青海省城镇居民人均可支配收入为19498.5元，农村居民纯收入为6196.39元，是城镇居民人均可支配收入的31.78%（比2000年高3.9个百分点），全省农村贫困监测调查户人均纯收入为5370.25元，是农村居民纯收入的86.67%（比2000年低3.03个百分点）[①]。简而言之，青海省农村贫困总的特征是：贫困面广、贫困程度深、贫困强度大、脱贫难、贫困脆弱性强、少数民族贫困人口比重大，具有明显的“区域性、民族性、特殊性、脆弱性”特征，呈现“区域性整体贫困与分散的个体贫困并存，低收入贫困与救助扶贫并存，收入贫困与生态贫困并存，特殊性贫困与民族性贫困并存”的态势。[②]

二、青海省农村社会保障状况及反贫困效应

在现有扶贫制度帮扶下，青海省农村能够脱贫的是具备劳动能力且具有开发条件的贫困地区的贫困农民，相当一部分因各种原因失去了劳动能力或生活在生存条件恶劣地区的贫困人口及边缘贫困人口，很难依靠扶贫开发摆脱贫困或脱贫后又容易返贫。针对这种现象，从21世纪初开始，中央及地方政

① 根据《青海省统计年鉴》2011年、2014年相关数据计算得出。
② 青海省人民政府办公厅：《青海省“十二五”扶贫开发规划》。

府加大了对青海农村社会保障的制度建设和资金投入。目前，农村最低生活保障制度、新型农村合作医疗制度、新型农村社会养老保险制度等社会保障制度基本建立并实现全覆盖，不仅为青海省农村农牧民构筑了社会保障的安全网，而且为青海省农村减贫事业做出了一定的贡献。

（一）新型农村合作医疗

疾病风险是农牧民的基本风险，为农牧民提供医疗保障是现代政府的基本职责。作为一项基本公共服务，新型农村合作医疗具有减贫及再分配的功能①。

根据国务院2013年1月下发的《关于建立新型农村合作医疗制度的意见》，2003年以来，青海省政府制定了《关于进一步加强农村牧区卫生工作的意见》、《青海省农村牧区新型合作医疗试点实施方案》、《青海省农牧区新型合作医疗管理办法（试行）》（青政［2004］25号）、《青海省新型农村合作医疗补偿暂行办法》、《关于进一步提高全省新型农村合作医疗保障水平的工作方案》（青卫农〔2011〕11号）、《青海省新型农村合作医疗报销办法（2012版）》等一系列政策。目前，青海省新农合的主要政策是②：①2012年新农合年人均筹资标准为400元，其中，中央财政年人均补助156元，地方各级财政年人均补助204元，农牧民个人缴费40元。农村五保户、农村最低生活保障对象、重度残疾人、重点优抚对象、20世纪60年代精减退职人员个人缴费全部由医疗救助基金资助。独生子女、双女户家庭子女个人缴费全部由县级财政资助。②全省农牧民患者住院费用每人每年最高支付限额为10万元，21类重特大疾病最高支付限额为20万元。③新农合门诊基金人均65元，其中家庭账户基金人均40元，门诊统筹基金人均25元。家庭账户基金归全体家庭成员共用，主要用于一般门诊医药费用的报销。门诊统筹基金为全县（市、区）或全州（地、市）参合农牧民共用，由州（地、市）或县新农合经办机构管理，主要用于22种特殊病、慢性病门诊医药费用的报销和一般诊疗费的支付。④由本人提出申请，报乡镇经办机构初审，符合特殊病、慢性病诊断标准的，提交县级

① 王延中. 中国社会保障发展报告（2012）［M］. 北京：社会科学文献出版社，2012年版。

② 青海省卫生和计划生育委员会办公室. 2012年新农合新政策解读［EB/OL］. 青海省卫生和计划生育委员网，2012-10-11.

经办机构，经县级经办机构审核符合诊断标准的发放相应证件，纳入特定特殊病、慢性病对象范围。申请书和证件格式及相应程序由统筹地区经办机构制定。⑤参合农牧民在省、州（县）、乡定点医院住院政策范围内，医药费用分别按照 70%、80%、90%报销。⑥参合农牧民在省内各级定点医疗机构就医，医药费用实行垫付即时结报，实行“先住院，后结算”制度。参合农牧民经批准在省外医疗机构住院就治的，出院后持出院证、费用清单和发票、身份证、合作医疗证等相关资料，到参合地的乡镇经办机构申请报销住院医药费用，费用报销按照省级医疗机构补偿标准执行。

2003 年 8 月，青海省政府选择湟中、互助、刚察、都兰、贵南、同仁、玛沁和杂多 8 个县先行开展新农合制度试点，到 2005 年 11 月，在全省 43 个县（市、区）全面推行了新农合制度，在全国率先实现了农牧业县和农牧民群众全面覆盖，比国务院确定的 2008 年在全国农村基本建立新型农村合作医疗制度的目标提前了 3 年。新农合已成为覆盖全省人口最多的一项基本医疗保障制度。

从 2003 年青海省开始试点实施新型农村合作医疗以来，通过十多年的实践，新型农村合作医疗制度在青海省取得了很大的成就：①随着新农合制度的建立，惠民措施不断完善，青海省农牧民参合积极性逐年提高，参合率稳步提升。2012 年全省参合农牧民人口达到 352.56 万人，参合率达到 98.29%（见图 10-2）。②大幅提高新农合政府补助标准，提升新农合保障水平。政府财政补助从 2003 年的人均 20 元增加到 2012 年的 360 元，增加了 17 倍。人均新农合筹资标准从 2003 年的 30 元提高到 2012 年的 400 元，增加了 12 倍多（见图 10-3）。③先后 6 次调整新农合医药费用补偿方案、药品目录和诊疗目录、住院起付线及最高支付限额等政策，省、州、县、乡定点医疗机构住院费用补偿比例由 2006 年的 30%、40%、50%、60%（见图 10-4）提高到目前的 70%、80%（州县级）、90%；参合农牧民住院医药费用最高补偿额由 2004 年的 1.5 万元提高到现在的 10 万元，达到全国农民年人均纯收入的 14.33 倍，参合农牧民最大限度地享受到了新农合制度的实惠。④新农合受益人次数不断增加，从 2005 年新农合制度全省覆盖以来，农牧民受益人次数从 127.19 万上升到 2011 年的 284.15 万（见图 10-5），增加了 1.23 倍，累计受益人口达 1737.49 万人次。农牧民新农合住院费用实际补偿比例逐年提高，从 2005 年的

27.24%提高到2011年的52.96%，提高了25.72个百分点，农牧民群众住院费用的实际负担正在逐步降低。参合农牧民住院费用政策范围内补偿比由2004年的40%提高到2011年的72%。

概言之，新农合制度对保障农牧民健康发挥了重要作用，农牧民健康水平大幅提升，因病致贫、返贫现象大大降低。全省农牧区孕产妇和婴儿死亡率分别从2003年的122.29/10万和33.41‰下降到2011年的44.6/10万和14.16‰，因病而不能就医的比率由2003年的62.4%下降到2011年的7.4%，应住院而未住院的比率从2003年的48%下降到2011年的18.39%，因病致贫、返贫率

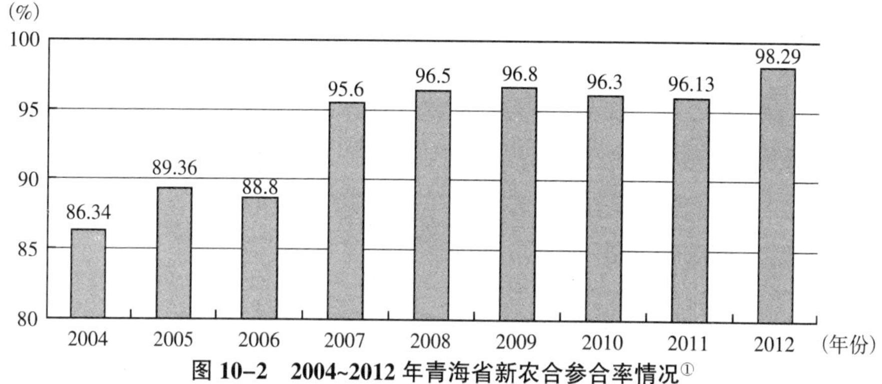

图 10-2　2004~2012 年青海省新农合参合率情况①

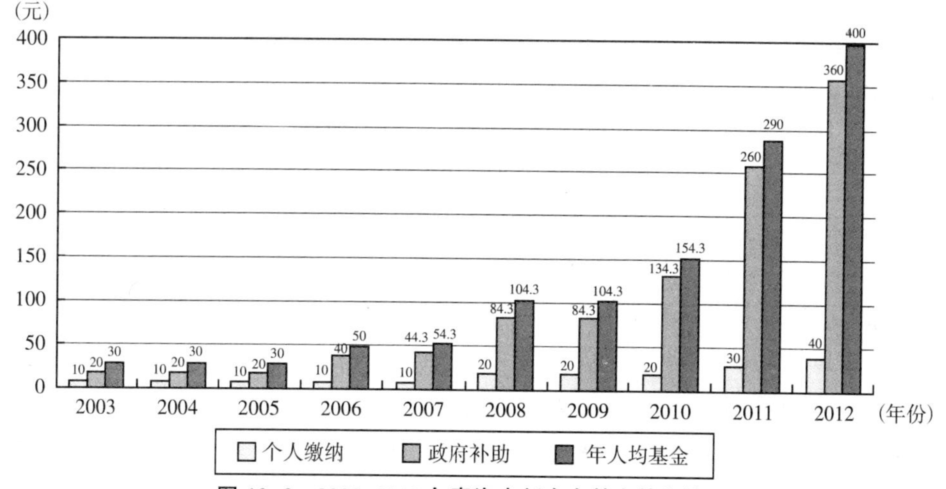

图 10-3　2003~2012 年青海省新农合基金筹集情况

① 图 10-2 至图 10-5 的资料来源为青海省卫生和计划生育委员会办公室. 青海省实施新型农村合作医疗制度 10 年历程［EB/OL］. 青海省卫生和计划生育委员网，2012-10-11.

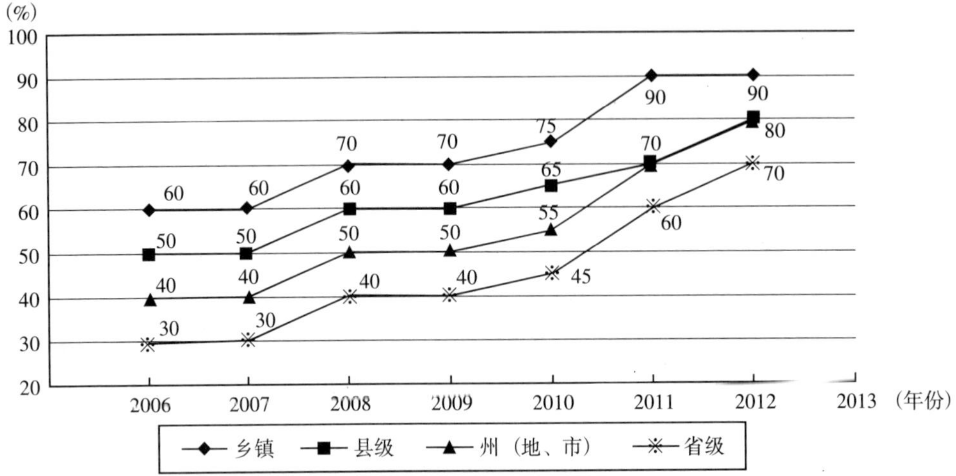

图 10-4　2006~2012 年青海省新农合住院报销范围内报销比例情况

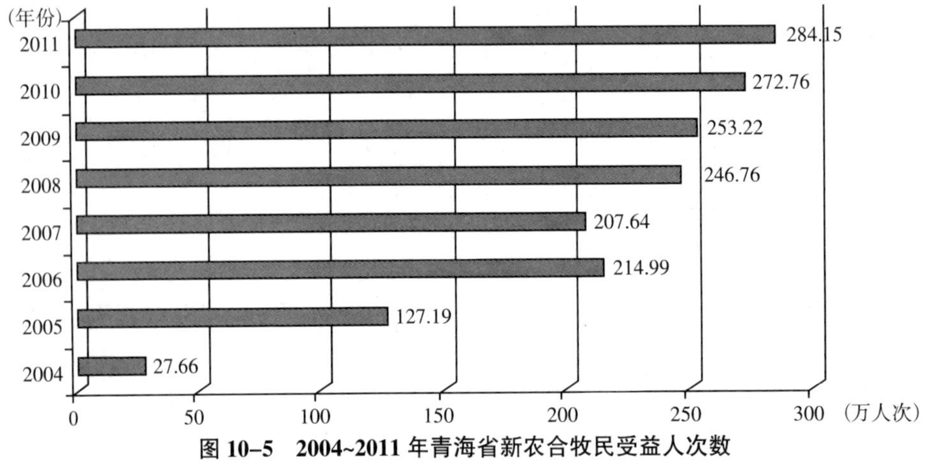

图 10-5　2004~2011 年青海省新农合牧民受益人次数

从 2003 年的 56%下降到 2011 年的 24.2%①。

值得一提的是，按照青海省新农合政策，农村五保户、农村最低生活保障对象、重度残疾人、重点优抚对象等个人缴费全部由医疗救助基金资助，而且这部分最贫困群体在按照新农合的标准报销后，当地民政局再给每人每年一定额度的补助。有些农村牧区甚至实现了特困、五保人口在指定医院住院

① 青海省卫生和计划生育委员会办公室. 青海省实施新型农村合作医疗制度 10 年历程［EB/OL］. 青海省卫生和计划生育委员会网，2012-10-11.

治疗疾病，享受全免医疗费用的待遇[①]。毫无疑问，这不仅让新农合能够普惠所有的农牧民，而且由于对最贫困群体的特殊优惠政策，新农合还为降低贫困群体的贫困深度做出了一定贡献。

（二）新型农村社会养老保险

2009 年 11 月 30 日，青海省人民政府根据《国务院关于开展新型农村社会养老保险试点的指导意见》的要求，结合青海实际，出台了《青海省人民政府关于开展新型农村牧区社会养老保险试点工作的实施意见》，正式启动了青海新型农村社会养老保险试点工作。按国家审定和省政府批准，第一批试点县有西宁市湟源县、海西州都兰县、海北州门源县、黄南州尖扎县、海东地区平安县和海南州贵德县、果洛州玛沁县、玉树州玉树县。2010 年 12 月，青海省所辖 46 个县级行政区全部实现新农保制度全覆盖，比国家提出的全国覆盖目标提前了 10 年。2011 年，青海省新型农村养老保险参保人数 176.97 万人，2012 年增加到 200.16 万人[②]，2013 年增加到 208.93 万人[③]。

与全国新农保政策要求一样，青海新农保实行基础养老金和个人账户相结合的养老待遇。由于青海是西部民族省份，最低标准基础养老金由国家财政全额支付（见表 10-6），个人账户采取个人缴费、集体补助、政府补贴相结合的筹资办法，地方政府对农牧民缴费实行补贴。政府按年对参保人缴费进行补贴，重度残疾人每人每年按最低缴费档次 100 元给予全额代缴。

青海省属于西部欠发达地区，有 15 个国家级贫困县、10 个省级贫困县，人均 GDP、农民人均纯收入等指标都低于全国平均水平，但是青海省在财政支出上实践着“民生优先”理念，将有限的财力向改善民生倾斜。在财政非常紧张的情况下，2011 年将基础养老金由每人每月 55 元提高到 85 元，西宁市、果洛州则达到了 90 元，海西州更是达到了 180 元。新农保越来越成为惠民政策，也越来越得到广大牧民的认可，参合率稳步提高。2013 年 7 月，青海省参保农牧民 202.6 万人，参保率为 89%[④]。无疑，新农保的实施及新农保

① 治多县新农合管理办公室内部文稿：《治多县合管办 2013 年上半年总结》。

②③ 青海省统计局：《青海省 2012 年国民经济和社会发展统计公报》。

④ 小财政托起大民生——青海统筹城乡养老保险工作纪实［EB/OL］. 中国劳动保障新闻网，2013-9-18.

保障水平的不断提高，为年老失去劳动能力的农牧民降低贫困风险起到很大的作用。

表 10–6　中央、青海地方财政对青海新农保的补贴

环节	补助对象		中央财政	青海地方财政
缴费环节	16 周岁以上 60 周岁以下的参保农民	100 元档次缴费群体	不补贴	每人每年 30 元的补贴
		选择较高档次标准缴费群体	不补贴	每人每年 30 元的补贴，每提高一个缴费档次补贴 5 元
		缴费困难群体[①]	不补贴	每人每年 30 元的补贴+每人每年 100 元的部分或全部补贴
给付环节	60 周岁以上的参保农民养老保险待遇	最低标准基础养老保险金（每人每月 55 元）	全额补贴	不补贴
		地方政府提高和加发部分的基础养老金	不补贴	全额补贴

（三）青海省农村最低生活保障制度、五保救助制度

1. 青海省农村最低生活保障制度、五保救助制度实施情况

2004 年青海省在农牧区建立农村牧区特困人口救助制度。2007 年 1 月，历经 3 年探索完善后，青海省建立并实施农村牧区居民最低生活保障（简称农村低保）制度。在全国 31 个省（区）中，青海是第 24 个建立农村低保制度的省份。也就是说，青海建立农村低保制度在时间上是比较晚的。

2007 年建立农牧区低保制度以后，青海省农牧区低保对象稳步增加，补助标准不断提高。2008 年 11 月，青海省农村牧区低保对象有 34.5 万人，占青海农牧民总数的 10.4%，补助标准经过几次提高后，低保对象月人均补助标准达到 62 元。2010 年青海省根据民政部关于“完善低保标准动态管理机制，科学制定、适时调整城乡低保标准，加大民族地区、贫困地区社会救助工作力度”的精神及省委十一届八次会议精神和省第十一届人民代表大会第三次会议上提出的“继续推进城乡低保提标扩面，实现动态管理下的应保尽保”的相关要求，青海省再次提高城乡居民最低生活保障标准，全省农村牧区居民最低生活保障标准在现行基础上年人均提高 120 元，达到人均 1204 元/年。提标后各地农村牧区最低生活保障标准为：西宁市、海东地区 1145 元/年，海南

① 指农村重度残疾人，后来扩展到五保供养对象、低保对象。

州、海北州、海西州1260元/年，黄南州、果洛州、玉树州1320元/年[①]。2012年9月27日，青海省民政厅、省财政厅联合下发通知，全省城乡居民最低生活保障补助水平每月分别提高20元和15元。低保标准提高并理顺后各地农牧区低保保障标准为：西宁市、海东地区每年1865元；海南州、海北州、海西州每年1980元；黄南州、果洛州、玉树州每年2040元。该通知还指出，此次城乡低保标准提高后不再新增保障对象，即提标不扩面。对边缘户和生活确有困难的农牧民，通过加大动态管理和临时救助政策予以救助[②]。2013年，青海农村最低生活保障平均标准为2089.0元（见表10-7），是全国平均水平的86.83%，居全国31个省区的第19位（见图10-6），平均支出为1759.7元，是全国平均水平的126.3%，居全国第8位（见图10-7）。

青海省的农村五保供养制度实施进展顺利，并不断加大政策制度创制力度，加大五保供养设施建设力度。在加大政策制度创制力度方面，2008年，省政府正式颁布了《青海省农村牧区五保供养工作办法》，2012年，青海省政府办公厅转发省民政厅、财政厅《关于调整提高农村牧区五保供养标准的实施意见》，在全省建立起了五保供养标准随当地群众收入同步提高的动态增长机制。调整后的农村牧区五保供养标准为，分散供养五保对象的年供养标准按当地县级人民政府公布的上年度农牧民人均纯收入的70%确定；机构内集中

表10-7　2013年各省农村最低生活保障平均标准与支出水平

单位：元

地区	平均低保标准	平均支出水平	地区	平均低保标准	平均支出水平	地区	平均低保标准	平均支出水平	地区	平均低保标准	平均支出水平
全国	2433.9	1393.5	黑龙江	2236.9	1550.9	河南	1696.8	1255.9	贵州	1833.0	1059.1
北京	6258.5	4239.3	上海	6000.0	3465.0	湖北	2024.9	1166.7	云南	1953.5	1299.1
天津	5304.0	2811.0	江苏	4752.3	2187.6	湖南	2068.1	1287.3	西藏	1980.8	1125.1
河北	2269.1	1315.3	浙江	4721.0	3070.8	广东	3233.3	1588.5	陕西	2143.4	1800.0
山西	2157.6	1474.2	安徽	2463.4	1365.4	广西	1993.1	1060.5	甘肃	1939.1	1264.7
内蒙古	3415.0	2231.3	福建	2375.0	1523.6	海南	3022.9	1668.4	青海	2089.0	1759.7
辽宁	2839.0	1601.7	江西	2417.0	1470.5	重庆	2417.4	1643.7	宁夏	2037.8	1529.2
吉林	2034.1	1443.5	山东	2473.1	1639.6	四川	1832.2	1104.6	新疆	1804.1	1510.2

资料来源：中华人民共和国民政部. 中国民政统计年鉴（2014）[M]. 北京：中国统计出版社，2014.

① 青海提高全省低保标准 [N]. 西海都市报，2010-9-14.
② 我省补发低保提标补助金惠及全省63.17万城乡低保对象 [EB/OL]. 青海新闻网，2012-9-28.

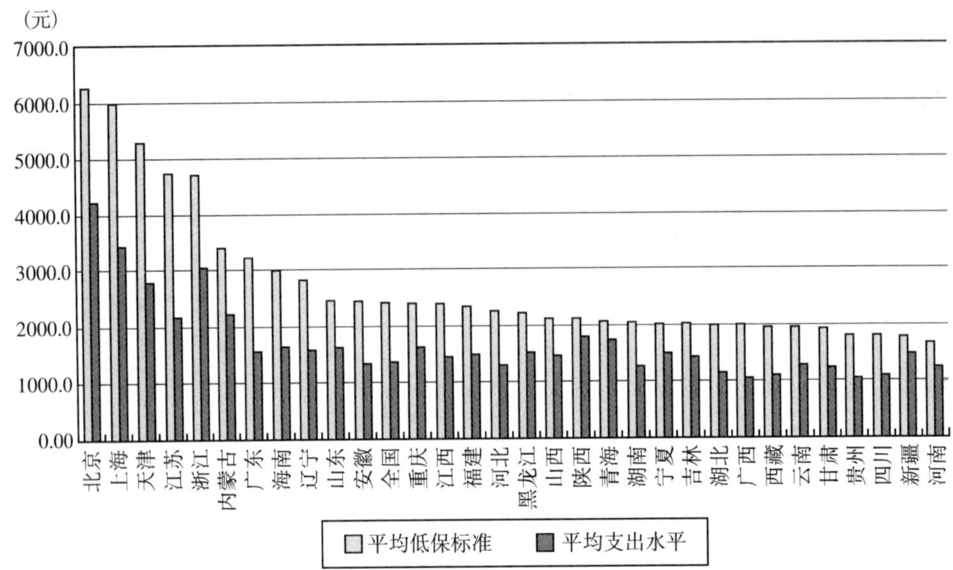

图 10-6　2013 年各省农村最低生活保障平均标准与支出水平（按农村低保标准排列）[①]

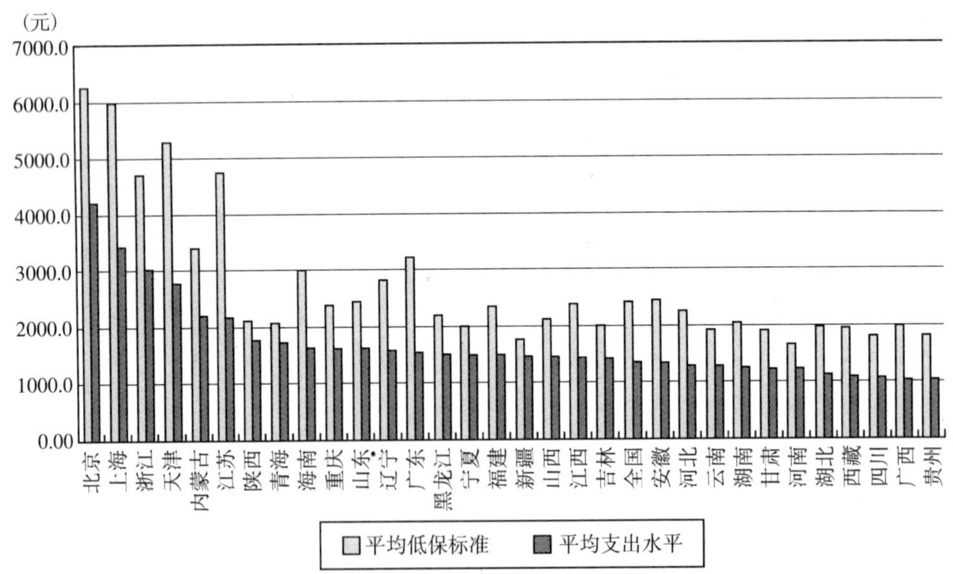

图 10-7　2013 年各省农村最低生活保障平均标准与支出水平（按平均支出水平排列）

① 图 10-6 和图 10-7 均根据表 10-7 数据画图。

供养五保对象按当地上年度人均纯收入的80%确定；州（地、市）及县级人民政府可结合当地经济社会发展水平适当提高本行政区域的五保供养标准，但不得低于省定标准。据此，2012年全省五保对象分散供养标准平均达到每人每年3225元，集中供养标准平均达到每人每年3686元，较2011年分别提高34.5%和53.8%。为提升全省五保供养服务机构的服务管理水平，省民政厅、财政厅制定下发了《青海省敬老院星级评定办法》，建立了敬老院运行管理奖补机制。在加大五保供养设施建设力度方面，从2010年以来，全省逐年加大资金投入力度，累计投入资金18583.5万元，安排五保供养服务机构建设项目82项，新建和改扩建了一批农村敬老院，累计建成敬老院167所，床位数达8674张，全面提升了全省农村敬老院的基础设施水平和五保对象集中供养能力。这些设施全部投入使用后，使全省的五保对象集中供养率提高到50%以上。2012年，全省已纳入保障范围的五保供养对象共有2.27万人，约占全省农牧民总人口的0.8%[①]。

在青海，自农村五保供养制度实施以来，五保制度逐步完善，供养和补助标准持续提高，五保供养覆盖范围不断扩大。2013年，青海省农村五保集中供养平均标准为4709元（见表10-8），是全国平均水平的100.5%，居全国31个省区的第17位（见图10-8），平均支出水平为5170.8元，是全国平均水平的126.8%，居全国31个省区的第14位（见图10-9）；青海省农村五保分散供养平均标准为4351.8元（见表10-9），是全国平均水平的124.4%，居全国31个省区的第12位（见图10-10），平均支出水平为3010.3元，是全国平均水平的110.5%，居全国31个省区的第13位（见图10-11）。

概言之，随着青海省农村低保、五保制度的实施，以及供养和补助标准的持续提高，青海省农村最贫困群体的基本生活得以保障，缓解了农村的绝对贫困，也减轻了贫困群体的贫困深度。

---

① 青海省民政厅办公室冯武辉. 青海省2.27万农村五保对象“老有所养”[Z]. 要情122，2013-6-27. 青海省民政厅办公室冯武辉. 青海省调整提高农村牧区五保供养标准五保对象生活水平随经济发展自然增长 [Z]. 要情15，2012-2-2.

表 10-8　2013 年各省农村五保集中供养平均标准与支出水平

单位：元

地区	平均五保集中供养标准	平均支出水平	地区	平均五保集中供养标准	平均支出水平	地区	平均五保集中供养标准	平均支出水平	地区	平均五保集中供养标准	平均支出水平
全国	4685	4078.3	黑龙江	3647.6	3647.9	河南	3826.1	3489.4	贵州	2543.1	2633.5
北京	11071	8921.6	上海	7980	7124	湖北	3497.4	2782.6	云南	3582.6	2517.4
天津	8376.7	7109.1	江苏	7177.7	5648	湖南	5134.3	4192.7	西藏	3127	3664.3
河北	3921.3	3746.8	浙江	8178.8	6609.7	广东	6631.6	6840	陕西	5503.9	6843.2
山西	4139.9	4338.3	安徽	3859.8	3347.6	广西	3855.1	5401.4	甘肃	3302.8	4090.2
内蒙古	6737.7	5791.1	福建	5693.5	5784	海南	5371.4	8197.2	青海	4709	5170.8
辽宁	5607.3	5508.9	江西	3220.8	3099	重庆	4993.3	4966.7	宁夏	4741.2	7835.9
吉林	3915	2909.9	山东	4827.4	4443.2	四川	4049.7	3508.1	新疆	6361.3	3857.7

资料来源：中华人民共和国民政部. 中国民政统计年鉴（2014）[M]. 北京：中国统计出版社，2014.

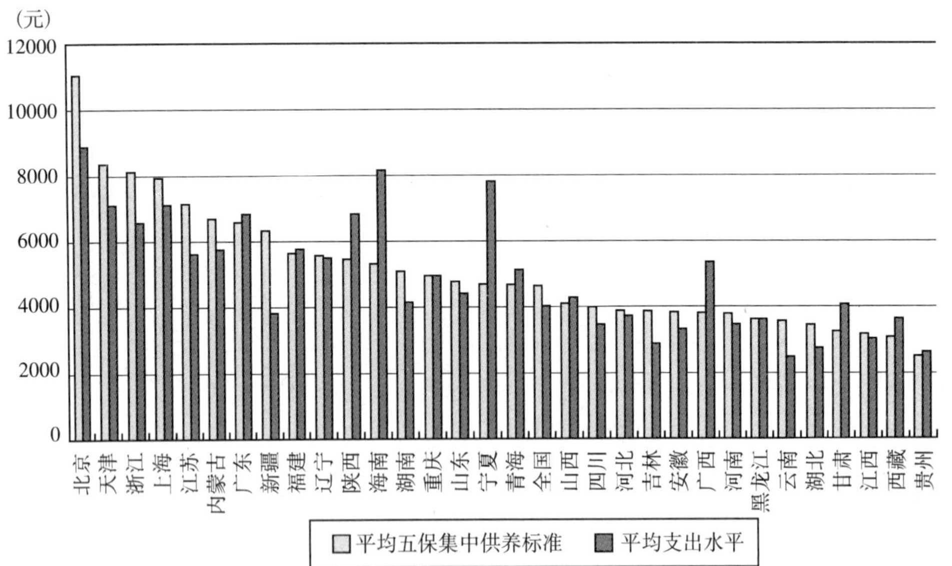

图 10-8　2013 年各省农村五保集中供养平均标准与支出水平
(按平均五保集中供养标准排列)[①]

① 图 10-8 和图 10-9 均根据表 10-8 数据绘制。

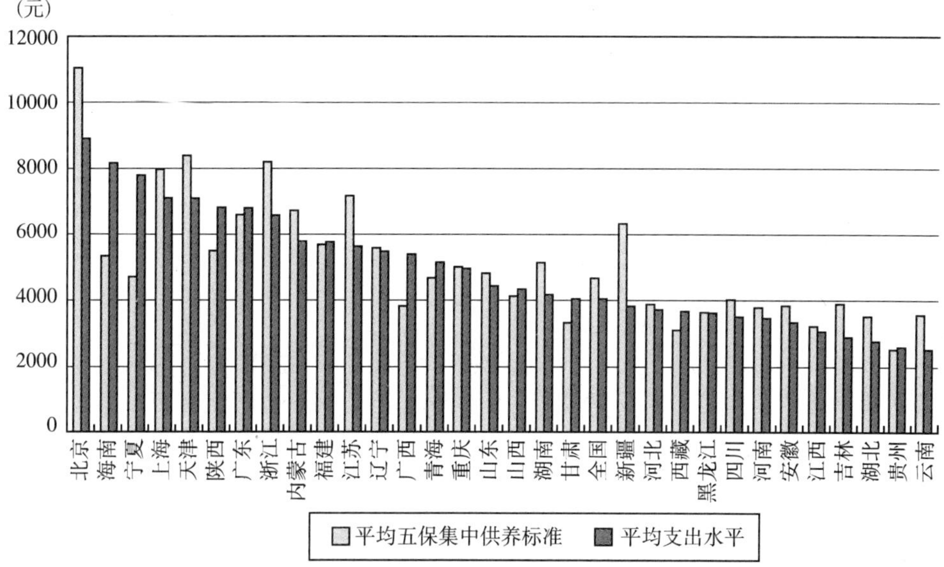

图 10-9 2013 年各省农村五保集中供养平均标准与支出水平（按平均支出水平排列）

表 10-9 2013 年各省农村五保分散供养平均标准与支出水平

单位：元

地区	平均五保分散供养标准	平均支出水平	地区	平均五保分散供养标准	平均支出水平	地区	平均五保分散供养标准	平均支出水平	地区	平均五保分散供养标准	平均支出水平
全国	3498.5	2724.3	黑龙江	2643.8	2522.8	河南	2374.4	2369.4	贵州	1667.5	1142.6
北京	11071.1	7110.2	上海	7980	5075	湖北	2569.9	2279.5	云南	2342.9	1495.9
天津	6695.6	6797.4	江苏	6234.4	4948.1	湖南	2791.4	2196.9	西藏	2691.1	2487.8
河北	2709.4	2398.5	浙江	7346.7	4178.9	广东	6327.2	4832	陕西	4798.1	4903.8
山西	2558.2	2371.3	安徽	2535.1	2099	广西	3033	2539.2	甘肃	3086.5	2704
内蒙古	4410	3417.1	福建	4976.4	4054.3	海南	4485.7	4112.5	青海	4351.8	3010.3
辽宁	3634.7	3101.6	江西	2778.2	2660.9	重庆	4399.6	4242.4	宁夏	3170.1	2148.9
吉林	2643.9	2073.6	山东	3193	2999.1	四川	3251.5	2807.3	新疆	4139.8	1372.7

资料来源：中华人民共和国民政部. 中国民政统计年鉴（2014）[M]. 北京：中国统计出版社，2014.

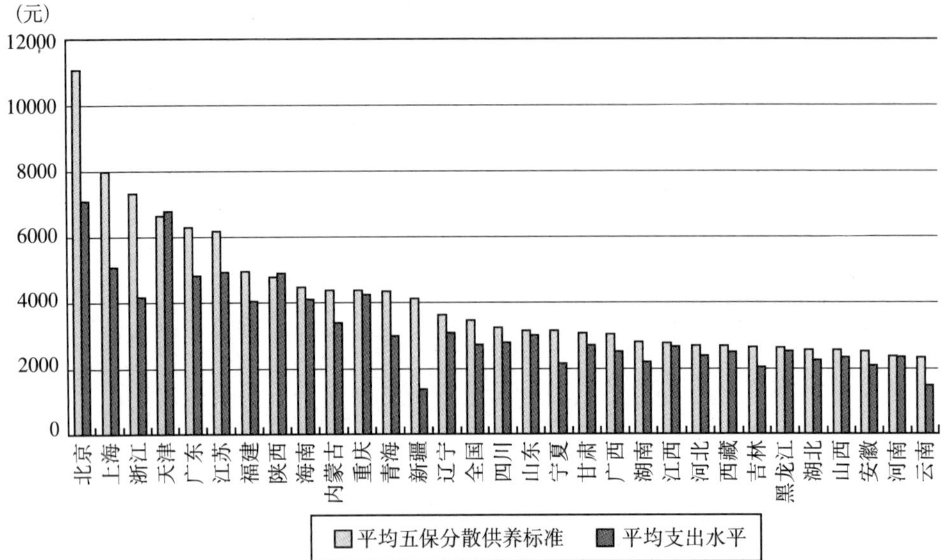

图 10-10　2013 年各省农村五保分散供养平均标准与支出水平（按平均五保分散供养标准排列）①

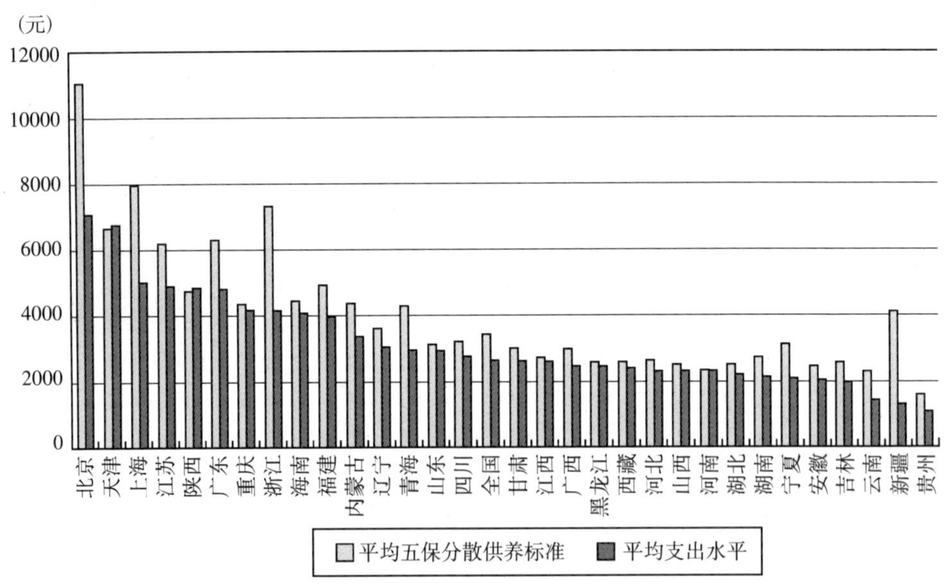

图 10-11　2013 年各省农村五保分散供养平均标准与支出水平（按平均支出水平排列）

---

① 图 10-10 和图 10-11 均根据表 10-9 数据绘制。

2. 青海省农村最低生活保障制度的反贫困及收入分配改善效应

本章接下来利用“西部民族地区经济社会状况家庭调查数据”（2011 年）（Chinese Household Ethnicity Survey 2011）（简称 CHES 数据）中的农村数据①，来分析青海省农村最低生活保障制度等社会救助制度反贫困效应。

表 10-10 是接受低保救助后青海省及民族七省区农村家庭 FGT 指数下降幅度。可以看出，按照 2011 年国家贫困线，低保救助制度实施后，青海的贫困发生率降低了 12.18%，比民族七省区平均降低幅度高 7.36 个百分点，是民族七省区②中贫困发生率降低幅度最大的省区。同时，青海的贫困差距率降低了 16.47%，比民族七省区平均降低幅度高 8.7 个百分点，是民族七省区中贫困距降低幅度最大的省区。青海的平方贫困距降低了 19.8%，比民族七省区平均降低幅度高 8.26 个百分点，是民族七省区中贫困距降低幅度第三大的省区。

表 10-10　接受低保救助后青海省及民族七省区农村家庭 FGT 指数下降幅度

单位：%

地区	贫困发生率 H*100	贫困差距率 PG*100	平方贫困距 SPG*100
西南三省区	3.77	5.51	7.77
其中：湖南	1.26	2.83	4.65
广西	2.94	5.80	9.00
贵州	11.25	16.15	23.52
西北四省区	6.28	10.99	16.38
其中：宁夏	3.15	3.69	4.25
青海	12.18	16.47	19.80
新疆	7.35	13.73	20.54
内蒙古	0.00	3.38	5.23
民族七省区总体	4.82	7.77	11.54

CHES 数据在青海省共调查了 10 个县，包括 133 个行政村、1000 户共 4867 人。表 10-11 报告的是接受低保救助后青海省分县、分民族农村家庭

① 有关该数据库的具体情况，请参见本课题专题报告“最低生活保障与少数民族地区农村反贫困效应研究”。

② “民族七省区”是指“西部民族地区经济社会状况家庭调查数据”（2011 年）（Chinese Household Ethnicity Survey 2011）（简称 CHES 数据）中被调查的内蒙古、新疆、青海、宁夏、广西、贵州、湖南七个省区。湖南本不属民族地区，但我们调查的湖南样本主要集中在湖南湘西，而湘西是属于西部大开发范畴的民族自治地区，故我们也将本数据库中的湖南（湘西）视同民族地区。

FGT 指数下降幅度[①]。可以看出，在被调查的 10 个县中，按照 2011 年国家贫困线，低保救助制度实施后，化隆、民和被调查农户的贫困发生率、贫困距、平方贫困距降幅最大，同仁被调查农户的贫困指数没有发生变化，湟源被调查农户的贫困指数下降幅度很小，说明低保对化隆、民和被调查农户的减贫效果很好，不仅让 26.67%的贫困农户脱贫，还较大幅度地降低了没有脱贫的那部分贫困农户的贫困深度和贫困强度。但低保对同仁被调查农户没有减贫效果，对湟源被调查农户的脱贫没有效果，但对湟源被调查贫困农户提高生活水平、减轻贫困强度有一定效果。

表 10-11　接受低保救助后青海省农村家庭 FGT 指数下降幅度（分县、民族）

单位：%

地区	贫困发生率 H*100	贫困差距率 PG*100	平方贫困距 SPG*100
大通回族土族自治县	11.11	0.76	0.03
湟源县	0.00	4.11	4.85
民和回族土族自治县	26.67	34.19	40.08
互助土族自治县	10.00	4.87	1.50
化隆回族自治县	26.67	34.58	41.71
循化撒拉族自治县	3.57	18.47	31.91
同仁县	0.00	0.00	0.00
尖扎县	10.00	13.76	11.95
共和县	20.00	8.80	2.33
青海总体	12.18	16.47	19.80
汉族	16.00	12.40	11.58
回族	23.08	29.72	38.54
藏族	12.50	15.89	14.58
撒拉族	0.00	15.95	28.64
其他民族	0.00	0.00	0.00

在 CHES 数据中，青海省被调查农户中，人口占比较大的民族有汉族、藏族、回族、撒拉族、蒙古族、土家族[②]。分民族看，低保对回族被调查农户的

① 被调查的 10 个县中，门源回族自治县被调查的 100 户家庭人均纯收入都超过了国定贫困线，因此该县被调查家庭的贫困指数都为 0，该表不予列出。

② 被调查的各民族家庭中，蒙古族、土家族被调查户的家庭人均纯收入都超过了国定贫困线，因此蒙古族、土家族被调查家庭的贫困指数都为 0，该表就不予列出。

减贫效果最好，对汉族、藏族被调查农户的减贫效果次之。低保对撒拉族被调查农户虽然没有脱贫效果，但对撒拉族被调查贫困农户提高生活水平、减轻贫困强度有一定效果。

表 10-12 是青海低保前后收入差距的 Theil 指数分解。可以看出，在实施低保救助前，青海省收入不平等的基尼系数为 0.3434，实施低保救助后，收入不平等的基尼系数为 0.3367，较低保救助前缩小了 1.95%，比民族七省区平均缩小水平高 0.86 个百分点，是民族七省区中基尼系数缩小幅度最大的省区。同时，青海省低保救助的集中系数为-0.1921①，其绝对值大小在民族七省区中排第 4 位，说明在低保补助实施时，青海相比新疆、内蒙古及广西，人均纯收入越低的家庭得到的低保救助越多的程度不高。对其基尼系数进行分解后，垂直效应为 0.0079，再排序效应为 0.0012，在民族七省区中排列第 1。这表明低保政策在实现收入再分配效应的同时，较大程度地改变了青海在低保救助前的收入排序。

表 10-12　以基尼系数为指标测度的青海省及民族七省区农村低保救助的收入再分配效应

	GINIpre	GINIpost	集中系数	RE	RE（%）	垂直效应	再排序效应	损失（%）
民族七省区总体	0.4168	0.4123	-0.2126	0.0045	1.09	0.0050	0.0005	9.87
湖南	0.3677	0.3649	-0.1338	0.0027	0.74	0.0034	0.0007	19.32
广西	0.4298	0.4267	-0.3323	0.0032	0.74	0.0034	0.0002	6.56
贵州	0.2837	0.2782	-0.0821	0.0055	1.94	0.0065	0.001	15.25
宁夏	0.4106	0.4084	-0.1056	0.0022	0.54	0.0025	0.0002	9.35
青海	0.3434	0.3367	-0.1921	0.0067	1.95	0.0079	0.0012	15.3
新疆	0.4793	0.4729	-0.5181	0.0064	1.34	0.0067	0.0003	4.42
内蒙古	0.3424	0.3406	-0.3154	0.0019	0.54	0.0022	0.0003	15.59

概言之：①低保救助不仅使青海省部分农村贫困人口脱离了贫困，其收入超过了贫困线，而且对于那些没有脱离贫困的人口来说，也一定程度上改善了他们的生活水平，缓解了他们的贫困状态。②青海低保救助不仅具有减贫效果，而且相对民族七省区其他省区的减贫效果更佳。③低保救助具有改善

① 低保救助的集中系数为负，表明低保救助主要针对低收入者，而且集中系数的绝对值越大，表明人均纯收入越低的家庭得到的低保救助越多。

青海农村收入分配的效果。④青海低保救助不仅具有改善农村收入分配效果，而且相对民族七省区的其他省区的改善效果更佳。

三、青海省农村社会保障反贫困存在的主要问题

青海省不仅经济、社会发展水平较低，包括基础设施在内的公共服务水平也较低，农村农牧民的素质也相对较低，自实施农村社会保障制度以来，在全国其他地方不存在或已经解决的问题，在青海农牧区还难以克服。

虽然青海新农合总体实施情况良好，但仍存在一些问题，其中最突出的问题是近几年部分县参合率有所下降，从而影响新农合减贫效果。笔者2012年8月、2013年8月到青海三江源治多县田野调研时发现，从2010年开始，治多县新农合参合率有所下降。究其原因，其一是部分农牧民对新农合政策了解不够、村民的医疗风险意识不强，导致了新农合参合率的不稳定。其二是近年来治多县在实施新农合的过程中，出现了资金支付危机，致使牧民对新农合制度的不信任进而退出新农合，甚至出现了对政府的不信任的态度。

我们在和治多县新农合管理办公室（简称合管办）相关负责人访谈时了解到，新农合出现资金支付危机、牧民参合积极性下降的主要原因是新农合管理中出现的漏洞：①牧民借用别人的低保、五保证看病，医疗机构及合管办无法识别患者的身份而给予他们报销，这就导致了一个示范效应，越来越多的牧民不参合而借证看病。②一方面，由于治多县人口规模较小，新农合基金总量本身就不大，参合的牧民越少，各级政府给予的新农合配套资金就越少，新农合基金总量就更少，进而新农合报销支付的资金缺口就较大，新农合报销困难，合管办采取每个乡镇的农牧民只能在规定的时间才可以报销，以此降低新农合基金的运行风险。这种做法导致参合牧民报销困难，大部分牧民本身就居住在远离县城的牧区，他们到县城不仅交通成本高，时间成本也高。由于信息不对称，他们到达县城几次都可能遇到不是自己所在乡镇的报销日或当天的报销名额已经用完，从而无法及时报销医药费，部分牧民手里甚至还有几年前的医药费没有报销。另一方面，新农合报销困难，越来越

多的牧民也就越来越不愿意参合，这就形成了一个恶性循环。

显然，新农合参合率下降，新农合基金总量减少，从而导致新农合报销困难，必然增加因病致贫、因病返贫的农牧民数量，从而导致新农合的减贫效果下降。

（一）青海省新农合没有完全解决“看病难”、“敢看病”、“看病贵”等问题

我们在田野调查时，了解到青海省治多县民政部门不仅承担了“五保”、“低保”等贫困人口的参合费用，还对农村特困群众实施了一些补助措施，这在很大程度上保障了最困难群体的医疗问题，减轻了这部分人因病加重贫困的风险。虽然如此，在全国大部分农村地区已经实现参合农牧民就医时新农合基金先行垫付的今天，由于青海部分地区（如玉树州治多县）农村信息化程度不够，目前实行的还是先看病后报销的制度。这就导致部分贫困农牧民没有足够的钱看病，或部分农牧民因为无力负担医疗自付费用部分，或得不到及时的新农合报销，即使他们已经参合，还是有病拖着不肯就医，从而因病致贫或因病加重贫困深度。对于这部分农牧民，尽管参加了新农合，缴纳了保险费，仍然不能享受新农合保障，因此他们所缴纳的保险费实际上是贡献给了那些有条件看病、住院的人。这种现象的出现，与新农合制度的本意相悖，说明现行制度设计的缺陷导致了制度再分配功能的削弱，甚至产生了相反的效应。

（二）新农合保费征缴不够灵活，影响农牧民的参合、续合

我们在治多县田野调研时的访谈案例显示，部分牧民家 2013 年没参加新农合，是因为没来得及交新农合的保费。上面通知要交费的时候，这些人家手头紧，没钱交，而规定的交费时间很短，就没交成。目前新农合、新农保都是按年缴费，而且缴费期都只能是一年中的某一小段时间。这种缴费方式会影响收入状况不稳定的家庭的参保可能性，从而影响新农合对这部分人的减贫效果。

（三）信息、渠道不畅，影响牧民的参保

由于青海省新农保实施时间不长，农牧民对新农保制度了解得不够，另外

新农保保障水平较低，回报预期不高，影响经济状况较好者的参保意愿，从而影响参保率的提高，影响新农保对于因年老失去劳动能力致贫的减贫效果。

（四）新农保制度设计不完善，影响参保情况

首先，新农保制度规定男女都是年满60岁才能开始领养老金，没有男女性别差异，没有地域差异，这种“一刀切”显然是不合理的。我们了解到，目前治多县牧民的平均预期寿命是56岁左右，也就是说，相当一部分人还不到60岁就过世了，根本就等不到领取养老金的那一天。其次，新农保政策规定，适龄老人享受养老金待遇，则子女必须参保缴费。这种代际之间的捆绑缴费不仅违背了自愿的原则，也在客观上引起了年轻牧民参保的逆激励效应，影响了年轻牧民的参保意愿，造成了捆绑式缴费连带引发的“逆向选择”。为了躲避这种捆绑，很多牧民采取分户的办法。由于分户可以躲避捆绑，分户成为了一种示范，这也许是牧区最近几年家庭规模越来越小、户数越来越多的原因之一。

（五）青海省部分农牧区贫困面大，低保覆盖率不能满足当地的需求，直接影响低保的减贫效果

例如，从2007年启动低保制度以来，治多县逐年提高低保覆盖率，但2011年开始实施青海省统一的“提标不扩面”政策，治多县还有部分贫困群体不能被纳入低保对象范围。由于治多县近几年出现各种形式的牧民移居到县城生活，贫困群体进一步增大，需要低保补助的对象比较多，青海省这种“一刀切”停止扩面的政策，并不适合治多县的实际。我们在访谈中，从相关干部及牧民那里可以了解到低保覆盖面的不足，如治多县民政局局长解释虽然目前治多县农村低保覆盖率相对于全国平均水平是比较高的，但就目前治多县的贫困状况来说，低保的缺口还有10%以上。

（六）青海省农牧区最低生活保障标准不高，低于农村贫困线，直接影响低保的减贫效果

例如，国家新的贫困线是2300元（2010年不变价），考虑物价因素，2012年的贫困线是2494元。治多县的农村低保标准是1800元，仅相当于贫困线的

72%。虽然治多县农村低保补助的力度在不断加大，但是远远不够。目前，随着物价水平的不断上涨，治多县牧民的生活水平也在不断提高，人均每年1800元的收入水平是很难维持人的基本正常生活的。我们在访谈时可以部分证实，在治多县低保不仅做不到“应保尽保”，低保的保障水平也不高，甚至有低保对象将自己享受的低保水平与五保享受水平相比，觉得自己不如五保对象得到的实惠多。

（七）青海省部分农牧区低保对象对低保制度存在一定的依赖，使他们陷入“贫困陷阱”

农村最低生活保障对象资格认定主要是依据申请者的收入。并且，由于低保对象被用到了其他社会救助和社会福利项目（如医疗救助主要针对的是低保对象，低保对象除了享受低保救助外，还享受免个人缴费基础上的高报销比例的医疗保障），因而一旦被认定为低保对象，就可以获得多种保障、福利，使得“低保对象”成为了一个“社会身份”，获得这种身份就可以获得超出其他群体的利益和优惠。与之相反，非低保对象即使生活遇到困难也很难从社会救助中获得帮助，形成所谓救助资源分配中的“悬崖效用”①。因此，部分人会争取得到“低保对象”身份，且一旦成为“低保对象”就很容易对该项制度产生依赖心理，进入一种工作的惰性状态甚至是不工作状态，从而减弱依靠自己的劳动而离开低保的动力，使自己进入一种持久贫困的境地。我们在玉树州田野调查时发现，部分低保对象对低保制度产生了强烈的依赖，他们心理上已经无法摆脱这种制度。由于部分低保人员长期处于一种低收入的状态，因而，生活压力比较大，情绪也更加消极，对于自己的未来非常渺茫。另外，由于缺乏相应的技能训练，部分低保对象的劳动能力不断下降，从而对于低保制度更加依赖，变成了长期的贫困群体。

---

① 关信平. 我国城市居民最低生活保障制度研究［A］//米勇生. 社会救助与贫困治理［M］. 北京：中国社会出版社，2012.

四、完善青海省农村社会保障反贫困作用的对策思考

根据以上青海省农村社会保障反贫困存在的主要问题，建议青海省农村社会保障制度在实施时做出相应调整。

第一，加大对新农合、新农保、最低生活保障等农村社会保障制度的宣传力度，让更多的农牧民了解这些社会保障制度的减贫效应，引导农牧民从被动参保到主动参保，从而有效稳定地扩大新农合、新农保参保率，提高社会保障减贫效果。

第二，针对青海农牧区包括社会保障在内的公共服务硬件、软件条件较差的情况，中央及青海省地方政府应加大农牧区公共服务硬件、软件建设力度。如加强新农合、新农保、低保、五保等社会保障系统的信息化建设。尽快对五保、低保对象重新建档、确认，保证他们一人一证，每个证件上都有近期照片，并且建立计算机信息管理系统对其进行综合管理，减少因为证上无照片引起的新农合盗领现象，从而稳定新农合参合率，使得牧区社会保障制度健康、持续发展，进而提高新农合的减贫效果。

第三，进一步改进农村社会保障的制度设计。其一，改进缴费型社会保障（如新农合、新农保）制度的缴费方式，变定期缴费制为灵活缴费制。其二，在新农保制度设计上做适当调整。如应有性别差异、地域差异，要根据当地的实际情况（如预期寿命）调整领取养老金的年龄，并且遵守新农保制定的自愿原则，让农牧民充分认识到新农保将给他们带来的可预期的养老补充实惠，扩大参保率，进一步促进新农保减贫效果的提高。

第四，在国家财力不断壮大的基础上，继续扩大青海农牧区低保覆盖率，提高低保救助水平，尽最大可能实现“应保尽保”，解决低保受助者的基本生活问题，从而有效提高低保的减贫效应。

第五，要建立合理的低保退出机制，鼓励甚至强制有劳动能力或半劳动能力的受助者接受政府的就业培训和就业援助，让他们在低保救助阶段能基本满足生活所需的基础上，提高劳动就业能力，从而实现真正有效的脱贫。

参考文献

[1] Abay Asfaw, Joachim. Can Community Health Insurance Schemes Shield the Poor Against the Downside Health Effects of Economic Reforms? The Case of Rural Ethiopia [J]. Health Policy, 2007.

[2] Beck, Thorsten, Asll Demirguc-Kunt and Ross Levine. Finance, Inequality and Poverty: Cross-Country Evidence [R]. World Bank Policy Research Working Paper, 2004.

[3] Berniell, Maria Ines, and Carolina Sanchez-Paramo. Overview of Time Use Data Used for the Analysis of Gender Difference in Time Use Pattern [Z]. Background Paper for the WDR, 2012.

[4] Besley, Timothy and Robin Burgess. Halving Global Poverty[J]. Journal of Economic Perspectives, 2003 (17).

[5] Bourguignon, Francois. The Pace of Economic Growth and Poverty Reduction [R]. Paper Presented at LACEA 2001 Conference, 2001.

[6] Cook and Dong. Harsh Choices: Chinese Women's Paid Work and Unpaid Care Responsibilities under Economic Reform [J]. Development and Change, 2011, 42 (4): 947-966.

[7] Elson, Diane. Labor Markets as Gendered Institutions: Equality, Efficiency and Empowerment Issues [J]. World Development, 1999, 27 (3): 611-627.

[8] Feldstein M. On the Theory of Tax Reform [J]. Journal of Public Economics, 1976, 6 (1-2): 77-104.

[9] Ferreira, Francisco and Ricardo Paesde Barros. Climbing a Moving Mountain: Explaining the Decline of Inequality in Brazil from 1976 to 1996 [J]. Inter-American Development Bank (mimeo), 1998.

[10] Foster, J E., M. Szekely. Is Economic Growth Good For the Poor? Tracking Low Income Using General Means [J]. International Economic Review, 2000 (14).

[11] Gao Q., I. Garfinkel and F. Zhai. Anti-Poverty Effectiveness of the Minimum Living Standard Assistance Policy in Urban China [J]. Review of Income and Wealth, 2009, 55 (1): 630-655.

[12] Gustafsson B. and Q. H. Deng. Social Assistance Receipt and its Importance for Combating Poverty in Urban China [Z]. IZA Discussion Paper No. 2758, 2007.

[13] J. Hoddinott. Conditional Cash Transfer Programs [Z]. Washington, DC, International Food Policy Research Institute, 2000.

[14] Jalan J. and M. Ravallion. Spatial Poverty Traps [Z]. The World Bank Policy Research Working Paper, 1997.

[15] James Foster, Joel Greer, and Erik Thorbecke. A Class of Decomposable Poverty Measures [J]. Econometrical, 1984, 52 (3): 761-766.

[16] Jane Waldfogel. Understanding the "Family Gap" in Pay for Women with Children [J]. Journal of Economic Perspectives, 1998, 12 (11).

[17] K. Hŏlsch, M. Kraus. European Schemes of Social Assistance: an Empirical Analysis of Set-ups and Distributive Impacts [J]. International Journal of Social Welfare, 2006 (5): 50-62.

[18] Kakwani, N. C. On the Measurement of Tax Progressivity and Redistributive Effect of Taxes With Applications to Horizontal and Vertical Equity [J]. Advances in Econometrics, 1984, 3: 149-168.

[19] L. B. Rawlings. A New Approach to Social Assistance: Latin America's Experience with Conditional Cash Transfer Programmes [J]. International Social Security Review, 2005, 58 (2-3): 133-161.

[20] Luo Chuliang. Spatial Effect on Poverty Incidence in Rural China [Z]. The Research Project in Bricsam, 2006.

[21] Margaret Maurer-Fazio, Rachel Connelly, Lan Chen, Lixin Tang. Childcare, Eldercare, and Labor Force Participation of Married Women in Urban

China, 1982-2000 [J]. The Journal of Human Resources, 2011, 46 (2): 261-293.

[22] OECD. Poverty Reduction and Pro-Poor Growth: The Role of Empowerment [Z]. 2006.

[23] P. J. Gertler. The Impact of PROGRESA on Health [Z]. Washington, DC, International Food Policy Research Institute, 2000.

[24] Plotnick Statistics R. A Measure of Horizontal Inequity [J]. The Review of Economics and 1981, 63 (2): 283-288.

[25] R. H. DeFina, K. Thanawala. International Evidence on the Impact of Transfers and Taxes on Alternative Poverty Indexes [Z]. Luxembourg Income Study Working Paper Series No. 325, 2002.

[26] Ranson K. Reduction of Catastrophic Health Care Expenditures by a Community-based Health Insurance Scheme in Gujurat, India: Current Experiences and Challenges [J]. Bulletin of the World Health Organization, 2002 (8).

[27] Ravallion, Martin. Growth, Inequality and Poverty: Looking Beyond Averages [J]. World Development, 2001 (29).

[28] S. Allegrezza, G. Heinrich & D. Jesuit. Poverty and Income Inequality in Luxemburg and the Grande Région in Comparative Perspective [J]. Socio-Economic Review, 2004 (2): 263-283.

[29] Wagstaff A., Lindelow M. Can Insurance Increase Financial Risk? [J]. Health Economy, 2008 (2).

[30] Y. T. Yap., G. Sedlacek., P. Orazem. Limiting Child Labor Through Behavior-based Income Transfers: An Experimental Evaluation of the PETI program in Rural Brazil [Z]. Washington, DC, World Bank, 2001.

[31] [丹麦] 考斯塔·艾斯平，安德森. 福利资本主义的三个世界 [M]. 北京：法律出版社，2003.

[32] [美] 阿瑟·塞西尔·庇古 (Pigou A.C.). 福利经济学（珍藏本）[M]. 北京：华夏出版社，2013.

[33] [美] 马克·赫特尔. 变动中的家庭——跨文化的透视 [M]. 宋践等译. 杭州：浙江人民出版社，1988.

[34] [美] 西奥多·舒尔茨. 论人力资本投资 [M]. 北京：北京经济学院出版社，1990.

[35] 阿里木江·阿不来提，李全胜. 新疆新型农村社会养老保险替代率的实证研究 [J]. 西北人口，2010 (5).

[36] 安华等. 边疆少数民族地区社会保障问题研究——基于内蒙古四个人口较少民族聚居地的调查 [J]. 保险研究，2012 (8).

[37] 北京师范大学中国扶贫研究中心课题组. 论中国扶贫开发治理体系和治理能力建设 [J]. 中国延安干部学院学报，2015 (1).

[38] 曹丽娜，胡赛龙. 当前中国民族地区社会保障状况实证研究 [J]. 北京航空航天大学学报（社会科学版），2014 (7).

[39] 曹清华. 德国社会救助制度的反贫困效应研究 [J]. 德国研究，2008 (3).

[40] 曹清华. 瑞典现代社会救助制度反贫困效应研究 [J]. 社会主义研究，2008 (2).

[41] 曹清华. 英国现代社会救助制度反贫困效应研究 [J]. 河南师范大学学报（哲学社会科学版），2010 (5).

[42] 曾小瑛. 关于农村妇女非农转移就业的研究——以广东为例 [J]. 广东经济，2007 (12).

[43] 陈巍. 对青海民族贫困地区女童教育的再思考 [J]. 青海民族学院学报（社会科学版），2005 (1).

[44] 陈冬颖. 左宗棠开发建设新疆的举措及当代价值 [J]. 齐齐哈尔工程学院学报，2014 (3).

[45] 陈端计，杨莉莎，史扬. 中国返贫问题研究 [J]. 石家庄经济学院学报，2006 (2).

[46] 陈海燕. 少数民族贫困地区农村留守儿童问题探析——以贵阳市少数民族乡为例 [J]. 统计与管理，2011 (1).

[47] 陈李娜等. 新型农村合作医疗缓解疾病经济风险的效果评估 [J]. 中国卫生经济，2013 (12).

[48] 陈立中. 收入增长和分配对我国农村减贫的影响——方法、特征与证据 [J]. 经济学（季刊），2009 (2).

[49] 谢东梅. 农村最低生活保证制度分配效果与瞄准效率研究 [M]. 北京：中国农业出版社，2010.

[50] 徐鲲，李琳. 新阶段西部农村扶贫开发的困境与对策 [J]. 新疆农垦经济，2014 (1).

[51] 徐湘林. 农村社会保障体制转型与地方政府创新——广西五保村建设的理论启示 [J]. 新视野，2006 (1).

[52] 徐月宾，刘凤芹，张秀兰. 中国农村反贫困政策的反思——从社会救助向社会保护转变 [J]. 中国社会科学，2007 (3).

[53] 闫菊娥等. 新型农村合作医疗缓解疾病经济风险的效果评估 [J]. 现代预防医学，2009 (2).

[54] 闫坤，于树一. 中国模式反贫困的理论框架与核心要素 [J]. 华中师范大学学报 (人文社会科学版)，2013 (11).

[55] 杨立雄. 从“居养”到“参与”：中国残疾人社会保护政策的演变 [J]. 社会保障研究，2009 (4).

[56] 杨立雄. 中国残疾人福利制度建构模式：从慈善到社会权利 [J]. 中国人民大学学报，2013 (2).

[57] 杨荣帆. 影响公共政策执行的少数民族文化因素研究——以广西三江侗族为例 [D]. 广西师范大学硕士学位论文，2011.

[58] 杨文顺. 试论云南民族地区突出的民生问题及解决对策 [J]. 中南民族大学学报 (人文社会科学版)，2013 (2).

[59] 杨延昭. 民族地区贫困原因与扶贫政策 [J]. 小康论坛，2005 (3).

[60] 杨颖. 从中国农村贫困的特征分析看反贫困战略的调整 [J]. 社会科学家，2012 (2).

[61] 杨颖. 中国农村反贫困研究——基于非均衡发展条件下的能力贫困 [M]. 北京：光明日报出版社，2011.

[62] 杨志. 农村少数民族家庭养老模式面临的挑战及对策——以云南丽江玉龙纳西族自治县拉市乡为例 [J]. 学术探索，2006 (1).

[63] 杨胄，董慧. 新型农村养老保险试点存在的问题及建议——基于广西三市的情况调查 [J]. 时代金融，2012 (7).

[64] 姚建平. 养老社会保险制度的反贫困分析——美国的实践及对我国

的启示［J］. 公共管理学报，2008（3）.

［65］姚顺增. 对封闭状态中少数民族文化的反思［J］. 云南民族学院学报，2002（1）.

［66］叶初升，赵锐，李慧. 经济转型中的贫困脆弱性：测度，分解与比较——中俄经济转型绩效的一种微观评价［J］. 经济社会体制比较，2014（1）.

［67］叶普万. 贫困经济学研究［M］. 北京：中国社会科学出版社，2004.

［68］于远亮. 中国政府扶贫政策的演进与优化［D］. 南京师范大学硕士学位论文，2006.

［69］袁贵仁. 百年大计　教育为本——党的十六大以来教育事业改革发展回顾［M］. 北京：人民出版社，2012.

［70］战成秀，韩广富. "兴边富民行动"开发式扶贫基本策略分析［J］. 黑龙江民族丛刊（双月刊），2013（2）.

［71］张春梅，庄志强. 反贫困与少数民族聚居区新型农村合作医疗制度的优化［J］. 社会研究，2012（4）.

［72］张帆. 我国民族地区农村反贫困存在的问题研究［J］. 湖北民族学院学报（哲学社会科学版），2011（2）.

［73］张浩淼. 关于贫困问题的社会保障学分析［J］. 兰州学刊，2007（5）.

［74］张磊. 中国扶贫开发政策演变［M］. 北京：中国财政经济出版社，2007.

［75］张力. 促进人的全面发展适应社会需要［N］. 中国教育报，2011-5-3.

［76］张力. 论不同服务分类框架下的教育定位及政策走向［J］. 中国教育学刊，2011（1）.

［77］张利洁. 试论西部民族地区的反贫困与人力资本积累［J］. 宁夏大学学报（人文社会科学版），2006（2）.

［78］张亮晶，杨瑚，尚明瑞. 西部少数民族地区生态环境与反贫困战略研究——以肃南裕固族自治县为例［J］. 干旱区资源与环境，2011（3）.

［79］张士斌，梁宏志. 贵州民族地区新型农村社会养老保险制度研究［J］. 贵州民族研究，2012（5）.

［80］张晓琼. 外援推动与内源发展——对贫困少数民族实施援贫与发展伎俩的比较案例研究［J］. 满族研究，2006（1）.

［81］张新文. 我国农村反贫困战略中的社会政策转型研究——发展型社会政策的视角［J］. 公共管理学报，2010（4）.

［82］张秀兰，徐月宾，王晓波. 最低生活保障制度和农村反贫困［A］//王延中. 中国社会保障发展报告（2012）［M］. 北京：社会科学文献出版社，2012.

［83］张秀兰，徐月宾. 发展型社会政策及其对我们的启示［A］//杨团，张秀兰. 当代社会政策研究Ⅱ［M］. 北京：中国劳动社会出版社，2007.

［84］赵国明. 新疆实施扶贫开发纲要成效、问题及对策建议［J］. 新疆社会科学，2011（3）.

［85］赵卫红，刘秀娟，刘冬蕾. 农村已婚女性劳动力转移就业影响因素分析［J］. 农村经济，2012（3）.

［86］赵曦，熊理然. 中国农村扶贫开发的历史成就及历史经验［C］. 中国农业经济学会纪念农村改革30周年学术论文集.

［87］赵曦. 中国西部农村的反贫困治理研究［J］. 四川大学学报（哲学社会科学版），2006（6）.

［88］赵曦. 中国西部农村反贫困模式研究［M］. 北京：商务印书馆，2009.

［89］郑秉文. 社会权利：现代福利国家模式起源的诠释［J］. 山东大学学报，2005（2）.

［90］郑功成. 从福利教育走向混合型的多元教育体系——中国的教育福利与人力资本投资［J］. 清华大学教育研究，2004（5）.

［91］郑功成. 从高增长、低福利到国民经济与国民福利同步发展——亚洲国家福利制度的历史与未来［J］. 天津社会科学，2010（1）.

［92］郑功成. 论收入分配与社会保障［J］. 黑龙江社会科学，2010（5）.

［93］郑功成. 社会保障调节收入分配的基本制度保障［J］. 中国党政干部论坛，2010（6）.

［94］郑功成. 社会保障学：理念、制度、实践与思辨［M］. 北京：商务印书馆，2000.

［95］郑功成. 社会保障学［M］. 北京：中国劳动社会保障出版社，2005.

［96］郑杭生，李迎生. 全面建设小康社会与弱势群体的社会救助［J］. 中国人民大学学报，2003（1）.

[97] 郑新业，张莉. 社会救助支付水平的决定因素：来自中国的证据 [J]. 管理世界，2009 (2).

[98] 郑长德. 世界不发达地区开发史鉴 [M]. 北京：民族出版社，2001.

[99] 朱德云. 我国贫困群体社会救助的经济学分析 [M]. 上海：上海三联书店，2009.

[100] 朱凤岐，高天虹，丘天朝，杨青. 中国反贫困研究 [M]. 北京：中国计划出版社，1996.

[101] 朱玲. 投资于贫困人口的健康和教育应对加入世贸组织后的就业形势 [J]. 中国农村经济，2002 (1).

[102] 朱玲. 应对极端贫困和边缘化：来自中国农村的经验 [J]. 经济学动态，2011 (7).

[103] 朱文，刘尔思. 二十一世纪云南扶贫面临的困难与问题 [J]. 云南财贸学院学报 (经济管理版)，2001 (2).

[104] 庄天慧，张军. 民族地区扶贫开发研究——基于致贫因子与孕灾环境契合的视角 [J]. 农业经济问题，2012 (8).

后 记

本书为本人主持的国家社科基金重点课题“我国民族地区的贫困与反贫困——基于社会保障反贫困的视角”（项目编号：12AZD106）的部分成果。本人提出课题设计思想与总体研究思路，龙玉其协助统筹课题执行，中国社会科学院民族所丁赛研究员、刘小珉副研究员、宁亚芳博士等参与课题论证，并承担了部分调查研究任务。来自民族地区高等院校、科研院所的相关专家承担了地区报告的撰写任务。初稿完成后，龙玉其、王国洪同志协助本人进行初审和技术统稿，最后由本人审定编纂。各章执笔人如下：第一章，王延中、元林君；第二章，王延中、龙玉其、宁亚芳；第三章，多庆、旦增遵珠；第四章，夏艳玲；第五章，黄万庭；第六章，魏霞；第七章，杨永芳、苏东海；第八章，柯洋华；第九章，宁亚芳；第十章，刘小珉。值此成果出版之际，谨对参与项目的所有同志，对资助支持项目的国家社科基金和中国社科院科研局，对经济管理出版社表示衷心感谢！

王延中

2016 年 5 月 30 日